Wendy M. Williams

Lesemuffel und Leseratten

SERIE PIPER

Zu diesem Buch

Die Lust am Schmökern, die heimlichen Verführungen der Phantasie, die Erfindung der Welt im Kopf, das genießerische Nacherleben einer spannenden, vertrackten, verträumten Geschichte – all diese Freuden des Bücherlesens, die den Puls erhöhen und heiße Ohren machen, sind von der Welt der Bilder in Fernsehen, Video und Computer in den Hintergrund gedrängt worden. Weil Bücherlesen aber nicht nur Wonne und Abenteuer sein kann, sondern zudem für die Entwicklung der Denkfähigkeiten unserer Kinder von fundamentaler Wichtigkeit ist, helfen die Ratschläge von Wendy Williams, einer Spezialistin für Lese- und Lernverhalten, den besorgten Eltern kleiner Lesemuffel zwischen neun und sechzehn Jahren. Sie beschreibt, wie man für die Kids eine lesefreundliche Umgebung und Atmosphäre schafft und wie bestimmte Rituale und Gewohnheiten – zum Beispiel die Geschichte vor dem Schlafengehen – die Lust am Lesen wecken.

Wendy Williams, Doktor der Philosophie, lehrt an der Yale Universität und leitet ein Forschungsprojekt über praktische und kreative Intelligenz bei Schulkindern, das im Verbund an den Universitäten von Harvard und Yale durchgeführt wird.

Wendy M. Williams

Lesemuffel und Leseratten

Wie Kinder Lust auf Bücher kriegen

Aus dem Amerikanischen von
Joachim Meinert

Piper München Zürich

Deutsche Erstausgabe
April 1998

Titel der amerikanischen Originalausgabe:
»The Reluctant Reader«, Warner Books, New York 1996

Umschlag: Büro Hamburg
Simone Leitenberger, Susanne Schmitt, Annette Hartwig
Foto Umschlagvorderseite: Peter Cade / Tony Stone
Gesamtherstellung: Clausen & Bosse, Leck
Printed in Germany ISBN 3-492-22536-5

Inhalt

Für Kinder und Eltern, die gern lesen

Vorwort

Bücher sind ... komische kleine tragbare Gedankenstücke.

Susan Sontag

Lesen heißt mit einem fremden Kopfe, statt des eigenen, zu denken.

Arthur Schopenhauer

Michelle spürte, wie sich ihr Kinn spannte. Sie war gerade aus dem Büro nach Hause gekommen und hatte ihre Tochter Megan wieder vor dem Fernseher vorgefunden – schon zum viertenmal in dieser Woche. Warum greift Megan niemals zu einem Buch, fragte sich Michelle. Wenn es nach Megan ginge, würde sie ihr Leben vor diesem Bildschirm verplempern. Als sie fünf war, hatte sie allen Löcher in den Bauch gefragt; damals schien sie so interessiert am Lernen. Aber jetzt hockte sie stundenlang vor der Kiste.

Am Abend erkundigte sich Mark, Michelles Mann, weshalb sie so niedergeschlagen sei. »Ich mache mir wegen Megan Sorgen«, erklärte sie. »Sie lernt gut in der Schule, aber sie geben nicht gerade viel zum Lesen auf – nichts, was sie wirklich fordert. Wenn es nach ihr ginge, würde sie den ganzen Tag Comedy-Serien sehen und Videospiele machen. Als ich so alt war wie sie, habe ich mich stundenlang in mein Zimmer verkrochen und gelesen. Meine Mutter mußte dreimal rufen, damit ich zum Essen runterkam. Bei Megan aber habe ich es noch nicht *einmal* erlebt, daß sie einfach aus Spaß am Lesen zu einem Buch greift. Sie liest einiges für die Schule, aber immer läuft im Hintergrund der Fernseher – als ob sie es gar nicht erwarten könnte, mit dem Buch fertig zu werden. Mit Genuß zu lesen wie wir hat sie nie gelernt. Ich habe Angst, das wird ihr später mal schaden.«

»Ich glaube, du übertreibst«, erwiderte Mark. »Sie ist ein intelligentes Mädchen. Sie wird sich auf ganz natürliche Weise ans Lesen gewöhnen. Wir müssen ihr nur Zeit lassen. Außerdem lesen Kinder heutzutage einfach nicht mehr so viel wie seinerzeit ihre Eltern.«

Aber Michelle hat durchaus Grund zur Sorge: Kinder, die lesen, sind anderen in der Schule und im Leben überlegen. Zahllose Untersuchungen haben den Zusammenhang zwischen dem Leseverhalten der Kinder und ihrem Intelligenzquotienten, den schulischen Leistungen und der Motivation erwiesen. Kinder, die gern lesen, lernen auch gern. Sie sind bessere Schüler, sie profitieren mehr vom Unterricht und merken sich mehr Fakten. Sie wissen, wie sie Antworten auf Fragen bekommen, wo sie Informationen finden und wie sie sie nutzen können. Ihr Wortschatz ist umfangreicher, und sie drücken sich schon früher als gleichaltrige Lesemuffel wie Erwachsene aus. Zumeist wissen sie über viele verschiedene Themen deutlich mehr, und ihr Wissen ist breiter und wertvoller als das von Kindern, die ihre Kenntnisse aus dem Fernseher und aus Videospielen beziehen. Kinder, die gern lesen, lernen auch eher und besser schreiben. Ihre Aufsätze sind für die Lehrer interessanter, und so bekommen sie meist bessere Noten. Wer aber lernen will, gut zu schreiben, wer überhaupt gut lernen will, der muß zuallererst gut lesen. Das Lesen öffnet wahrhaftig Türen im Leben.

Michelles Mann ist typisch für viele Eltern, die meinen, ihr Kind werde sich mit dem Größerwerden auf ganz natürliche Weise dem Lesen zuwenden. Sie irren. Lesen ist eine Gewohnheit, und je eher das Lesen zur Gewohnheit wird, um so besser für das Kind. Kinder greifen nicht eines Tages, wie durch ein Wunder, zum Buch, wenn nicht die häusliche und schulische Erfahrung ihre Leselust stärkt. Eltern müssen Gelegenheiten zum Lesen schaffen, und sie müssen ihre Kinder dabei unterstützen, diese wesentliche Gewohnheit zu erwerben. Lesen erfordert Übung, wie jede Gewohnheit. Aber wenn ein Kind erst einmal Appetit aufs Lesen bekommen hat, dann will es mehr, und es wird seine Lektüre genießen.

> *Bücher, Bücher, Bücher. Nicht, daß ich gar zu viele las. Ich las ein und dasselbe immer wieder und wieder. Aber alle waren notwendig für mich. Ihre Gegenwart, ihr Geruch, ihre Titellettern und die Struktur ihres Ledereinbands.*
>
> Colette

Warum lesen manche Kinder nicht gern? Viele Kinder, die in der Schule gut zurechtkommen, trifft man nie in ein Buch versunken an. Wenn Sie Mutter oder Vater eines Lesemuffels sind, entsinnen Sie sich wahrscheinlich, welche neuen Welten Ihnen die Bücher erschlossen, als Sie selbst Kind waren. Vielleicht haben Sie gern Detektivgeschichten oder Liebesromane oder auch Comics gelesen – ganz egal: es waren *Bücher*, und Sie haben sie verschlungen. Ihr eigenes Kind aber scheut vor Büchern zurück, und Sie beobachten das mit Sorge.

Wissenschaftliche Untersuchungen zeigen, daß Sie in so einem Fall durchaus eingreifen sollten: Erstens ist in unserer Gesellschaft Erfolg auf den meisten Gebieten mit Lesen verbunden, und zweitens ist Lesen eine Gewohnheit, die Kinder *erlernen* können. Allein die Tatsache, daß Ihr Kind ein Lesemuffel ist, bedeutet nicht, daß Sie die Flinte gleich ins Korn werfen sollten: Es gibt durchaus erprobte Erfolgsstrategien, die Abhilfe schaffen. Allerdings gibt es ebenso viele falsche Strategien, die *nicht helfen*, und paradoxerweise werden gerade sie von den Eltern häufig angewandt. Weshalb? Weil Eltern die Umgebung ihrer Kinder prägen, und infolgedessen sind sie selber oftmals ein Teil des Leseproblems. Um zu wissen, welche Strategien für Ihr Kind geeignet sind und wie man sie wirksam anwendet, müssen Sie *Ihre eigene* Rolle beim Leseproblem Ihres Kindes kennen. Sie müssen die Dynamik zwischen sich und Ihrem Kind begreifen und herausfinden, wie diese Dynamik das Leseverhalten Ihres Kindes beeinflußt. Dieses Wissen wird Ihnen helfen, die Dynamik zu verändern und eine Umgebung zu schaffen, die zum Lesen befähigt und ermuntert.

Was genau können Eltern tun? Und – oft noch wichtiger – was machen Eltern falsch? Aus meiner eigenen Arbeit und der von Kollegen ergeben sich einfache Strategien, wie man bei Kindern die Leselust wecken kann. Im Rahmen meiner Forschungen als Leiterin des Harvard-Yale-Projekts »Praktische und schöpferische Intelligenz für die Schule« an der Universität Yale habe ich mit Eltern, Lehrern und Kindern darüber gesprochen, weshalb Kinder lesen oder auch nicht lesen. Ich habe gehört, wie Kinder die Probleme aus ihrer eigenen Perspektive sehen – und wie ihre Eltern und Lehrer die gleiche Situation beurteilen. Ich habe gelernt, mit welchen »Tricks« man Kinder für Bücher begeistern kann und welche Fehler garantiert dazu führen, daß ein Kind mindestens einen Monat lang kein Buch mehr anfaßt.

Lesemuffel und Leseratten will diese und andere Erkenntnisse mit Ihnen teilen, Ihnen einfache, durchführbare Methoden an die Hand geben, mit deren Hilfe Sie Ihren Kindern Lust am Lesen beibringen. Und, nicht weniger wichtig, es beschreibt verbreitete Strategien von Eltern, die bei Kindern das genaue Gegenteil bewirken. *Lesemuffel und Leseratten* enthält Anekdoten und skizziert Erfahrungsmuster, die in vielen Gesprächen mit Eltern, Lehrern und Kindern zusammenkamen. Ich habe dieses Buch speziell für Eltern geschrieben: Es ist verständlich formuliert und auf Ihre Problematik zugeschnitten. Wer Soforthilfen braucht, kann am Ende des Buches die 71 Ratschläge, wie man bei Kindern die Freude am Lesen weckt und erhält, aufschlagen.

In diesem Buch werden Sie erfahren, wie Sie eine für Ihr Kind positive Leseatmosphäre schaffen können. Ich stelle Ihnen verschiedene Typen von Kindern vor, die unterschiedliche Leseprobleme haben, erkläre Ihnen, welche Methoden geeignet sind, um jedem Typ in jeder Situation zu helfen. Die sechs repräsentativen Porträts von Kindern beruhen auf authentischen Fällen. An ihnen möchte ich die vielfältigen Gründe illustrieren, deretwegen Kinder nicht gern lesen. Ich schildere die Eltern und ihre zwar gutgemeinten, aber dennoch fehlgeleiteten Bemühungen, ihren Kindern zu helfen, und ich spreche über wissenschaftlich fundierte Strategien, wie man Kinder zum *lustvollen* Lesen verlockt.

Die in diesem Buch dargestellten Kinder sind zwischen neun und sechzehn Jahren alt. Kapitel 1 handelt von Ashley, einer dreizehnjährigen Schülerin der siebten Klasse, deren schon ältere, karriereorientierte Eltern kein Gespür für das Leben ihrer Tochter haben. Ashley ist das Opfer einer gutartigen Vernachlässigung, und das Lesen bleibt dabei als erstes auf der Strecke.

Im Mittelpunkt von Kapitel 2 steht Ben, ein sechzehnjähriger Computerfreak aus der elften Klasse, der die Hightech-Welt der Welt des direkten sinnlichen Erlebens vorzieht. Seine Mutter hat ihn in die Rolle des männlichen Familienoberhaupts gedrängt, und ihre unrealistischen und unpassenden Erwartungen verschlimmern sein Leseproblem noch zusätzlich.

Kapitel 3 schildert den Fall der neunjährigen Laura, einer Drittkläßlerin. Ihr Zeitplan ist voller als der der meisten erwachsenen Berufstätigen. Lauras Leben ist so vollgepfropft mit Terminen und Verpflichtungen, daß man sich wundern muß, wenn sie außer einem Leseproblem nicht auch noch ein Magengeschwür hat.

In Kapitel 4 erleben wir den zwölfjährigen Jeremy. Er führt uns die schädliche Wirkung von Videospielen vor, dem Schreckgespenst so vieler Eltern. Jeremy hat Schwierigkeiten mit dem Lesen, weil er seine Freizeit mit Videospielen verbringt und weil sein Vater ihn zu Hause nicht so unterstützt und lenkt, wie es nötig wäre, um seine Leseleistung zu verbessern.

Kapitel 5 stellt Kims Geschichte vor. Kim ist vierzehn und geht in die neunte Klasse. Eigentlich kann sie gut lesen. Kim aber möchte lieber malen, Theater spielen und Gedichte schreiben als sich auf die berufliche Karriere vorzubereiten, die ihre Mutter für sie ausgewählt hat. Kim hat keine Lust, die Sachen zu lesen, die sie nach dem Willen *ihrer Eltern* lesen soll.

Kapitel 6 schließlich dreht sich um den zehnjährigen Chase, der gelähmt ist von der Angst, zu versagen und den extremen Erwartungen seines Vaters nicht gerecht zu werden. Chase findet sich unintelligent, obwohl er es gar nicht ist, und sein Leseproblem ist das unmittelbare Spiegelbild seines geringen Selbstwertgefühls.

Mit diesen sechs Fällen ist das gesamte Spektrum der Leseunlust bei Kindern abgedeckt. Wahrscheinlich begegnen Ihnen auf diesen Seiten Kinder oder Elternteile, die Sie an jemanden in Ihrer Familie erinnern. Ich habe festgestellt, daß Leseprobleme bei Kindern nur in ein paar wenigen Grundvarianten vorkommen; das heißt, wir erleben die gleichen Muster von Interaktionen zwischen Kind, Schule, Familie wieder und wieder. Obwohl ich also nur über sechs Kinder geschrieben habe, repräsentieren diese Mädchen und Jungen die Situationen und Problemtypen, die für die meisten kindlichen Lesemuffel zutreffen. Wahrscheinlich finden Sie sich und Ihr Kind irgendwo wieder, und wenn das der der Fall ist, dann werden Sie Informationen und Strategien kennenlernen, mit denen Sie Ihr Kind auf einen anderen Weg bringen können.

Viele Eltern haben das Gefühl, daß sich das Leseproblem ihres Kindes ihrem Einfluß entzieht – daß sie wenig oder gar nichts zur Abhilfe beitragen können. Diese Eltern glauben, sie seien der Herausforderung nicht gewachsen, das Leseverhalten ihres Kindes zu verändern. Andere halten sich für zu ungebildet oder sie meinen, ihre Familie sei eben nicht »leseorientiert«. Manche erklären, das Problem zu lösen, sei allein Aufgabe der Schule. Und wieder andere erkennen wohl, daß sie einen Wandel herbeiführen könnten, aber sie sind von anderen Verpflichtungen zu sehr in Anspruch genommen. Gleich welcher Gruppe Sie zugehören: Machen Sie Schluß mit all den Befürchtungen und Ausflüchten! Fangen Sie lieber an, Ihrem Sohn oder Ihrer Tochter zu helfen, sich die Freude am Lesen zu erobern.

1 Das Opfer gutartiger Vernachlässigung: Ashleys Geschichte

Wenn wir zu schnell oder zu langsam lesen, verstehen wir nichts.
Blaise Pascal

Manche Leute lesen, um zu denken – sie sind selten; manche, um zu schreiben, sie kommen häufig vor; manche aber lesen, um zu reden, und sie bilden die große Mehrheit.
Charles Caleb Colton

Ashley saß in ihrem Zimmer und starrte auf die Kurzgeschichte, die sie für die morgige Englischstunde in der siebten Klasse lesen sollte. Die Wörter auf dem Blatt sehen niedlich aus, dachte sie. Sie schluckte und strengte sich an weiterzulesen, aber ihre Gedanken schweiften ständig ab zu anderen, interessanteren Dingen ... dem Schulball am Freitagabend, ihrem derzeitigen Schwarm Robby, zu den großen Ferien im nächsten Monat. Ihr Kopf war voll von diesen Gedanken, und allmählich überkam sie eine dösige, gelangweilte Stimmung.

In der Küche hing Donna wie üblich am Telefon. Donna war das Haus- und Kindermädchen der Familie. Ihr Job bestand darin, den Haushalt zusammenzuhalten und dafür zu sorgen, daß die dreizehnjährige Ashley sauber herumlief und regelmäßig zu essen bekam. Von diesen Pflichten abgesehen, beschäftigten sich ihre grauen Zellen ausschließlich mit ihrem Sozialleben – oder, genauer gesagt, ihrem Sexleben, denn sie dachte an nichts anderes. Ashleys Grundkenntnisse auf diesem Gebiet waren imposant, und das verdankte sie voll und ganz Donna. Wie zu erwarten, hatte Donna nicht eben viel Zeit zum Lesen, vielleicht abgesehen von einem gelegentlichen Liebesroman.

Ashleys Eltern waren wenig zu Hause. Ihre Mutter Patricia hatte als Verwaltungsdirektorin eines Krankenhauses einen Zwölfstundentag. Ihr Vater Charles arbeitete als Radiologe am selben Krankenhaus. Sein Dienstplan war zwar nicht ganz so voll wie der seiner Frau, aber dafür ließ ihm seine sportliche Betätigung keinen Augenblick Zeit: Squash, Tennis, Golf, Laufen. Mindestens zwei Stunden täglich trainierte er. Ashley hatte noch einen älteren Bruder, der seit kurzem an einer Eliteuniversität im Nordosten der USA studierte. Die zehn Jahre Altersunterschied zwischen ihnen hatten dazu geführt, daß Ashley fast wie ein Einzelkind aufwuchs; außerdem waren ihre Eltern zehn Jahre älter als die ihrer Schulfreundinnen.

Ashley war ein freundliches, hilfsbereites Mädchen, alle mochten sie. Ihr Benehmen sowohl in der Schule als auch zu Hause war einwandfrei. Nie machte sie Ärger. Ganz im Gegensatz zu ihrem älteren Bruder, früher eine wahre Nervensäge, war Ashley ein stilles Kind, das sein Bestes tat, um überall gut zurechtzukommen. Ein paar Lehrer an der Schule erinnerten sich noch an James – schon bei der Erwähnung von Ashleys Familiennamen stöhnten sie laut auf. Doch entgegen ihren Erwartungen war Ashley nicht aus demselben Holz geschnitzt wie ihr hochbegabter, aber anstrengender Bruder.

Der Klang von Donnas Stimme machte Ashley unversehens munter: Donna rief zum Abendessen – »Schlanke Küche« war wieder angesagt. Donna meinte, Ashley müsse sich ihre Figur über ihre Pubertätsjahre hinweg unbedingt erhalten, sie sei ihr wichtigster Trumpf, und – so wiederholte Donna unentwegt – in der Jugend abgelagerte Fettzellen blieben dem Erwachsenen auf immer erhalten. Donna und Ashley setzten sich an den Tisch, schoben den Stapel Post beiseite und machten sich an ihr Diätessen. Das Gespräch drehte sich dabei um den bevorstehenden Tanzabend an der Schule und um die Frage, ob Ashley von einem vielbegehrten Tanzpartner dazu eingeladen würde. Donna machte sich Sorgen um einen Pickel, der sich bei Ashley gerade bildete, und erläuterte ihr eine Viertelstunde lang allerlei Hausmittel und Abdeckmethoden und klagte über das emotionale Trauma ihrer eigenen Hautprobleme. Sie versprach Ashley, ihr am Freitagabend vor dem Tanz beim Auflegen eines Make-ups zu helfen. Wie immer war Ashley Donna dankbar für ihre weisen Ratschläge in dem Lebensbereich, der seit Erreichen der Pubertät für Ashley die größte Rolle spielte.

In ihr Zimmer zurückgekehrt, nahm sich Ashley abermals die Kurzgeschichte vor. Obwohl sie die meisten Vokabeln kannte, kam es ihr irgendwie sinnlos vor, sich durch den Text zu fressen. Ach, was soll's? dachte sie. Donna hatte wieder Stellung auf dem Hocker neben dem Telefon in der Küche bezogen, von da schwappte ihr Geplapper herein. Resigniert klappte Ashley das Buch zu und erging sich in Tagträumen um den Tanzabend. Dann öffnete sie die Tür ihres Kleiderschranks und begann, ihr Outfit für diesen Anlaß zu planen. Zwei Stunden später lag der gesamte Schrankinhalt auf dem Fußboden, doch Donna erklärte beharrlich, nichts davon würde so richtig gut aussehen. Nach Donnas Meinung könnte ein »Oma-Look« Ashley den ganzen Abend verderben: Wenn sie nichts Schickes zum Anziehen habe, brauche sie gar nicht erst zu dem Ball zu gehen.

Am nächsten Tag in der Schule graute es Ashley vor der Englischstunde am Nachmittag, in der die zum Lesen aufgegebene Erzählung diskutiert werden sollte. Sie bat ein paar Freundinnen, die Handlung kurz zusammenzufassen: Wie hießen die Figuren? Was passierte mit den einzelnen? Welche Lehren wurden ihnen zuteil? Was war die Moral von der Geschichte? Ashley hatte einen guten Riecher für das, was die Lehrerin vermutlich fragen würde. Zwei Freundinnen hatten die Geschichte gelesen und versorgten sie mit den fehlenden Details. Sich alles zu merken, wo sie doch nicht über die erste Seite hinausgekommen war, gelang ihr nicht. Um die Fakten fest in ihrem Kopf zu verankern, wiederholte Ashley den Hauptfaden der Geschichte immer wieder, so wie ihn ihr die Freundinnen dargestellt hatten. Die aber unterbrachen den für sie langweiligen Austausch über die Geschichte und fragten Ashley, was sie für die nächste Theateraufführung an der Schule geplant hätte. Würde sie sich zum Vorsprechen melden, und wenn ja, für welche Rolle? Obwohl Ashley sich in Gesellschaft zumeist schüchtern verhielt, war sie doch ein schauspielerisches Naturtalent, das vor Publikum richtig aufblühte. Die Freundinnen beneideten sie um ihr Aussehen, ihr Talent und ihre Selbstsicherheit auf der Bühne.

Die Mittagspause ging rasch vorbei, zumal sich Robby neben Ashley setzte. Die Freundinnen sprangen auf und verließen kichernd und grimassenschneidend den Tisch. Ashley war total benommen von dem Gedanken, daß sie nur die Hand auszustrecken brauchte, um Robby zu berühren. Sie betete, er möge sich nur neben sie gesetzt haben, um sie zu dem Tanzabend einzuladen. Beide starrten auf ihren falschen Thunfisch, kauten ostentativ lange und sprachen kaum ein Wort, da beider Freunde an den Nachbartischen neugierig zu ihnen herübergafften. Ashley war so aufgeregt, daß sie alles vergaß, was sie für Englisch einstudiert hatte. Leider machte Robby keine Anstalten, sie als Partnerin zu dem Ball einzuladen. Sie wußte, das lag nur daran, daß er ihren Pickel sprießen sah; selbstverständlich würde kein Junge, der auf sich hielt, mit einem Streuselgesicht losziehen. Es klingelte und Robby sprang auf. Ashley schlich in die hinterste Reihe ihres Englischraums, wo sie nur hoffen konnte, in den nächsten fünfundvierzig Minuten unbemerkt zu bleiben und nicht aufgerufen zu werden.

Lehrer spüren genau, welche Kinder am liebsten gar nicht auffallen möchten – die eingezogenen Schultern und der ausweichende, nach unten gerichtete Blick verraten sie. Mrs. Fishman bildete da keine Ausnahme; sie hatte langjährige Erfahrung und war besser als jeder Geheimagent, wenn es darum ging, scheinbar Unverdächtige zu enttarnen. Selbstverständlich rief sie Ashley sofort auf: »Wer kann mir sagen, mit welcher Figur in der Geschichte er sich am stärksten identifiziert hat? Ashley? Welche Figur hat dich am stärksten an dich selbst erinnert?«

Lange Pause. Ashley schluckte, starrte auf ihr Buch, als sei die Antwort irgendwo am Seitenrand zu finden. »Hmmm, ich denke, Kathy, weil sie ... hmmm, weil sie in meinem Alter ist und zur Schule geht.«

Auf Mrs. Fishman machte das keinen großen Eindruck. »Alle Kinder in der Geschichte gehen zur Schule, Ashley, und zwar alle in die siebte Klasse. Ich frage nach einem präziseren Grund, etwa wie die Personen über ihr Leben denken, was für Probleme sie haben – du weißt schon, was ich meine. Warum hast du dich speziell mit Kathy identifiziert?«

Lange, lange Pause. Ashley atmete tief aus, blickte zu Boden und sagte: »Wissen Sie, Mrs. Fishman, ich habe die Geschichte nicht ganz gelesen.«

»Wie weit hast du gelesen?«

»Hmmm, eigentlich nur die ersten paar Seiten. Ich hatte keine Zeit für die ganze Geschichte.«

Mrs. Fishman wußte die Antwort, noch bevor sie sie gehört hatte. Aber sie war froh, daß Ashley die Wahrheit eingestand. »Gut, Ashley. Vielleicht könntest du nach der Stunde kurz zu mir kommen. Will jemand anderes eine Figur beschreiben, mit der er sich identifizieren konnte?« Vier Hände gingen hoch, und Ashley hatte es überstanden – zumindest für den Augenblick.

Nach dem Unterricht trat sie zu Mrs. Fishman mit einem Magendrücken, als habe sie eine ganze Salami-Pizza gegessen. Mrs. Fishman saß an ihrem Tisch, sie sah müde aus. Sie sorgte sich um Ashley, denn sie hielt Ashley für ein intelligentes Mädchen und gutes Kind. Aber Mrs. Fishman wußte auch, daß Ashley ihre Hausaufgaben in Lesen nicht diszipliniert erledigte. Und wie zu erwarten, glänzte sie auch im Schriftlichen nicht gerade. Ashley war in ihren Leistungen mittlerer bis unterer Durchschnitt – aber mit Fähigkeiten, die weit *über* dem Durchschnitt lagen. Mrs. Fishman hielt es für eine Schande, und sie fragte sich, woran es lag. Ashley wirkte weder auffällig selbstbewußt, noch besonders nervös oder unsicher, wie man es bei vernachlässigten oder mißbrauchten Kindern beobachten kann; sie gehörte ihrem Persönlichkeitsbild nach nicht zu dem Typ Kind, das aus einem Haushalt mit Alkoholikern kam oder mißbraucht wurde. Mrs. Fishman wußte, daß Ashleys Eltern gebildete Leute mit einem akademischen Beruf waren, die ihre Tochter liebhatten und ihr ein gutes Zuhause boten. Sie kamen immer zu den Elternabenden, machten sich Gedanken um Ashleys Zukunft und wirkten besorgt wegen ihres unterdurchschnittlichen Lesevermögens. Warum also lagen Ashleys Leistungen so weit unter ihren Möglichkeiten?

Mrs. Fishman stellte einige Fragen, um die Ursachen ihres Zurückbleibens zu ermitteln. Was machte sie, wenn sie aus der Schule nach Hause kam? Wann erledigte sie die Hausaufgaben? War jemand da, der ihr helfen konnte? Wieso war sie in Mathematik so viel besser als in Lesen? Wieviel Zeit wendete sie für ihre Lesehausaufgaben auf? Las sie auch aus Spaß – Comics, Modezeitungen, irgend etwas? Mrs. Fishman beschloß, Ashleys Eltern anzurufen und zu einem Gespräch zu bitten. In drei Monaten war die Leistungsbewertung fällig, und von Ashleys Noten würde es abhängen, in welche Klasse sie nächstes Jahr eingestuft würde. Mrs. Fishman wußte, daß für Ashley eine Menge auf dem Spiel stand, ihre künftigen Chancen (unter anderem auch, welche High School sie besuchen konnte) hingen davon ab, ob sie in eine der Leistungsklassen für das achte Schuljahr kam.

Am anderen Ende der Stadt saß Patricia, Ashleys Mutter, an ihrem Schreibtisch und erstickte unter einem Berg von Versicherungsanfragen und Beschwerden, die sie zu bearbeiten hatte. Verwaltungsdirektoren im Gesundheitswesen lebten nicht gerade in streßarmen Zeiten. Patricia mußte sich mit den Vertretern aller Lager herumschlagen: Ärzte waren besorgt über die Tendenz zur Verstaatlichung der medizinischen Fürsorge, Krankenschwestern und Pfleger waren überarbeitet und unterbezahlt, Patienten beschwerten sich über Verzögerungen in der Behandlung und über Sparmaßnahmen, und die Krankenhausdirektoren machten sich Gedanken über die finanzielle Zukunft ihrer Einrichtung. Patricia bildete den Mittelpunkt von all dem: Sie mußte sich die Klagen und Kümmernisse aller Beteiligten anhören und versuchen, in diesem System zwischen Partnern, die einander mißtrauten und bisweilen sogar verabscheuten, Frieden zu stiften. Und sie mußte sich abplagen mit Ärzten voller Starallüren, Schwestern und Patienten mit einer Opfermentalität und mit gewinnsüchtigen Investoren.

Patricias Gedanken schweiften ab zur Farm ihrer Eltern im ländlichen Teil des Staates New York, wo die Familie seit dreißig Jahren eine Pferde- und Hundezucht betrieb. Sie wußte, daß ihre Leute durch schwere Zeiten gegangen waren, aber sie hätte gern ihren eigenen hektischen Lebensrhythmus gegen den ihren vertauscht. Keine Kriminalität, kein Pendeln zum Arbeitsplatz, keine Armut, keine verschmutzte Stadt, kein Leben in Angst, kein Smog ... Und die Menschen hatten noch Zeit füreinander, sie redeten miteinander und arbeiteten als Familie. Patricia belächelte sich selbst bei diesem Gedanken. Sie wußte, daß sie ihn tausendmal gedacht und doch nie versucht hatte, wirklich etwas zu verändern. Sie liebte ihr vibrierendes Leben in New York City; in einer Stadt von achtzehnhundert Seelen würde sie sich höchstwahrscheinlich bis zum Stumpfsinn langweilen. Doch immer wenn das Leben sie in die Mangel nahm, dachte sie sehnsüchtig an ihre Vergangenheit und den Lebensstil, den ihre Eltern noch immer pflegten. Instinktiv griff sie zum Telefonhörer und rief bei ihnen an. Wieder war nur der Anrufbeantworter dran. Sie sind wahrscheinlich draußen und reiten die Pferde zu, dachte sie. Sie hinterließ eine Nachricht, fragte, was die Familie am Ostersonntag vorhabe, legte auf und zwang sich, den nächsten Aktendeckel aufzuschlagen.

In dem Augenblick ließ ihre Sekretärin den Summer ertönen. »Die Lehrerin Ihrer Tochter ist am Apparat.« Patricias Magen krampfte sich wieder einmal zusammen. Sie wußte genau, weshalb Mrs. Fishman anrief: Es ging sicher wie immer um Ashleys Problem mit dem Lesen. Sie wußte, daß die Lehrerin echt besorgt war, aber Patricia hätte sich gewünscht, sie ließe das Mädchen einfach in Ruhe. Ashley machte eben gerade eine für Mädchen in der Pubertät normale Phase durch. Es stimmte schon, sie dachte nur noch an Jungs, aber was gab es mit dreizehn auch sonst? Sie nahm den Hörer ab und hörte Mrs. Fishman dasselbe alte Band abspielen wie schon dreimal zuvor in diesem Schuljahr: Ashley sei sehr intelligent, aber sie könne bei weitem nicht so gut lesen, wie es ihrer Altersstufe entsprach, und eigentlich müsse sie es sogar viel besser können. Mrs. Fishman fragte an, ob die Familie Ashley nicht helfen könnte, ihre Leistung bis zur bevorstehenden Jahresbewertung noch zu verbessern. Für Patricia war dies wirklich schon eine alte Leier. Ashley war ein junges Mädchen, dessen Leben sich um Jungs, Kleidung, Musik und vor allem ums Aussehen drehte. Patricia konnte an der Situation nicht das geringste ändern – ihre Tochter durchlief eine Phase, die für ein Mädchen ihres Alters ganz normal war.

Patricia legte den Hörer auf und klappte ihre Mappe zu. Das hat mir gerade noch gefehlt, dachte sie, noch so ein Gespräch zwischen Eltern und Lehrerin. Sie wußte, daß es wichtig war, aber sie hatte ihr Pensum an Elterngesprächen in diesem Halbjahr schon geschafft. Außerdem bekam sie ihren Mann so schwer dazu, sich um die von Mrs. Fishman gewünschte Zeit, drei Uhr nachmittags, frei zu machen. Und dann mußten sie quer durch die ganze Stadt fahren, nur um dann fünfundvierzig Minuten lang genau das gleiche zu bereden, was sie schon bei den letzten beiden Gesprächen beredet hatten. Sie sah es nicht ein. Auf dem Heimweg aber schickte sie sich dann in die Notwendigkeit dieses Gesprächs und beschloß, es ihrem Mann in einem unbefangen fröhlichen Ton beizubringen – wenn bloß kein Streit aufkam.

Patricia schloß die Haustür auf und roch schon die Lasagne mit Huhn, frisch aus der Mikrowelle (selbstverständlich Donnas fettarme Variante). Gottlob, daß wir Donna haben, dachte sie. Es war halb acht, Ashley hatte etwas zu essen bekommen, und die Küche war sauber. Donna und Ashley beendeten ihre Mahlzeit vor dem Fernseher im Wohnzimmer. Patricia fand, sie könne von Glück reden, eine so zuverlässige Person im Hause zu haben, die sich nachmittags um ihre Tochter kümmerte. Die Schule ging bis halb drei, und es war darauf Verlaß, daß Donna mit Ashley etwas unternahm und für ein ordentliches Essen sorgte. Wenn Patricia abends nach Hause kam, war sie zu erschöpft, um an Kochen zu denken. Ihre eigene Hauptmahlzeit nahm sie mittags ein, abends hatte sie kaum Hunger. Ihr Mann kam erst gegen acht aus dem Sportklub, außerdem machte er gerade eine spezielle superfettarme Sportler-Diät – dem Aussehen und Geruch nach so ungefähr das Unappetitlichste, was Patricia sich vorstellen konnte.

Gerade als sie in ihren gemütlichen Hausanzug geschlüpft war, kam Charles zur Schlafzimmertür herein. Sie biß sich auf die Lippen und steckte ihm die Nachricht doch lieber gleich: »Mrs. Fishman hat angerufen, sie bittet uns mal wieder zu einem Gespräch.«

Charles setzte sich seufzend auf die Bettkante und band seine Hochleistungslaufschuhe auf. »Wir waren doch gerade erst bei ihr!« stöhnte er total frustriert.

»Na ja, das war vor einem Monat«, erklärte Patricia. »Aber Mrs. Fishman meint, es sei wichtig, daß wir beide noch mal kommen.«

Charles starrte auf den Teppichboden, und es entstand eine lange Pause. »Ein zweiter James ist sie eben nicht«, sagte er langsam, und Patricia nickte zustimmend. »Ich meine, sie ist ein wunderbares Kind, und ich liebe sie sehr, aber manchmal sehne ich mich nach der Art von Elterngesprächen, zu denen wir wegen James vorgeladen wurden!« Beide mußten laut lachen. »Weißt du noch, was für Trouble James immer machte? Er trieb die Lehrer immer an, schneller mit dem Stoff voranzugehen, als sie eigentlich selber wollten ... Und als er so alt war wie Ashley, las er Texte für die zwölfte Klasse.«

Patricia schaute zu Boden. »Also, wenn ich mir's recht überlege, war ich damals auch wütend«, nahm sie ihre Tochter in Schutz. »*Jetzt* kommt es einem komisch vor, aber du hast dich damals auch beschwert, James sei eine Nervensäge.«

»Ja, weiß ich«, erwiderte Charles kopfschüttelnd. »Aber jetzt steigt er dafür noch in meiner Achtung. Was für ein Kerl! Kein Wunder, daß er sich in Princeton so gut macht.«

Patricia und Charles schauten einander voller Einverständnis an, als ob sie persönlich ihren James aus rohem Granit herausgemeißelt hätten. »Aber Ashley macht sich jetzt auch langsam«, meinte Patricia. »Sie war immer so schüchtern, aber in letzter Zeit kommt sie aus ihrem Schnekkenhaus heraus. Das verdanken wir alles Donna – wir haben Glück gehabt, daß gerade sie sich auf unsere Annonce gemeldet hat. Bei dem Vorstellungsgespräch wirkte sie irgendwie einsam, als ob sie einen Sinn für ihr Leben suchte. Und Ashley war schüchtern und introvertiert. Jede übt auf die andere einen guten Einfluß aus, sie sind inzwischen wie richtig gute Freundinnen. Ashley hat es unheimlich gutgetan.« Charles fand das auch. Aus dem Wohnzimmer erklang Gelächter. »Sie ist Gold wert«, setzte Patricia hinzu, während sie ihren eigenen Fernseher einschaltete und Charles sich unter zustimmendem Kopfnicken an die Lektüre seines Monatsmagazins »Muskeln und Fitneß« machte.

Das Problem Ashley *war* ein wundervolles Kind, das fanden alle: Donna, Ashleys Eltern, Ashleys Freunde und auch Ashleys Lehrer (etwa Mrs. Fishman). Genaugenommen war Ashley wie eine pflegeleichte Zimmerpflanze: einmal monatlich gießen, und sie überlebt und wächst langsam weiter. Was war falsch an diesem Bild? Eine Menge. Kinder wie Ashley werden oft betrogen. Ashleys Eltern ließen ihr eine gutartige Form von Vernachlässigung zuteil werden. Sie hatten absolut keine Vorstellung davon, welche Arbeiten sie für die Schule zu erledigen hatte. Selbst um den Preis eines Lotteriegewinns hätten sie keinen Aufsatz nennen können, den Ashley geschrieben hatte, kein Projekt, das sie erarbeitet hatte und kein Buch, das sie lesen sollte. Sie waren freundlich zu Ashley, aber mehr aus der Distanz. Und Ashley selbst war sicherlich nicht davon überzeugt, daß sie viel zu bieten habe.

In Wahrheit waren Patricia und Charles sehr viel mehr an ihrem eigenen Leben interessiert, und das war Ashley klar. Sie war im Schatten ihres erfolgreichen älteren Bruders James aufgewachsen. Inzwischen zuckte sie schon bei Nennung seines Namens zusammen. Ashley liebte James sehr – er war der einzige Mensch, den sie kannte, der mit ihr ernsthaft über interessante Themen wie Wissenschaft und Politik sprach. Aber sie mochte es nicht, wenn ihre Eltern von ihm sprachen, und das taten sie täglich. James hatte alles schneller, früher, besser und mit größerem Erfolg geschafft als Ashley. Ihre Eltern strahlten vor Stolz, wenn sie das Register seiner Leistungen aufzählten, und James hatte nicht nur schulische Erfolge vorzuweisen, sondern auch Medaillen in Schwimmen und

Tennis sowie Urkunden für Dienste zum Gemeinwohl, etwa die Arbeit mit Blinden. Wie konnte Ashley mit James je mithalten? Da sie das sowieso für unmöglich hielt, weshalb sollte sie es dann versuchen? Für die Eltern war James offenbar der Star der Familie und Ashley bloß das Kind, das sie bekamen, als sie schon auf die Vierzig zugingen.

Patricia und Charles meinten, Ashley sei altersgemäß ein normales Mädchen, doch wäre sie ein Junge gewesen, hätten sie sich mit ihrer passiven Haltung und stillen Fügsamkeit niemals abgefunden. Dann hätten sie gemeint, etwas stimme nicht mit ihrem Kind, sie hätten nach den Gründen geforscht und darauf beharrt, daß es ihren hohen Ansprüchen gerecht werde. In Ashleys Fall jedoch nahmen sie einen geringeren Standard hin: An allem war ihre Pubertätsphase schuld, als ob man von dem Mädchen gerade jetzt keinesfalls mehr erwarten dürfe, schließlich wurde sie von ihren Hormonen schon genug geplagt. Patricia und Charles dachten nicht bewußt so – aber ihre Einstellung war charakteristisch für die Art und Weise, wie gerade Mädchen oft behandelt werden, zumal in Familien mit erfolgreichen älteren Geschwistern. Ashleys stille, gefügige und sanfte Natur verstärkte nur bei allen den Wunsch, sie als ein süßes Dummchen zu behandeln.

Und dann war da noch Donna. Donna war in Ashleys Leben getreten, als Ashley sich allmählich wie ein steuerloses Schiff vorkam, das keinen Ankerplatz fand. James war zur Universität abgewandert, und Ashleys Welt war um fünf Größen geschrumpft. Donna füllte die Lücke mit Bravour. Donna war lustig, aufregend und vital. Nur: Donna war nicht sonderlich intelligent und übte mit ihren Gewohnheiten und Interessen keinen günstigen Einfluß auf Ashley aus. Aber Donna selbst lag durchaus etwas an Ashley – solange Ashley etwas an Donnas Interessen gelegen war. Und Ashley brauchte so dringend Aufmerksamkeit, daß sie sich bereitwillig Donnas Bedürfnissen anpaßte und sie zu ihren eigenen machte. Donna war sechsundzwanzig, sie hatte das Abitur gemacht, danach Kosmetikerin gelernt, aber in einer Zeit, als alle »natürlich« aussehen wollten, hatte sie nur hin und wieder einen Job gefunden. Sie war zuverlässig, ein warmherziger, freundlicher Mensch und durchaus eine gute Babysitterin – aber für Ashley nicht gerade die ideale erwachsene Bezugsperson, mit der sie ihre gesamte Zeit nach der Schule verbringen sollte. Donna selbst hatte Hausaufgaben, Lesen und alle intellektuellen Dinge stets verabscheut, und diese Haltung übertrug sie ungewollt auf Ashley.

Ashley war also ein intelligentes Mädchen, das auf kein nennenswertes Ziel hinsteuerte. Sie gab sich keine Mühe, erbrachte nicht die Leistungen, die man ihren Anlagen entsprechend erwarten konnte, tat sich nicht genügend hervor. Ashleys Leben tendierte zur Oberflächlichkeit, und zwar gerade in dem Alter, in dem es sehr darauf ankommt, wohin ein Kind sich orientiert. Schließlich werden in der Pubertät wichtige Weichen gestellt, was ein Kind später aus sich machen wird. Alle mochten Ashley – außer Ashley selbst allerdings. Auf ihre eigenen Fähigkeiten hielt sie keine großen Stücke. Sie hatte sich Donna zugewandt, weil sie von ihr Freundschaft und Bestätigung bekam, vor allem auf Gebieten, die von der Schule denkbar weit entfernt waren. Auf der Strecke blieb dabei das Lesen, und damit die Lust am Lernen, denn wenn das Kind nicht mehr liest, verliert es die ganz schnell. Für Ashley hatten Bücher absolut nichts mit Spaß zu tun: Spaß war, was sie und Donna beim Einkaufsbummel erlebten. Patricia und Charles waren tatsächlich mit einem weitaus größeren Problem konfrontiert, als sie selbst erkannten. Das wahre Ärgernis lag jedoch darin, daß letzten Endes Ashley den Preis dafür zahlen mußte.

Falsche Strategien Kein Zweifel: Ashleys Eltern hatten versucht, der Tochter bei ihrem Leseproblem zu helfen. Schauen wir uns die Strategien an, die sie ausprobierten, und untersuchen wir, weshalb keine zum Erfolg führte. Als Patricia und Charles eines Abends beim Essen in ihrem Lieblingsrestaurant auf ihr letztes Gespräch mit der Lehrerin zu sprechen kamen, platzte Charles der Kragen: »Wir wissen, daß Ashley genug Talent hat, wenn sie sich nur ein bißchen anstrengen würde. Diese Elterngespräche sind für uns pure Zeitvergeudung. Ich glaube, wir sollten Ashley klarmachen, daß *wir* wissen, daß sie sich einfach keine Mühe gibt!«

Patricia stimmte ihm zu, und so riefen sie Ashley noch am selben Abend ins Eßzimmer zu einem kleinen Verhör. Sie erklärten ihr, sie müsse sich mehr anstrengen, um ihre Note in Lesen zu verbessern; Lesen sei wichtig und entscheidend für ihre spätere schulische Einstufung. Mehrfach betonten sie dabei, mit James habe es derartige Probleme nie gegeben und sie hätten es nun satt, sich mit Ashleys Verhalten in diesem Punkt abzufinden. »Streng dich an!« hämmerten sie ihr ein, wieder und wieder und wieder ... Als Ashley sich in ihr Zimmer schlich, biß sie sich auf die Lippe, um nicht loszuheulen. Sie wußte, daß sie kein James war, und aus ihrer Sicht tat sie alles, um sich im Lesen zu verbessern. Sie fühlte, daß ihre Eltern von ihr enttäuscht waren, und sie selbst war es auch. Immerzu dachte sie: Der einzige Mensch, der mich so akzeptiert, wie ich bin, ist Donna.

Ein paar Monate später versuchten die Eltern eine andere Methode: Sie setzten eine Geldprämie aus, wenn Ashley ihre Leseleistung steigerte. Fröhlich erklärten sie ihr, daß sie sich ein Extrataschengeld verdienen und sich neue Designerjeans für fünfundsiebzig Dollar, fertig zerschlissen und ausgefranst, kaufen könne. Da Ashley auf ihr Äußeres so großen Wert legte, waren die Eltern überzeugt, der Weg des finanziellen Anreizes sei der richtige. Doch sie irrten sich. Ashley besaß bereits eine Unmenge Kleidung und verfügte über ein reichliches Taschengeld. Außerdem wußte sie, daß die Eltern bei James nie mit Bestechung hatten arbeiten müssen, und es ärgerte sie, daß sie es bei ihr versuchten. Was sie wirklich wollte, war, daß sie an ihrer Erziehung und ihrem Leben echten Anteil nahmen. Geld als Ersatz für aufrichtiges Interesse war ihr nicht gut genug.

Die nächste Fehlstrategie betraf Donna. Die Eltern beschlossen, sie um Unterstützung anzugehen. In einem vertraulichen Gespräch boten sie Donna für jeden Monat, in dem sie nicht zu einem Elterngespräch bestellt würden und in dem sich Ashleys Englischzensuren verbesserten, einen Bonus von hundert Dollar an. Donna geriet vor Freude ganz aus dem Häuschen und machte exakte Pläne, wie sie das Geld anlegen würde. Dann begab sie sich auf die Mission »Ashley motivieren«. Sie fragte sie nach ihren Aufgaben in Englisch und hielt sie dazu an, nach Schulende mehr Zeit dafür zu verwenden. So war Ashley die genußvolle Zeit, die sie mit Donna sonst verbrachte, genommen. Daß sie allein in ihrem Zimmer lesen sollte, während Donna weiter stundenlang telefonierte, fand Ashley ungerecht. Später bekam sie heraus, daß die Eltern Donna mit Geld zu der Sache überredet hatten. Wie man sich denken kann, war diese Entdekkung nicht gerade motivierend. Ashley fühlte sich abermals hintergangen und reagierte, indem sie ihre Leseaufgaben noch mehr schleifen ließ.

Als diese Vorgehensweise nicht half, ermunterten Patricia und Charles ihr Hausmädchen dazu, sich aktiv in Ashleys Leseproblem einzuschalten. Sie dachten, Donna könne ja lesen, also müsse sie auch Ashley helfen können. Donna aber fühlte sich von diesem Ansinnen verunsichert, denn sie hatte sich selbst nie für eine große Leuchte gehalten. Sie überflog ein paar von den Geschichten, die Ashley zum Lesen aufhatte, dann setzte sie sich mißmutig mit dem aufgeschlagenen Buch zu Ashley und versuchte ihr die Hauptpunkte darzulegen. Die für gewöhnlich so zungenfertige Donna stotterte und sprach abgehackt und zusammenhanglos, als sie die Themen der Geschichten zu erläutern versuchte. Sie unterbrach Ashley, wenn diese laut lesen oder eine Frage stellen wollte, und sie verbesserte das Mädchen so schnell und so scharf, daß sich Ashley wie eine Idiotin vorkam. Das ganze war eine Katastrophe. Die Tatsache, daß Donna ein zuverlässiges Kindermädchen und eine durchaus redegewandte Frau war, qualifizierte sie keineswegs zur Nachhilfelehrerin für eine Dreizehnjährige mit Leseproblemen.

Ja, Donna war es so peinlich, wie schlecht sie mit ihrer begrenzten Bildung gegenüber Ashleys Familie abschnitt, daß sie bei dem bloßen Gedanken, Ashley helfen zu müssen, in Angstzustände geriet. Sicher ist es eine gute Idee, daß sich jemand um ein Kind mit Lesestörungen kümmern und ihm helfen sollte – es kommt aber darauf an, wer. Eine Person in Abwehrhaltung oder mit mangelnder Übung (vor allem ein unausgebildeter Helfer, der die Sache nur des Geldes wegen betreibt) kann mehr Schaden stiften als Gutes. Ashley fühlte sich mit Donna in diesem neuen Bezugsrahmen nicht wohl; sie mochte die alte Donna, die nie über Bücher geredet hatte. Donna war typisch für viele Menschen, die einem Kind mit Lesestörungen helfen wollen, aber im Grunde nicht wissen, wie sie es anstellen sollen. Und Patricia und Charles waren nicht da, um helfend einzugreifen.

Natürlich versuchte auch Mrs. Fishman, Ashley zu helfen – sie rief schließlich nicht ständig ihre Eltern an, weil sie ihr so sympathisch waren! Bei manchen Familien reicht es aus, die Eltern in einem Gespräch auf das Problem aufmerksam zu machen und ihnen geeignete Methoden zur Überwindung aufzuzeigen. Mrs. Fishmans Ratschläge aber stießen bei Ashleys Eltern auf taube Ohren – denn jeder lief darauf hinaus, daß sie der Tochter Zeit und Aufmerksamkeit widmen und sich *wirklich* für ihre schulische Arbeit *engagieren* müßten. Das auch nur ins Auge zu fassen, dafür waren Patricia und Charles viel zu gestreßt. Die erfahrene und hingebungsvolle Lehrerin hatte eine lange Liste von brauchbaren Methoden für diesen Fall zur Verfügung. Nur zu schade, daß diese Eltern nicht einsahen, welch kluge Ratschläge Mrs. Fishman erteilen konnte. Daß die Familie die Erfolgsstrategien der Lehrerin, die auf einer gründlichen Einschätzung von Ashleys Situation basierten, nicht anwandte, erwies sich als eine leider vertane Chance.

Eine weitere zwar gutgemeinte, aber erfolglose Strategie dieses Elternpaares bestand darin, James zu Hilfe zu rufen. Sie instruierten ihn mit allen Details und erbaten seine Unterstützung, um Ashley auf die Leseschiene zu lenken. James liebte seine Schwester und fühlte sich betroffen von dem Problem, aber er lebte in Princeton und war nicht oft zu Hause. Er war ein umtriebiger junger Mann von Anfang Zwanzig, der längst sein eigenes Leben führte. Er rief Ashley an und fragte sie, wie es ihr in Englisch erginge, was sie gerade so lese und worüber sie Buchresümees zu schreiben habe. Doch der Kontakt zwischen den beiden war nicht eng genug, damit das funktionierte. Außerdem war James fast nie persönlich anwesend. Mit dreizehn war Ashley zu jung, um per Fernkurs oder Telefon zu lernen, und sie war nicht diszipliniert genug, um sich einen Ruck zu geben, mit dem sie den Erwartungen ihres Bruders entsprechen konnte. Doch daß ihr das nicht gelang, bereitete ihr noch zusätzlich ein unangenehmes Gefühl. Jetzt ließen sie also alle im Stich, nicht nur ihre Eltern, sondern auch James.

Patricia versuchte eine neue Strategie: Sie beschloß, Ashley mehr Zeit zum Lesen zu geben und beschnitt ihre Teilnahme an ihrer Meinung nach »nebensächlichen Dingen«. Sie fand, Ashleys Mitwirkung bei der Schulaufführung raube ihr zuviel Zeit fürs Lernen, und riet deshalb der Tochter ab, sich um eine Rolle in dem neuen Stück zu bewerben. Ashley war zutiefst niedergeschlagen, als die Mutter ihr erklärte, das Stück sei ihre Zeit und Mühe nicht wert. Sie hatte stets gedacht, ihre Eltern seien stolz darauf, wenn sie spielte und sang. Aber nun wurde ihr plötzlich klar, daß es sie gar nicht interessierte. Damit sank Ashleys Selbstwertgefühl weiter. Es muß nicht gesagt werden, daß diese Strategie Ashleys Leseleistung auch nicht gerade raketenartig aufsteigen ließ.

Patricia verzweifelte allmählich, weil keine Methode anschlug. Eines Nachmittags nahm sie die Tochter mit zum Einkaufen. Während sie Kleider anprobierten, brachte Patricia das Thema des schulischen Erfolgs aufs Tapet, und wie dieser ihr alle Türen öffnen würde. Ashley hörte nur mit halbem Ohr zu. Sie interessierte viel mehr, wie sie in ihrem ganz in einem Grauton gehaltenen Outfit, Modell »schönes Waisenkind«, wirkte (*zu dick*, dachte sie). Sie fragte die Mutter, ob sie meine, sie solle vor dem nächsten Schulball noch eine Schlankheitsdiät machen. Patricia wurde blaß bei dem Gedanken, daß ihre nur neunzig Pfund schwere Tochter auch noch fasten wollte, und fauchte sie an, wie sie bloß auf einen so blödsinnigen Gedanken kommen könne. Damit endete das vertrauliche Mutter-Tochter-Gespräch über die Bedeutung einer erfolgreichen Arbeit für die Schule. Für Ashley waren andere Dinge offensichtlich wichtiger. Patricia dachte, es würde seine Zeit dauern, bis Ashley zu einer tüchtigen Schülerin reifte, die sich um ihre schulischen Leistungen ebenso sorgte wie James.

Der Grund, warum all diese Versuche scheiterten, liegt darin, daß sie auf rasche Abhilfe durch ein Notpflaster hofften. Was aber gebraucht wurde, war eine tiefer greifende Veränderung in der Einstellung und im Verhalten aller Beteiligten.

Erfolgsstrategien Was meinen Sie? Hatte Patricia recht? War Ashleys Fall normal? Waren ihre Leseprobleme typisch für ein Mädchen in der Pubertät, das allmählich zu einer jungen Frau heranwuchs und andere Sorgen hatte als das Thema der Errettung bei Charles Dickens? Würde Ashley ganz von allein aus ihren Leseschwierigkeiten herauswachsen? Übertrieb Mrs. Fishman mit ihrer Besorgnis? Was würden *Sie* tun, wenn Ashley Ihre Tochter wäre?

Ob Ashley mit der Zeit manche ihrer schulischen Probleme allein bewältigen könnte, ist fast ohne Belang. Die Mittelstufe in der Schule ist eine kritische Zeit, in der sich die Fertigkeiten entwickeln, mit denen das Kind zu einer beruflichen Laufbahn und den Erfahrungen als Erwachsener bereit wird. Im Unterschied etwa zu den Fächern Musik oder Werken sind die Fertigkeiten im Lesen von zentraler Bedeutung für jegliche intellektuelle Arbeit, und sie müssen fortschreitend von Stufe zu Stufe weiterentwickelt werden. Abzuwarten, bis Ashley aus ihrer Pubertätsphase herauswächst, wäre völlig falsch. Bis sie zu einer ernsthaft bemühten Schülerin würde (falls das überhaupt je geschehen sollte), wäre es zu spät, und sie hätte längst zuviel Boden gegenüber den anderen klugen Schülern verloren. Außerdem wurde Ashley in ihrer Persönlichkeit und in der Wahl ihrer Interessen in einem unerwünschten Sinne beeinflußt. Man kann nicht annehmen, daß sie spontan ihr Interesse an Mode, Make-up und Seifenopern aufgeben und sich ganz den Buchresümees, naturwissenschaftlichen Projekten und Besuchen in Buchhandlungen widmen würde. Lesen und die Lust am Lernen sind Gewohnheiten, die ein Kind erst entwickeln muß. Die Freude am Lesen wird normalerweise nicht spontan entdeckt, jedenfalls nicht in einer Welt, in der so viele konkurrierende Dinge die Zeit des Kindes beanspruchen, von denen die meisten erheblich weniger aktive, selbstgesteuerte Energie erfordern als das Lesen. Ashley braucht Hilfe – bekommt sie aber nicht. Doch welche Strategien versprechen Erfolg für sie selbst, für ihre Lehrer, ihre Eltern und alle, denen ihr Wohl am Herzen liegt?

Das wichtigste Erfolgsrezept für diese Familie bestünde darin, daß die Eltern ihre Grundeinstellung verändern. Sie stecken bis zur Halskrause in beruflichen und persönlichen Verpflichtungen und führen in einer von frenetischem

Tempo beherrschten Stadt ein hektisches Leben. Und sie haben ein sagenhaft erfolgreiches erstgeborenes Kind, das in ihren Augen wahre Wunder vollbringt. Ein Gutteil ihres Verhaltens gegenüber Ashley läßt sich auf das Syndrom »Aber-wir-haben-doch-bereits-unser-Kind-*großgezogen*« zurückführen: das Feldgeschrei aller überarbeiteten, übermüdeten, von übermäßig vielen Verpflichtungen gestreßten Eltern mit einem oder mehreren erfolgreichen Nachkömmlingen und einem weiteren Kind, das mehr Hilfe braucht. Ashleys Eltern liebten ihre Tochter, aber sie nahmen sich keine Zeit für sie. Sie setzten sich nie mit ihr hin und lasen ihr etwas vor, sie sprachen auch nie mit ihr über das Lesen und die schulische Arbeit, es sei denn, sie verlangten knappe Auskunft über ihre letzten Noten. Patricia und Charles waren zutiefst *mit sich selbst* beschäftigt; ihrer Tochter schenkten sie weniger Aufmerksamkeit als viele Leute ihren Haustieren.

Ashleys schwaches Selbstbewußtsein und ihr Gefühl der Minderwertigkeit gegenüber James ergaben sich ganz logisch aus dem Verhalten ihrer Eltern. Ashley hielt sich innerhalb ihrer Familie für eine unscheinbare Größe, und das war sie ja in der Tat. Sie wurde zum Opfer – nicht etwa absichtlich oder böswillig schlechter Behandlung, sondern eher Opfer einer gutartigen Vernachlässigung. Ashleys Leseproblem war ein ernsthaftes Problem, aber es war zugleich nur eines von vielen Symptomen, die darauf hinwiesen, daß im Innern dieses jungen Mädchens etwas nicht in Ordnung war. Ohne einen Wandel in der Einstellung der Eltern würde Ashleys Lesestörung nur das erste einer langen Liste schulischer und außerschulischer Probleme sein, mit denen in den folgenden Jahren zu rechnen war.

Der Schlüssel zu jeder Erfolgsstrategie liegt für Patricia und Charles darin, daß sie das Maß ihrer liebevollen Zuwendung und der Energie, die sie für ihr Kind aufbringen, erhöhen müssen. Ihre Tochter muß von ihnen wahre Werte vermittelt bekommen. Patricia und Charles sollten wirklich

Zeit mit ihr verbringen, mit ihr reden, ihr zuhören und mit ihr lesen. Für die Zeit, die Eltern mit ihren Kindern verbringen, gibt es keinen Ersatz. Kein Surrogat kann die Eltern ganz ersetzen, und die rasch hingesagten flotten und klugen Sprüche, denen Eltern so leicht vertrauen, schaffen es auch nicht. Betrachten wir, wie eine Umpolung des elterlichen Verhaltens in eine spezifische Erfolgsstrategie für Ashley umschlagen könnte.

Die vorrangige Methode, wie Patricia und Charles ihrer Tochter helfen könnten, bestünde darin, daß *sie selbst* im Wohnzimmer lesen, statt sich in ihr Schlafzimmer zu verkriechen und fernzusehen. Patricia und Charles lesen viel und gern, aber nicht für Ashley sichtbar. Wenn sie diese Tätigkeit ins Wohnzimmer verlegen würden, könnte dieses Elternpaar mehr mit der Lektüre, der Schularbeit und dem Leben ihrer Tochter in Berührung kommen. Wenn sie mit ihr genausoviel wertvolle Zeit verbringen würden wie damals mit James, würden sie Ashley als Menschen besser kennenlernen – und vielleicht sogar feststellen, daß sie genauso etwas Besonders ist wie ihr Wunderknabe. Wenn alles, worüber Ashley spricht, sich um Mode und Jungens dreht, dann liegt es möglicherweise daran, daß ihre wichtigste erwachsene Bezugsperson in der Zeit nach der Schule von nichts anderem redet. Patricia und Charles können diese Tendenz aber ändern, indem sie ins Wohnzimmer umziehen. Es ist nicht notwendig, daß Donna jeden Abend mit Ashley zusammen ist, obwohl ihre Eltern schon daheim sind. Einer von beiden könnte sich jeweils bemühen, etwas zeitiger zu Hause zu sein, um mehr Zeit für die Tochter zu haben.

Donna mag ein gutes Kindermädchen sein, aber sie sollte nicht soviel Zeit mit Ashley verbringen. Wenn ein Elternteil einmal wöchentlich mit ihr in eine Buchhandlung oder eine Bibliothek fahren würde, wäre das für Ashley ein sinnvoller Ersatz für den wöchentlichen Einkaufsbummel mit Donna. Auch sollten Patricia und Charles Alternativen für die Zeit nach der Schule, nachmittags zwischen halb drei und halb sieben, ins Auge fassen: Tätigkeiten, die sie aktiv und positiv beanspruchen, wie etwa die Mitwirkung in einer Theatergruppe, Musik- oder Zeichenunterricht oder Sport. Ein intelligentes und begabtes Mädchen wie Ashley sollte nicht jeden Nachmittag mit einer passiven Beschäftigung zubringen, sei es nun auf der Einkaufsmeile oder vor dem Fernseher.

Eine weitere, sehr erfolgversprechende Strategie könnte Ashleys Eltern ein bißchen detektivischen Spürsinn abverlangen – eine Aufgabe, der sie zweifellos gewachsen sind. Ashley besitzt durchaus Talente und Fertigkeiten, doch hat sie das Gefühl, daß alles, was sie kann, vom kometenhaften Erfolg ihres Bruders in den Schatten gestellt wird. Patricia und Charles sollten sich sorgfältig überlegen, welche geistigen Fähigkeiten Ashley besitzt, in denen James nicht glänzte. Je mehr dieses Talent mit Lesen zu tun hat oder zumindest Lektüre einschließt, um so besser. Im letzten Herbst zum Beispiel war Ashley bei der Theateraufführung in der Schule aufgetreten, und allen Berichten zufolge hat sie sich gut geschlagen. Sie hat ihre Gesangsnummern ansprechend präsentiert, ihren Text beherrschte sie perfekt und konnte ihn ohne Stokken vortragen. Und das Beste daran: James tat sich beim Theaterspielen an der Schule niemals sonderlich hervor. Hier war also etwas, was Ashley besser konnte als James.

Ashleys Eltern sollten sich also auf dieses Talent ihrer Tochter konzentrieren und es *fördern*, statt es als eine Vergeudung von Lesezeit zu brandmarken und sie so davon abzubringen. Vielleicht sollten sie sie in eine spezielle Theatergruppe außerhalb der Schule einschreiben und ihr Bücher über Schauspielkunst und Theater sowie Dramentexte kaufen, die ihr gefallen könnten. Sie war gut in den Schulaufführungen, aber bei ihrem Talent würde sie von zusätzlicher Ausbildung nur profitieren. Außerdem würde diese außerschulische Aktivität Ashleys Selbstvertrauen aufmöbeln und ihr das Erlebnis verschaffen, einmal besser zu sein als James;

vielleicht sogar so gut, daß sie festes Mitglied einer jungen Theatergruppe werden kann. Die Eltern könnten James anrufen, ihm von Ashleys neuer und sich entfaltender Aktivität berichten und ihn gleichzeitig bitten, diesen Kompetenzbereich ganz seiner Schwester zu überlassen. Patricia und Charles könnten die Begeisterung noch steigern, indem sie sich trotz ihres straffen Zeitplans einen Abend freischlagen, um zusammen mit Ashley Broadway-Aufführungen anzuschauen – damit würden sie ihr beweisen, daß sie sich Zeit für sie und ihre Interessen nehmen.

Das Schöne an Ashleys schauspielerischem Talent besteht aber auch darin, daß sie lesen müßte: Stücke, Skripte, Sprechtexte, Bücher ... Aber Ashley würde gar nicht merken, daß sie liest, weil diese Art Lesen sich nicht in derselben Sphäre abspielt wie ihre schulische Arbeit. Ihre Eltern könnten zeigen, daß sie von Ashleys Interessen sehr angetan sind, indem sie das Mädchen mit ein paar Leuten zusammenbringen, die mehr Zeit mit Theaterstücken zubringen als Donna mit Telefonieren. Um Kindern wie Ashley zu helfen, ihr Leseproblem zu bewältigen, müssen sie natürlich nicht unbedingt bei der Schulaufführung mitmachen oder einer Theatergruppe beitreten. Man sollte jedoch versuchen, einen Schwerpunkt in einem Bereich zu finden, der Lesen beinhaltet, ohne aber Spannung und Angst wegen der schulischen Noten fürs Lesen zu schüren.

Eine andere erfolgversprechende Idee bestünde darin, für Ashley einige Teenager-Magazine zu abonnieren, in denen sie Artikel über Mode, Make-up und sonstige Teenagerinteressen findet. So könnten die Eltern aus dem Umstand, daß Teenagerin Ashley von ihren Hormonen geplagt wird, noch Kapital schlagen. Sie redet über solche Themen jeden Nachmittag mit Donna – weshalb soll sie dann nicht wenigstens auch *etwas darüber lesen*? Patricia und Charles könnten ihr auch ein paar Bücher über Mode und Make-up kaufen. Ashley würde das Interesse der Eltern an Themen erkennen, die für sie mit dreizehn Jahren wirklich wichtig sind – und sie würde dabei lernen, daß wir *Information* und *brauchbare Ideen* aus dem gedruckten Wort beziehen (und nicht nur erfundene Geschichten über Kinder, die sie nicht kennt).

Ihr Jugendmagazine in die Hand zu geben, ist deshalb sinnvoll, weil sie zum Lesen animieren, ohne daß Ashley dahinter den erhobenen Zeigefinger sieht. Nach all den fehlgeleiteten Versuchen, ihr zu helfen, rollt sich Ashley schon bei dem bloßen Gedanken an ihr Leseproblem wie ein Igel zusammen. Sie verhält sich abwehrend, unwillig und störrisch. Ihnen erginge es in ihrer Lage genauso. Ashley hat gute Gründe, sich von ihren Eltern im Stich gelassen zu fühlen. Denn tatsächlich halten sie Ashley für nicht so klug oder nicht so etwas Besonderes wie damals James. Aber sie haben sie lieb, und mit ein wenig Mühe könnten sie auch bei ihr einzigartige Fähigkeiten und Talente entdecken. Was uns zur nächsten guten Idee führt, die mehr ein Rat an Patricia und Charles ist als an Ashley selbst.

Da Charles und Patricia bereits einen gutaussehenden und erfolgreichen Sohn haben (der als einziges Kind geplant war), fühlten sie sich in ihrer Elternrolle ausgefüllt. James besaß all das, was man von einem Kind erwarten durfte. Sie wollten ihn, und für sie war und ist er der Schokoladenprinz. Wo bleibt bei all dem Ashley? Sie war nicht geplant: Sie paßte nicht hinein in das Leben ihrer Eltern, als sie neun Monate nach deren Sommer in Europa das Licht der Welt erblickte. Die Moral dieser Geschichte besteht darin, daß Patricia und Charles die Bedürfnisse ihrer Tochter sowie ihre Empfindlichkeit gegen das ständige Vergleichen mit James, dem Superbruder, erkennen müssen. Es wäre gut, wenn die Eltern damit aufhörten, James für alles in den Himmel zu heben. Statt dessen sollten sie ihre Tochter unvoreingenommen beurteilen und ihre beachtlichen Talente anerkennen. Ashley liegt ihnen schon am Herzen; sie haben sich nur selbstsüchtig verhalten. Wenn sie wollen, daß Ashley einmal ihr Potential als junge Frau ganz ausschöpft, dann müssen sie sich bemühen zu erkennen, wer sie wirklich ist, statt sie bloß immer mit James zu vergleichen. Auch James war nicht in allen Bereichen so großartig; es wäre hilfreich, das Ashley ab und zu ins Gedächtnis zu rufen – besonders dann, wenn sie sich in seinem Schatten versinken fühlt. James genießt den Vorzug, daß er Ashley zehn Jahre Erfahrung voraus hat und sich seine Mißerfolge durch den zeitlichen Abstand in den Augen der Eltern weniger deutlich abzeichnen.

Eine andere brauchbare Idee für Ashleys Familie bestünde darin, für den nächsten Sommer einen gemeinsamen Urlaub anzusteuern – und dabei Ashley mit der Aufgabe zu betrauen, die einzelnen Vorhaben und Reiseziele zu planen. Alle notwendigen Informationen könnte sie in Katalogen und Reiseführern finden, die ihr die Eltern besorgen. Der Sinn auch dieser Erfolgsstrategie besteht darin, den Schwerpunkt von schulischen Leistungen (besonders im Vergleich mit James) wegzunehmen und zu einer neuen Art von Lektüre zu verlagern. Ashley würde erkennen, daß Lesen Spaß macht und man aus Büchern wertvolle Informationen gewinnen kann. Wenn die Eltern Ashley als ein kluges und besonderes Kind mit einzigartigen Talenten behandeln, kann sich das nur positiv auf Ashley auswirken.

Ein wesentliches Element in dem Erfolgsrezept betrifft also die Einstellung der Eltern. Sie muß sich ändern. Charles und Patricia meinen, Ashley sei ein normales Kind. Selbst wenn sie recht hätten und Ashley eine ganz typische Pubertierende wäre, ist ihre Situation gewiß nicht sehr verheißungsvoll. Sicher, viele Mädchen in Ashleys Alter machen sich verrückt wegen ihrer Kleidung, ihrem Aussehen und wegen der Jungs. Zugleich aber lernen sie auch emsig und interessieren sich lebhaft für Sport, Wissenschaft, Musik oder sonst etwas. Ashley gehört eigentlich zu dieser Kategorie, aber um sie dahin zu bringen, müssen die Eltern einsehen, daß sie Besseres verdient hat und zu Besserem begabt ist. Sie müssen ihre Verantwortung dafür erkennen, daß Ashley mehr Chancen bekommt – statt sie einfach dahintreiben zu lassen. Für Probleme wie das von Ashley gibt es keine Soforthilfe. Ihre Eltern müssen sich selbst den Spiegel vorhalten und erkennen, was an ihrer Einstellung, ihrem Verhalten und ihrer Perspektive nicht stimmt, ehe sie einen wirklichen Wandel erwarten können. Nur wenn sie bereit sind, ihre Sichtweise zu verändern und ihren Tagesablauf auf ihr Kind einzustellen, werden sie erreichen, daß Ashley Freude am Lesen bekommt und auch ihre Lesenoten besser werden. Dann wird Ashley sich selbst als ein kompetentes Individuum erleben, das auch beim Lesen erfolgreich mithalten *kann* und *will*.

Die Moral von Ashleys Geschichte

- Wenn Ihr kleiner Lesemuffel ein Mädchen ist, dann fragen Sie sich, ob Ihnen seine Leseprobleme mehr Sorgen bereiten würden, wenn es ein Junge wäre. Lautet die Antwort ja, dann tun Sie Ihrer Tochter keinen Gefallen, wenn Sie sie auf ein niedrigeres Niveau festlegen.
- Wenn Sie sich ärgern, weil Sie für Gespräche mit dem Lehrer soviel Zeit aufbringen müssen, fragen Sie sich, ob Sie dem Leseproblem ihres Kindes genügend Zeit und Aufmerksamkeit widmen. Ihr Kind kann das Problem nicht allein lösen.
- Überlegen Sie, ob die Erwachsenen zu Hause nicht bis über die Ohren in ihren eigenen Problemen stecken. Wenn das so ist, bekommt das Kind möglicherweise nicht genug Aufmerksamkeit und Unterstützung – besonders im Hinblick auf seine schulische Arbeit.
- Nehmen Sie die Qualität Ihrer Fürsorge für Ihr Kind unter die Lupe. Ist sie angemessen? Bekommt es die Unterstützung, die es für das Lesen und die Hausaufgaben braucht? Wenn die Antwort lautet: »Wahrscheinlich nicht«, dann ändern Sie das.

- Senken Sie den Standard für Ihre jüngeren Kinder im Vergleich zu den älteren nicht deshalb ab, weil Sie selbst vielleicht nicht mehr die Energie und den Eifer besitzen wie früher. Erwarten Sie von dem Nesthäkchen nicht weniger als von den anderen und verhelfen Sie ihm zum Erfolg.
- Akzeptieren Sie die Interessen Ihres Kindes, auch wenn sie Ihnen langweilig oder albern erscheinen sollten. Kaufen Sie ihm Bücher oder Zeitschriften, die mit diesen Interessen im Zusammenhang stehen.
- Betrachten Sie Leseprobleme niemals als »normal«. Sie mögen verbreitet sein, aber jedes Kind mit einem Leseproblem braucht sofortige und kontinuierliche Hilfe. Leseprobleme verschwinden fast nie von allein!
- Erwarten Sie nicht, daß Schule und Lehrer das Leseproblem ohne Ihre Hilfe lösen. Ihr Engagement ist notwendig, wie gut oder schlecht die Schule auch sein mag.
- Kämpfen Sie gegen die Tendenz des Kindes an, wegen des Leseproblems mutlos zu werden. Heben Sie seine größten Trümpfe und Fertigkeiten hervor und ermuntern Sie es zu lesen, wofür es sich interessiert.
- Sie sollten in der Lage sein, die letzten beiden Buchresümees sowie die aktuellen schulischen Projekte Ihres Kindes im einzelnen darzustellen. Können Sie das nicht, dann haben Sie zuviel Abstand zur schulischen Arbeit und der Lektüre des Kindes. Dann wird es Zeit, daß Sie sich mehr engagieren.
- Lesen Sie selbst an einem Ort, wo Ihr Kind Sie dabei beobachten kann, und schildern Sie ihm interessante Dinge, die Sie durch das Lesen erfahren haben. Versuchen Sie, das Kind in ein Gespräch zu verwickeln, das zeigt, welche wertvollen Informationen man aus Büchern ziehen kann. Wählen Sie Themen aus, die Ihr Kind interessant finden müßte.
- Gewinnen Sie Menschen, die Ihr Kind bewundert, zur Mithilfe. Sie können das Kind zum Lesen anspornen und es für seine Erfolge loben.

2 Der Computerfreak: Bens Geschichte

Wer sich selbst kennenlernen möchte, der möge ein Buch aufschlagen.

Jean Paulhan

Menschen, die gute Literatur gelesen haben, haben in einem sehr realen Sinne mehr gelebt als Menschen, die nicht lesen können oder nicht lesen mögen ... Es stimmt nicht, daß wir nur ein Leben zu leben haben; wenn wir zu lesen vermögen, dann können wir so viele weitere Leben und Arten von Leben durchleben, wie wir nur wünschen.

S. I. Hayakawa

Bens Mutter rief zum drittenmal ihren Jungen zum Abendbrot. Gut, daß ich das Essen noch nicht aufgetragen hatte, es wäre längst eiskalt, dachte Sandy. Ob alle sechzehnjährigen Jungen so mit sich selbst beschäftigt waren? »Wo bleibst du denn?« rief sie gellend und stapfte die Treppe hinauf, um den Sohn zu suchen.

An Bens Tür empfing sie das Geräusch emsig klickender Tasten: Der Junge saß mal wieder am Computer. Sandy schob die Tür auf, aber Ben bemerkte es nicht einmal – er starrte auf den Monitor. Das Zimmerlicht war heruntergedreht, Bens Gesicht spiegelte sich auf dem Schirm inmitten eines Wirrwarrs aus Zahlen und unverständlichen Codes. Unverständlich für Sandy, muß man dazusagen: Ben wußte ganz genau, was vor sich ging.

Als Sandy »Abendbrot!« fauchte, drehte Ben sich um, ganz überrascht, sie da stehen zu sehen. »Hallo, Mom. Was ist los?«

Sandy atmete lange und hörbar aus. »Ben, seit zwanzig Minuten steht dein Abendessen auf dem Tisch. Ich hab immer wieder gerufen. Was um Himmels willen treibst du hier stundenlang?«

»Tut mir leid. Ich hab das Gefühl für die Zeit verloren«, erwiderte Ben, stand auf und streckte sich; dann folgte er der Mutter nach unten.

Die jüngeren Brüder Michael und Jason waren schon mit dem Essen fertig. Ben setzte sich, und Sandy knallte vor ihm den Teller auf den Tisch, damit ihm klar wurde (falls da noch irgendein Zweifel bestand), daß sie keineswegs erbaut war. »Wie läuft's in der Schule? Wie war die Englischarbeit? Ist der Aufsatz von voriger Woche bewertet worden? Hast du mit Ms. Ritter gesprochen, daß du die Vokabelarbeit wiederholen möchtest?« Sandy bombardierte Ben mit Fragen – mehr Fragen, als irgendein Junge der elften Klasse mit vollem Mund zu beantworten vermochte.

Er versuchte essend zu antworten, obwohl dabei kaum Zeit fürs Kauen blieb. »Warum bist du so besorgt, Mom? Ich habe gute Noten. Außerdem will ich sowieso Computerwissenschaftler werden, und die Fächer, in denen ich Schwierigkeiten habe, brauche ich dafür nicht. Wer fragt da schon danach, was ich in Englisch habe? Eine Zwei minus ist gut genug. Sonst habe ich überall Einsen und Eins minus. Warum hackst du immer auf mir herum? Ich verbringe jede freie Minute mit Schularbeiten, das ist der reinste Fulltime-Job! Warum kann ich nicht auch mal einfach Teenager sein?«

Ben aß auf, so schnell er konnte. Bei solchen Verhören krampfte sich sein Magen zusammen, wie immer, wenn er mit seiner Mutter sprach – oder genauer gesagt, wenn *sie* zu *ihm* sprach, denn die Kommunikation verlief entschieden einseitig.

Also beantwortete er die Fragen möglichst kurz und knapp; freiwillig steuerte er keinerlei zusätzliche Information bei, er sagte gerade nur das Minimum, um Sandy zu beruhigen. Dann bedankte er sich für das Abendbrot und entschuldigte sich, daß er wieder auf sein Zimmer müsse.

»Warum gehst du nicht ins Wohnzimmer und verbringst mal ein bißchen Zeit mit deinen Brüdern?« nörgelte Sandy. »Sie bekommen dich überhaupt nicht mehr zu sehen! Und dabei blicken sie beide so zu dir auf ... Jason hat in letzter Zeit Schwierigkeiten in Mathe, weißt du, vielleicht könntest du ihm einen bißchen bei den Schularbeiten helfen.«

Ben erklärte sich einverstanden. Er hatte wirklich nichts dagegen, seinem Bruder zu helfen – nur blieb ihm kaum noch Zeit für sich selbst. Ben wünschte sich, ein paar Stunden zur Verfügung zu haben, in denen er mit seinem neuen Computerprogramm herumspielen oder Mandy anrufen konnte, ein Mädchen aus der Schule, das ihm sehr gefiel. Statt dessen aber brachte er eine Stunde damit zu, Jason in Mathe zu helfen; dann bat Mike, daß er ihm auch eine Aufgabe erklärte, und gerade als er nach oben in sein Zimmer verschwinden wollte, rief ihn die Mutter, er solle den Müll nach draußen bringen und danach den Hund ausführen ... Und dann war es schon halb elf, und Ben war so müde, daß er direkt zu Bett ging.

Als um halb sieben Uhr der Wecker klingelte, hatte Ben gar keine Lust, aus den warmen Decken zu kriechen. Draußen waren zehn Grad Frost und die Erde lag voller Schnee. Ben schaute zum Fenster hinaus und versuchte die Schneemenge abzuschätzen. Er hatte kürzlich Skifahren gelernt, Abfahrtslauf, und das hätte er sehr gern wieder gemacht. Vielleicht kann ich Mandy fragen, ob sie mitkommt, dachte er. Er rannte ins Bad, um seinen Brüdern zuvorzukommen, duschte und zog sich an. Um halb acht hatte er gefrühstückt, seine Sachen gepackt und war zur Tür hinaus. Heute morgen traf er sich mit den anderen Jugendlichen vom Matheteam, um die Strategie für den bevorstehenden Wettkampf zu besprechen, bei dem sie gegen das Team ihrer Erzrivalen von der High School aus dem anderen Stadtteil antreten mußten. Ben war glänzend in Form – es machte ihm großen Spaß, beim Matheteam dabeizusein. Mr. Delgado, der zuständige Lehrer, hatte Ben gesagt, er sei begabt und solle Leistungskurse in Mathematik, Physik und Informatik belegen, um in diesen Fächern schon mit der Ausbildung auf Hochschulniveau zu beginnen. Mr. Delgado redete Ben zu, vor allem an sein künftiges Studium am College zu denken, und damit war Ben sehr einverstanden. Wenn ihm aber seine Mutter ständig mit irgend etwas in den Ohren lag, wollte er nichts anderes, als sich wie alle anderen Sechzehnjährigen zu amüsieren.

Das Treffen des Matheteams lief gut – Mandy war da, und Ben setzte sich neben sie, so daß er ihr Haar riechen und sie in Gedanken küssen konnte. Mandy lenkte Ben natürlich von der Mathematik ab, obwohl auch sie zu den Matheassen gehörte. Mr. Delgado stimmte die Mannschaft auf den bevorstehenden Wettkampf ein: Wie konnten sie die Fragen des gegnerischen Teams vorhersehen? Wie konnten sie sich darauf vorbereiten? Wie wäre es mit einem Übungswettkampf am Donnerstag nach der Schule? Ben schrieb sich rasch etwas auf, damit er nicht vergaß, vor dem Kampf noch ein paar wichtige Formeln zu pauken. Als es zur ersten Pause klingelte, nahm Mandy seine Hand und fragte, was er am Sonnabend vorhabe. Bens Herz klopfte, als wollte es ihm aus der Brust springen. Und dann lud ihn Mandy zu einer Party bei sich zu Hause ein – Ben schwebte auf Wolke sieben.

Der Zauber verflog, als Ben sich zum Englischunterricht begab. Seine Englischlehrerin, Ms. Ritter, konnte er nicht leiden, denn sie schien nur da zu sein, um ihm das Leben zu vermiesen. Dauernd hackte sie auf Ben und seinen Freunden herum. Sie benahm sich, als habe sie eine persönliche Rache an den Kindern vom Mathe- und vom Computerteam zu üben. Sie war der Meinung, sie sollten mehr Zeit mit Lesen und Schreiben zubringen, statt sich als Fünfzehn-

oder Sechzehnjährige schon völlig der Technik hinzugeben. Wie vorauszusehen, knöpfte sie sich Ben vor, kaum daß er saß. »Ben – was kannst du mir über die Entwicklung der Figuren in *Macbeth* sagen? Was beabsichtigte Shakespeare mit dem ersten Auftritt von Macduff? Was meinte er, als er Macbeth sagen ließ: ›Solch häßlich schönen Tag sah ich noch nie.‹« Ben stöhnte fast vernehmlich, und Ms. Ritters Augen wurden schmal. »Hast du das Stück überhaupt gelesen, Ben? Oder verbringst du die ganze Zeit wie immer am Computer? Deine Hausaufgaben in Englisch sind auch wichtig – du kannst nicht mit technischen Kenntnissen allein durchs Leben kommen!« Ben sank gedemütigt auf seinen Stuhl. Warum sollte er sich überhaupt die Mühe machen, diese Fragen zu beantworten? Es hatte keinen Sinn. Ms. Ritter haßte ihn sowieso. Außerdem konnte er mit Shakespeare nichts anfangen; er begriff nicht, weshalb Kinder in seinem Alter dieses Zeugs lesen mußten. Es war ohne Bedeutung. Ja, er hatte versucht, den *Macbeth* zu lesen, aber nach einer Weile gemerkt, daß er einfach nur die Wörter las, ohne sie zu verarbeiten. Er haßte den Englischunterricht und war froh, daß er um halb zehn zu Ende sein würde.

Als Ms. Ritter sich ihr nächstes Opfer vornahm, schaltete Ben ganz ab und schrieb an den Rand seiner Englischaufzeichnungen einen Computercode. Er schaute auf die Uhr und zählte die Minuten bis zur Pause. Als seine Gedanken so dahindrifteten, holte ihn Ms. Ritter zurück in die Realität. »Ben, hat dir überhaupt irgendwas an *Macbeth* gefallen? Oder hat er dich durch und durch angeödet?«

Ben zögerte. »Hmmm, die Figur von Lady Macbeth hat mir gefallen.« Seine Klassenkameraden kicherten, und einer wisperte, das sehe Ben ganz ähnlich: den interessierten an einem Shakespearestück bloß die Weiber.

Ms. Ritter setzte sich mit verspannter, ärgerlicher Miene. »Was mochtest du speziell an Lady Macbeth?«

»Na, es hat mir gefallen, wie sie versucht hat, sich das imaginäre Blut von den Händen zu waschen.« Als Ms. Ritter »Weshalb?« fragte, blickte Ben nach unten. »Ich weiß nicht, worauf Sie hinauswollen, Ms. Ritter. Ich habe das Stück gelesen.«

»Ja, das merke ich, Ben, zumindest hast du die Studienhilfe dazu überflogen!« Ben versteifte sich innerlich und schüttelte den Kopf. Warum soll ich mich damit abgeben? dachte er. Ms. Ritter schwebte wie ein Habicht davon, doch er fürchtete, sie könne zurückkehren. Er hoffte, daß es klingelte, bevor sie weiter auf ihn einhackte.

Abends zu Hause schlug Ben seufzend sein Exemplar des *Macbeth* auf. Nächste Woche war ein Aufsatz zwischen fünf und acht Seiten fällig, eine Gegenüberstellung der Metaphern für das Gute und das Böse in »Shakespeares größtem Stück«, wie Ms. Ritter es nannte. Ben empfand geradezu körperlichen Schmerz bei dem Gedanken, diese Arbeit verfassen zu müssen. Was für ein scheußliches Thema, dachte er. Warum soll ich darüber schreiben? Was kommt dabei heraus? Gerade da rief ihn die Mutter nach unten, sie hatte eine ganze Liste von häuslichen Pflichten für ihn. Dieses eine Mal war Ben dankbar für die Ausrede, sich von seinem Schreibtisch davonstehlen zu können. Lieber die Garage saubermachen als einen sinnlosen Aufsatz über ein blödes Stück schreiben, das vor vielen hundert Jahren spielte.

Als Ben unten war und die Einkäufe verstaute, erzählte er seiner Mutter von dem Mathewettkampf, von Mandy und der Party am Sonnabend. Er sprach schnell, ganz aufgeregt und sich verhaspelnd, aber Sandy hörte nicht wirklich zu. Sie wartete nur darauf, daß er ihr von seinen neuesten Zensuren in Englisch berichtete. Schließlich unterbrach sie ihn frustriert. »Ben! Nun sei mal eine Sekunde still. Ich hab auch eine Menge im Kopf. Was hast du für die Englisch-Arbeit gekriegt? Wie ist der Aufsatz diese Woche ausgefallen?«

Ben schwieg erst mal. »Mom, ich hab dir schon alles erzählt, was diese Woche in der Schule los war! Hast du nicht zugehört?«

»Ich weiß, du hast die ganze Zeit geredet, Ben, aber du hast mir nicht das erzählt, was ich hören will. Ich weiß, daß du gern zum Matheteam gehst, und was du von dem Mädchen erzählst, klingt ganz gut. Aber worauf es ankommt, das sind deine Noten. Also, was hast du für die Arbeit in Englisch gekriegt?«

Ben war niedergeschmettert. Er blickte zu Boden, legte die Thunfischbüchse weg, die er in der Hand hielt, und stieg hinauf in sein Zimmer. Seine Mutter rollte mit den Augen und dachte, wie unvernünftig doch ihr Sohn geworden sei.

Sandy zog sich das Nachthemd an und schlüpfte mit ihren strapazierten Füßen in warme Wollsocken. Sie war ausgelaugt. Das war nichts Neues, sie war ständig ausgelaugt. Das Leben war ein täglicher Kampf. Sie hatte nie gedacht, daß es mit ihr einmal soweit kommen würde. Dann lächelte sie in sich hinein und dachte, wie paradox das alles war. Sie waren eine so glückliche Familie gewesen ... zumindest hatte sie das immer geglaubt. Sandy verstand noch immer nicht, was schiefgelaufen war. Sie war einsam, sie brauchte ganz dringend jemanden, mit dem sie reden konnte; aber Ben war wie üblich zu beschäftigt, und alle ihre Freundinnen hatten eine eigene Familie, und um neun Uhr abends konnte man die nicht gut anrufen. So schaltete sie den Fernseher in ihrem Schlafzimmer ein und machte es sich auf dem Bett gemütlich.

Sandy stand einen Großteil ihrer Zeit unter Streß. Ihr war klar, daß sie Ben ziemlich zusetzte, aber andererseits tat sie wirklich ihr Bestes. Alan, Bens Vater, hatte sie vor drei Jahren sitzenlassen, um eine Frau zu heiraten, halb so alt wie er selbst. Er hatte ihr plötzlich eröffnet, daß er gehen würde, und war noch am selben Tag ausgezogen. Kein Angebot, zu einer Familienberatung zu gehen, kein Versuch, die Dinge auszudiskutieren, keine Zeit, damit die Jungen sich an ein

Leben ohne den Vater gewöhnen konnten. Er war einfach auf und davon und hatte sein Leben von vorn angefangen. Für Sandy aber bedeutete es eine unablässige Herausforderung, drei vor Energie sprühende, aufgeweckte Kinder allein großzuziehen. Sie wohnten in einem schönen Haus, und Alan zahlte regelmäßig Unterhalt für die Kinder, aber das war von seiner Seite auch alles. Nun ja, an hohen Feiertagen kam er zu Besuch, aber drei Jungen brauchen mehr von ihrem Vater als ein gelegentliches Plauderstündchen. Dazu war seine neue Frau nun schwanger, und er hatte seine Prioritäten auf sie und die neue Familie, die er gründete, verlagert. Inzwischen war Sandy über die schlimmste Wut hinweg, von der sie im ersten Jahr so erfüllt gewesen war. Jetzt empfand sie Groll, fühlte sich als Opfer, und sie war müde.

Aber Sandy machte sich auch große Sorgen. Sie wollte so sehr, daß Ben in der Schule glänzte: So würde er für seine jüngeren Bruder das beste Beispiel geben – und Alan, ihren jeweiligen Familien und der ganzen Welt vorführen, wie gut sich die Jungen herausmachten, obwohl ihr Vater sie im Stich gelassen hatte. Es bedeutete für Sandy mehr, als sie sich eingestehen konnte. Sie wußte auch, daß sie Ben am stärksten unter Druck setzte, weil sie erwartete, daß er als der älteste Sohn die Last trug. Aber sie dachte, Ben sei ja ein junger Erwachsener und sollte sich allmählich an Druck gewöhnen – im Leben war man schließlich dauernd irgendwelchem Druck ausgesetzt, und ein aufgeweckter junger Mann mußte damit zurechtkommen. Ben war zu alt, um in der Schule schlampig zu arbeiten und sich dafür mit dem Matheteam, dem Computerclub und anderem Unsinn abzugeben. Er sollte hauptsächlich an seine Zensuren denken. Andererseits war er zu jung, um ernsthaft an ein Mädchen zu denken. Sandy war auf Bens Hilfe im Haushalt angewiesen: Sie war eine alleinerziehende Mutter mit drei Kindern, von ihm brauchte sie tägliche Unterstützung. Sie glaubte, die Erfahrung, für viele Dinge verantwortlich zu sein, würde ihn auf das Leben als Erwachsener vorbereiten. Zumindest würde er nach dieser Erfahrung mit der Gründung einer eigenen Familie lange genug warten wollen.

Was Sandy aber am meisten Sorge bereitete, war die Tatsache, daß Ben sich nicht um den Englischunterricht kümmerte. Aufgaben in Lesen und Schreiben, Buchbeschreibungen und alle sonstigen Schulaufgaben, die nichts mit Mathematik, Computern, Naturwissenschaften und anderen technischen Fächern zu tun hatten, schienen ihn nicht zu interessieren. Sie fand, seine Ausrichtung sei viel zu einseitig. All diese Dinge waren eine vergnügliche Ablenkung, aber damit würde er es nie zur Universität schaffen. Dafür mußte er ein gutes Reifezeugnis vorlegen, und seine Leistung im Lesen war schwach. Sie beschloß, ihn härter zu fordern und zu verlangen, daß er mehr Zeit mit Lektüre verbrachte. Sandy lehnte sich zurück und schloß die Augen, während sich die Handlung ihrer allabendlichen Familienserie immer mehr in Nebel auflöste. Fünf Minuten später schnarchte sie vor dem noch laufenden Apparat.

Am selben Abend zensierte Ms. Joan Ritter Englischaufsätze. Als sie auf Bens Arbeit stieß, unterbrach sie erst einmal und brühte sich einen Kaffee auf. Sie ahnte, daß dieser Text schwierig zu bewerten sein würde – und da hatte sie recht. Es machte Joan wütend, daß Ben und seine in technischen Fächern so strebsamen Freunde ihre Arbeit in Englisch und Sprachbildung auf die leichte Schulter nahmen. Für sie war das Lesen schöngeistiger Literatur eine der größten Freuden im Leben. Einen anständigen Aufsatz schreiben zu können, war sicher einer der deutlichsten Beweise für einen scharfen Verstand. Und da kamen diese Rotznasen, machten sich über sie lustig, gaben sich noch nicht einmal richtige Mühe. Ihnen war es egal, ob sie Dreien oder Vieren kassierten. Widerwärtig.

Joan goß sich einen großen Becher Kaffee ein und nahm sich Bens Aufsatz vor. Natürlich war er sauber und adrett mit einem Textverarbeitungsprogramm geschrieben, aber er wimmelte von grammatikalischen Fehlern, unklaren Sätzen, und überhaupt: Die ganze Ausdrucksweise war schlampig. Er brachte ein paar gute Argumente vor, aber legte diese so umständlich dar, daß Joan kaum begriff, was er meinte. Wieder mal eine Zwei minus oder Drei plus. Sie ärgerte sich, weil Ben sich für ihr Fach einfach nicht anstrengte. Andere nur halb so begabte Schüler leisteten mehr, weil sie sich bemühten und weil sie der Aufgabe die notwendige Zeit widmeten. Ben aber schmierte einfach etwas hin. Meist gab er ihr seinen ersten Entwurf ab (und so las er sich auch; Lehrer merken das immer).

Was Joan außerdem noch wahnsinnig machte, war die Haltung der anderen Lehrer und des Direktors ihr gegenüber, wenn sie sich über die neue Generation technologiebesessener Schüler beschwerte. Sie faßte es als ihre persönliche Mission auf, Lesen und Schreiben als die zentralen Bildungsziele zu erhalten, die sie ihrer Meinung nach waren. Sie hatte das Gefühl, daß die Schule von den grundlegenden Bildungswerten abrückte und immer mehr Zeit und Geld für Technologie und Naturwissenschaften aufwandte. Dieser Trend paßte ihr nicht. Die Kinder konnten heute nicht mal mehr einen ordentlichen Satz schreiben. Sie lasen statt der Bücher die Heftchen mit den kurzen Zusammenfassungen. Statt zu lesen sahen sie fern oder machten Computerspiele. Die begabtesten Kinder wurden dazu angehalten, all ihre Energie für Mathematik, Naturwissenschaften und Computer aufzuwenden. Die Eltern unterstützten das, die Schule unterstützte das, die anderen Lehrer unterstützen das – aber für die Kinder war es nicht das Beste. Joan war wütend, wie so oft. Deswegen nennen sie mich eine Hexe, dachte sie, weil ich ein anständiges Niveau in ihrer Grundbildung aufrechterhalten will.

Erst vorigen Monat hatte sie eine heftige Auseinandersetzung mit einem Elternpaar gehabt. Zum Semesterabschluß hatte sie ein Mädchen durchfallen lassen, das sie für durchaus begabt und klug hielt. Sarah verwandte überhaupt keine Zeit für ihre Aufgaben in Englisch, und das merkte man. Joan hatte sie drei-, viermal verwarnt, aber als das zum Semesterabschluß zu liefernde Buchresümee mit zwei Wochen Verspätung eintrudelte, war Joan ausgerastet. Der Text wimmelte von unstimmigen Aussagen über das Buch, von unkorrekten Sätzen und fehlerhafter Orthographie; er war einfach katastrophal. Joan sprach mit einigen anderen Lehrern und erfuhr zu ihrer Bestürzung, daß Sarah in Naturwissenschaften, Mathematik und Computerkunde erstklassige Leistungen erbrachte – noch so eine Streberin im Technikbereich, die all ihre Kraft in die Dinge steckte, die sie mochte und für wichtig hielt. Joans Zorn schwoll an, als sie erfuhr, daß Sarah sehr intelligent und zu weit mehr fähig war, als sie in Joans Stunden zeigte. So gab sie ihr eine Sechs, nicht nur, um Sarah zu bestrafen, sondern auch, weil sie die Auseinandersetzung mit allen übrigen – dem Chef, anderen Lehrern, Schülern und den Eltern – provozieren wollte.

Joan erreichte ihr Ziel: Sarahs Eltern beschwerten sich und kamen in die Schule. Sie hatten eine Aussprache mit dem Direktor und erklärten, Ms. Ritter sei eine gehässige Person, die es auf ihre Tochter abgesehen habe. Alle Bewerbungen fürs College im nächsten Jahr erforderten ein Oberstufenzeugnis. Mit der Sechs in Englisch wären Sarahs Chancen, an eine der gewünschten Schulen zu kommen, ernstlich gefährdet. Der Direktor war in Rage, und die anderen Lehrer regten sich ebenfalls auf: Weshalb stellte Joan sich quer? Das Mädchen war eine begabte Schülerin, eine Sechs war eindeutig nicht gerechtfertigt, höchstens eine Drei, wenn die Arbeit schlecht war. Auf jeden Fall, so meinten die übrigen Lehrer, hätte Sarah die Gelegenheit bekommen müssen, ihre Arbeit neu zu schreiben, um sich verbessern zu können. Joan benutzte die Situation als ein Forum für ihr persönliches Anliegen, den Verfall des Erziehungswesens. Sie ließ ihrem Unmut freien Lauf. Sie attackierte alle Leute um sich herum, machte sich während der ganzen Geschichte mehr als einen Feind. Der Vorfall wurde schließlich vom Direktor beigelegt, der Joans Sechs für ungültig erklärte und durch eine Drei ersetzte. Joan fühlte sich gekränkt, ärgerlich und mißbraucht, und sie war weniger denn je willens, von ihrem Standpunkt abzurücken, daß Lesen und Schreiben im Bildungsprozeß von zentraler Bedeutung sind.

Die Episode mit Sarah wird Joans Urteil über Bens Arbeit zweifellos beeinflussen. Sie las sie mit allem Groll und Ärger der letzten Erfahrungen. Sicher, sie war starrköpfig und schwierig, aber ganz unberechtigt war ihre Position nicht.

Ihr ging es tatsächlich um eine qualitätvolle Bildung, und ihr wurde elend, wenn sie sah, wie das Niveau immer weiter sank. Sie setzte ihre ganze Energie für die selbstgewählte Aufgabe ein, den Kindern an ihrer High School das beizubringen, was sie ihrer Meinung nach für die Bewältigung der Welt außerhalb der Schule benötigten.

Während Joan ihren Kaffee austrank, beendete sie auch die Bewertung von Bens Aufsatz. Ihre Kommentare füllten die ganze letzte Seite. Sie versuchte Ben genau aufzuzeigen, wo er sich geirrt hatte, schrieb sogar seine einleitenden Sätze um und erläuterte genau, wie sie einige Passagen anders abgefaßt hätte, um die Hauptargumente deutlicher herauszuarbeiten. Sie brachte fast zwei Stunden über Bens Text zu. Endlich legte sie die Blätter kopfschüttelnd zum Stapel der fertigen Arbeiten, rieb sich den schmerzenden Nacken und ging zu Bett.

Das Problem Ben hatte ganz sicher ein Problem, und nicht nur mit Ms. Ritter. Er war ein begabter Schüler, der an eine Spitzenuniversität gehörte – aber die schlechten Noten von Ms. Ritter und anderen Englischlehrern sowie eine geringe Punktzahl bei der Reifeprüfung in Englisch würden ihn bestimmt daran hindern, sich seinen Traum zu erfüllen. Ben war in den technischen Fächern so gut und er bekam von deren Lehrern sowie von den Trainern für das Mathe- und das Computerteam soviel Aufmunterung und Unterstützung, daß ihm gar nicht mehr auffiel, wie wichtig auch Lesen und Schreiben sind. Die Schule bestärkte ihn im Grunde in seiner Orientierung, und der Direktor unternahm nichts, um sicherzustellen, daß alle Schüler eine niveauvolle Allgemeinbildung über die gesamte Schulzeit erhielten. Ben bekam in den Fächern, die er mochte, Einsen; weshalb also sollte er sich über die Zwei minus oder Drei plus in Englisch Sorgen machen? Niemand ist perfekt, dachte er; und sein Durchschnitt war immer noch hoch genug, um die Aufnahme an ein gutes College zu schaffen. Doch offenbar war ihm nicht klar, daß seine mangelhaften Leistungen im Lesen und Schreiben ihm wärend seiner ganzen schulischen Laufbahn und im späteren Leben schaden würden. Die Universitäten würden schlechte Noten in Englisch, schlechte Beurteilungen für das Verstehen eines gelesenen Textes und für den aktiven Wortschatz nicht einfach hinnehmen. An den Spitzenuniversitäten weiß man genau, wie wichtig es ist, effizient lesen und klar formulieren zu können, um sich in ihrem leistungsorientierten Umfeld durchzusetzen.

Und dann war da Bens Mutter, Sandy. Sie hatte eine schwere Zeit hinter sich: den Mann zu verlieren, mit dem man zwanzig Jahre lang verheiratet war, noch dazu an so ein junges Ding, ist schmerzvoll. Sandy war jetzt in ihrem Beruf als Immobilienmaklerin noch stärker gefordert und mußte mit einem unregelmäßigen Einkommen auskommen. Natürlich wollte sie für ihre Söhne von ganzem Herzen nur das Beste. Sie wußte, daß jedes ihrer Kinder die Fähigkeiten besaß, zu einem erfolgreichen jungen Mann heranzuwachsen, und sie hatte Ben als Vorbild für alle auserkoren. Aber Sandy war einsam. Zwischen ihrem Job und den Kindern blieb ihr nicht viel Zeit. Sie arbeitete in einer geschäftigen Immobilienfirma und war stets umgeben von vielen Leuten – Kunden, Anwälten, anderen Agenten –, aber sie hatte wenig Freunde, denen sie wirklich ihr Herz öffnen konnte. Darum tat Sandy das, was ihr nur logisch erschien: Sie holte sich Freundschaft und Unterstützung von Ben.

Aber Ben war erst sechzehn. Sandy erwartete Dinge, die Ben nicht geben konnte: Er war in sein eigenes Leben eingespannt, und wenn er auch seiner Mutter helfen wollte, so blieb er doch ein Junge, der nach seinen eigenen Vorstellungen heranwachsen wollte. Indem Sandy an Ben dauernd zu hohe Ansprüche stellte, erweckte sie in ihm das Gefühl, daß nichts, was er leistete, gut genug war. Sie maß den Dingen, in denen Ben Gutes leistete, keinen großen Wert bei. Vermutlich *begriff* sie einfach nicht, worin Ben wirklich gut war. Außerdem erinnerten sie Bens Fertigkeiten an ihren Ex-Ehemann, einen Elektroingenieur, der Ben an diesen ganzen Technikkram herangeführt hatte. Also schaltete Sandy ab, wenn Ben ihr zu erklären versuchte, was ihn begeisterte. Ben fühlte sich unverstanden. Seine Leistung im Matheteam spielte keine Rolle – Sandy ritt allein auf seinen Englischzensuren herum, und Englisch war nun das letzte, was ihn interessierte.

Sandy erwartete von Ben außerdem noch, daß er sich um seine jüngeren Geschwister kümmerte, eine für Ben zusätzliche Belastung. Er war kein Hauslehrer, aber des öftern kam er sich so vor. Dabei wollte er so gern sein eigenes, unabhängiges Leben führen, wollte zum Beispiel nach der Schule mehr Zeit mit Mandy verbringen. Sandy aber erwartete von ihm, daß er sofort nach Hause kam und auf seine Brüder aufpaßte. Einkaufen sollte er außerdem noch und Arbeiten im Haushalt verrichten, damit Sandy abends schnell ein Essen auf den Tisch bringen konnte. Ben war einem enormen Druck ausgesetzt – er wurde mehr wie ein Ehemann denn wie ein Sohn behandelt. Außerdem wußte er nicht, wie er für seine Mutter den Freund spielen sollte, denn immer wenn er ihr von dem erzählte, was für ihn wichtig war, schaltete sie auf ihre »Ich-bin-deine-Mutter«-Tour um und kanzelte ihn ab.

Nie trat sie in einen Austausch mit ihm als einem gleichberechtigten Gesprächspartner, denn er war ihr Sohn. Gleichzeitig aber wollte sie ihm all das sagen, was sie mit einer gleichaltrigen Freundin und Vertrauten hätte besprechen müssen. Ben wollte nicht zum zehntausendsten Mal hören, was für ein Miststück sein Vater war. Er wollte gern darüber reden, was für ein Miststück Ms. Ritter war, aber sobald er davon anfing, ergriff Sandy für die Lehrerin Partei und schickte Ben auf sein Zimmer, Englisch büffeln.

So war Ben also ein Teenager mit vielen Möglichkeiten, der jedoch leicht eine selbstzerstörerische Tendenz entwikkeln konnte, statt seinen Weg zu machen. Seine Prioritäten waren ein wenig exzentrisch, aber angesichts der Situation war das zu verstehen. Er hatte eine extrem schwierige Englischlehrerin, doch sie lag in ihrer Einschätzung gar nicht so falsch, mochte sie auch mit dem Feingefühl einer Bulldogge vorgehen. Ben las tatsächlich niemals Bücher – und er vermochte nicht einen vernünftigen Absatz zu formulieren. Von Ms. Ritter abgesehen, schien das die Schule nicht weiter zu stören. Seine Mutter allerdings machte sich Sorgen, aber sie kannte die Erfolgsrezepte nicht, die Ben helfen konnten. Also war Ben auf dem Weg zu einem knappen, aber dennoch klaren Mißerfolg; eine wahre Tragödie angesichts seiner vielen Talente. Was hätte seine Mutter tun müssen, um ihm zu helfen, und was tat sie statt dessen?

Falsche Strategien Alle wesentlichen Bezugspersonen in Bens Leben hatten versucht, zu tun, was sie für das Beste hielten, damit der Junge sein Defizit in der Lese- und Schreibfertigkeit überwinden konnte. Nur zu schade, daß ihre Bemühungen fehlgesteuert waren. Und fehlgesteuerte Bemühungen machen eine Situation am Ende oftmals noch schlimmer.

Da war zunächst Bens Mutter. Sandy war so verzweifelt bei dem Gedanken, Ben könnte bei den – an amerikanischen Universitäten erforderlichen – Eignungsprüfungen im Fach Muttersprache schlecht abschneiden, daß sie fast eine Migräne bekam. Schließlich hing von diesen Prüfungen ab, zu welcher Universität er zugelassen wurde. Für Sandy waren sie das Tor zu Bens Zukunft. Daß sie so dachte, mag lächerlich erscheinen – aber sie hatte weitgehend recht. Die Eignungstests spielen bei den Zulassungsentscheidungen eine allzu große Rolle, sie hindern viele intelligente Jugendliche daran, auf ein gutes College zu kommen. Aber so ist unsere Welt nun einmal beschaffen, und Ben würde in diesem System der große Verlierer sein. Weil sie also das Schreckgespenst dieser Prüfungen vor sich sah, schrieb Sandy den Jungen in einen Vorbereitungskurs am Sonnabendvormittag ein, mit dem er seine Leistung um zweihundert Punkte steigern sollte. Sein Punktestand in Mathematik lag bereits enorm hoch, und Sandy hoffte, er werde jetzt auch im Sprachlichen kräftig zulegen. Vorbereitungskurs – das hört sich eigentlich gut an; was also lief schief? Nun, wie üblich hatte Sandy sich nicht zuerst mit Ben besprochen – sie schrieb ihn einfach ein. Gewiß, sie hatte mit ihm über sein Problem gesprochen (oder besser: *sie hatte auf ihn eingeredet*), aber sie hatte nie ernsthaft mit ihm darüber diskutiert, um dann eine gemeinsame Lösung zu finden. Nachdem sie die Gebühr für den Kurs bezahlt hatte, legte sie Ben ein paar Broschüren auf den Tisch und einen Zettel, daß er sich künftig die Samstagvormittage frei halten sollte.

Ben ging an die Decke: er fühlte sich behandelt wie ein Dreijähriger. »Ist das etwa fair, mir einfach zu verkünden, was ich tun soll, statt es mit mir zu besprechen?« schrie er. Er war wirklich stinksauer, aber gar nicht so sehr, weil er den Kurs nicht besuchen wollte; denn er sah durchaus ein, daß es vernünftig wäre, sich im sprachlichen Bereich helfen zu lassen, schließlich wollte er ja auf eine gute Universität. Was ihn am meisten in Rage brachte, war der Umstand, daß seine Samstagvormittage bereits verplant waren: in diesem Semester fanden da die Mathewettkämpfe statt. Er konnte nicht einfach dem Matheteam und Mr. Delgado absagen, nur um einen Kurs zu besuchen, der genauso Sonntag morgens und Dienstag nachmittags stattfand!

Als er seiner Mutter vorschlug, wenigstens einen anderen Tag zu wählen, fuhr sie ihn an: »Ich will nicht, daß du jeden Sonntagvormittag weg bist, denn Sonntag ist Familientag.« Sonntags bereitete sie immer ein großes Frühstück für die Jungen zu, ehe sie verschwand, um einigen Kunden ihr Traumhaus zu zeigen. Ben sorgte dafür, daß keine häuslichen Katastrophen passierten, bis Sandy am frühen Nachmittag wieder zurückkam. So schied der Sonntagvormittag für den Kurs aus, und ebenso der Dienstagabend, denn dann sollte Ben zu Hause sein, seine Pflichten im Haushalt erfüllen und dafür sorgen, daß seine Brüder keinen Unsinn anstellten. Ben war erbost über Sandys Idee, einfach das Matheteam aufzugeben: Er fand, sie könne ruhig auch einmal flexibler sein, was Sonntag oder Dienstag anging. Die beiden stritten sich, bis Sandy Kopfschmerzen bekam und Ben auf sein Zimmer schickte.

Mit ihrer zweiten glanzvollen Idee wandte sich Sandy an Mr. Delgado. Sie wußte, daß Ben den Trainer des Mathe- und des Computerteams bewunderte, und so fuhr sie eines Tages in die Schule, um mit Mr. Delgado zu sprechen. Sie erklärte ihm, sie brauche seine Hilfe, damit Ben seine Prioritäten verlagere, und bat ihn, auf ihren Sohn entsprechend einzuwirken. Ihrer Meinung nach verbrachte Ben seine ganze Zeit mit technischen Disziplinen wie Mathematik, Physik und anderen Naturwissenschaften, sollte sich aber mehr mit Lesen und mit Buchbeschreibungen beschäftigen. Sie vertrat die Ansicht, daß es auf längere Sicht im Interesse ihres Sohnes liege, wenn Mr. Delgado Ben nahelege, sich von dem Matheteam beurlauben zu lassen. Auf die Art könnte er den samstäglichen Vorbereitungskurs doch noch besuchen. Außerdem sei Ben überhaupt ein bißchen zu verrückt nach dem Team, und wenn er einige Zeit nicht mehr dabei wäre, würde Mandy ihm schon helfen, sich auf die Dinge zu konzentrieren, die im Leben wirklich wichtig waren.

Mr. Delgado schockierten Sandys Ideen zutiefst. Als Kind war er selbst so gewesen wie Ben; es hatte ihm Spaß gemacht, sich vor allem mit den technischen Seiten des Wissensspektrums zu beschäftigen. Außerdem brauchte er Ben für die Mannschaft. Der Lehrer versuchte, Sandy seine Argumente nahezubringen. Ben sei der Mannschaft gegenüber verpflichtet, erklärte er, und es sei nicht gut, ihm beizubringen, daß Verpflichtungen nicht mehr zählten, sobald eine andere Sache daherkäme. Ben sei wirklich begabt, und so wichtig Lesen und Schreiben auch seien, so solle er doch seine Talente auf anderen Gebieten nicht vernachlässigen. Dann regte er an, daß Ben doch den Kurs am Sonntag besuchen könne, aber Sandys Meinung dazu kennen wir ja schon. In der ganzen Sache waren Sandy und Mr. Delgado grundlegend verschiedener Meinung, und dabei blieb es im wesentlichen. Immerhin erklärte sich Mr. Delgado einverstanden zu tun, was in seiner Macht stand, um Ben zu größerem Eifer in den anderen Fächern anzuhalten.

Als Sandy am Abend dann Ben erklärte, daß Mr. Delgado ihrer Meinung nach den Jugendlichen nur schade, weil er sie für seine eigenen Interessen einspannte, statt sie zu dem anzuhalten, was für die Schüler am besten sei, wurde Ben noch wütender. Warum war Sandy losmarschiert und hatte soviel Wirbel gemacht? Ben hatte das Gefühl, daß ihm abermals Gewalt angetan worden war, Mr. Delgado bedeutete ihm viel, und nun schlug seine Mutter auch noch vor, daß er aus dem Matheteam austrat. Als die Katastrophenstimmung sich ein wenig gelegt hatte, war Ben weniger denn je geneigt, irgendwelche Kurse für den Eignungstest zu besuchen, schon gar nicht auf Kosten der Mathemannschaft. Sandy hatte in bester Absicht gehandelt, aber sie hatte alles verpatzt.

Sandys Sorge über Bens Englischnoten wuchs weiter. Da fiel ihr ein, daß sie in Ms. Joan Ritter eine Mitstreiterin finden könnte. Die Lehrerin war noch viel inbrünstiger der Meinung, daß Lesen und Schreiben den Kern der schulischen Bildung darstellen sollten. Als Sandy und Joan zusammenkamen, waren sie sich sofort völlig einig: Ben mußte ernstlich auf die Lese- und Schreibschiene gesetzt werden, das war in seinem Interesse das Beste. Sandy suggerierte Joan Ideen, wie sie Ben von der Notwendigkeit einer Umorientierung überzeugen könnte: Sie sollte ihm deutlich machen, daß Mathematik und Computer nicht so wichtig seien wie Lesen und Schreiben. Dazu nannte Sandy spezifische Dinge aus Bens Leben, die zeigten, weshalb er mehr Zeit mit Lesen zubringen sollte; so hatte er zum Beispiel im Vorjahr wegen seiner Englischzensuren eine Prämiierung als ausgezeichneter Schüler verfehlt. Joan erklärte sich einverstanden, Ben mehr in die Mangel zu nehmen. In diesem Monat sollte er ein zusätzliches Shakespeare-Stück lesen und ein weiteres Buchresümee abliefern. Damit wäre er gezwungen, seine Prioritäten umzustellen. Sandy erklärte sich bereit, Joan durch häusliche Sanktionen zu unterstützen. Beide waren überzeugt, auf diese Weise könnten sie Ben dahin bringen, seine kostbarste Zeit für den Englischunterricht zu verwenden und nicht für Mathe, Computer und naturwissenschaftlichen Kram.

Eine weitere geniale Idee Sandys bestand darin, die Erlaubnis, Mandy und seine Freunde zu sehen, an Bens Leistungen in Englisch zu koppeln – ein unfaires, einer Bestrafung gleichkommendes Verfahren. So verkündete sie also ihrem Sohn, daß er Partys nur besuchen dürfe, wenn Ms. Ritter einverstanden sei und seine Englischnoten sich besserten. Bens Zeit für Sozialkontakte zu beschneiden wäre vielleicht vertretbar gewesen, wenn er dafür eine Menge Zeit verwandt hätte und für seine schulische Arbeit gar keine. Aber das war durchaus nicht der Fall. Ben fühlte sich ungerecht behandelt. Er besorgte die Wäsche, ging einkaufen, kümmerte sich um seine Geschwister und den Hund und strengte sich auch für die Schule an. Wie konnte seine Mutter es nur für angemessen halten, ihm auch noch die Teilnahme an Partys zu untersagen! Er sagte bloß: »Ich gehe trotzdem«, und rannte aus dem Zimmer. »Nicht mit mir!« konnte Sandy nur erwidern, aber da hatte er schon die Tür zugeknallt.

Das Endresultat all dieser falschen Strategien war, daß Ben jetzt wirklich sauer war. Die Holzhammeraktionen seiner Mutter machten ihn nur noch wütender, und Ms. Ritter erschien ihm als neuestes Frankenstein-Monster. Der Gedanke, daß er Mandy nicht würde sehen können, weil er den *Sturm* lesen mußte, kam ihm vor, als habe man ihn auf Wasser und Brot gesetzt. Als Reaktion auf die neuen Sanktionen gab er sich nun noch mehr Mühe in Mathematik, Naturwissenschaften und Computerkunde, in Englisch schaltete er komplett ab. Seine Arbeiten wurden immer schlampiger und langweiliger; im Unterricht paßte er nicht auf. Was die Eignungstests anging, beschloß Ben, einfach sein Glück zu versuchen. Einen Förderkurs zu besuchen, kam jedenfalls nicht in Frage. Das Problem war nur, er hatte nie Zeit, seine Fertigkeiten auf diesem Gebiet zu entwickeln: Seine gesamte Zeit ging drauf für die technischen Fächer, den Mathe- und Computerklub, für Mandy und für seine Pflichten im Haushalt: Einkaufen, Saubermachen, Beschäftigung mit Mike und Jason. Der Junge war auf dem besten Weg, vor übergroßer Belastung krank zu werden. Hier waren Erfolgsstrategien dringend gefragt.

Erfolgsstrategien Bens graue Zellen mußten doch in der Lage sein, auch zu Shakespearestücken sinnvolle Gedanken zu produzieren. Schließlich war Ben ein intelligenter, aufgeweckter, verantwortungsvoller Teenager. Zu schade, daß Sandy nicht klar war, was für ein Glück sie mit Ben gehabt hatte. Aber statt das Positive an Ben zu sehen, machte sie sich vor lauter Sorge verrückt und schob deshalb alle Schuld auf ihn. Die erste Erfolgsstrategie zielte daher auf Sandys Verhalten, denn ein Großteil von Bens Problemen hat darin seine Wurzel.

Obwohl Sandy stets in bester Absicht handelte, hat sie in ihrem Verhältnis zu Ben einige ernsthafte Fehler begangen. Wie in solchen Situationen oft der Fall, hatten viele Aspekte ihres Verhaltens gar nichts mit Bens mangelhaften Leistungen in Englisch zu tun – aber sie war nun einmal auf den Punkt Lesen und Schreiben fixiert und nicht bereit, davon abzugehen. Die erste und wichtigste Erfolgsstrategie für Sandy besteht darin, daß sie sich Ben gegenüber konsequent verhält: sie sollte ihn nicht einmal wie einen Zehnjährigen und gleich darauf wie einen Ehemann behandeln. Sie muß sich fragen, wer Ben als Mensch eigentlich ist. Ihr nichtsnutziger Ehemann Alan hatte Ben auf all das Computerzeug getrimmt. Aber Bens Interesse war dennoch legitim, und er war gut auf seinem Gebiet. Daß er von seinem Vater die technische Begabung geerbt hatte, konnte man ihm nicht anlasten. Sandys ablehnende Haltung in diesem Punkt hing eindeutig mit ihrem Haß auf den Exmann zusammen: Sie wünschte sich, daß Ben mehr nach ihr und weniger nach seinem Vater käme.

Aber wo blieb bei der Geschichte Ben? Er hatte sich für Technik begeistert, seit er sieben Jahre alt war. Damals hatten er und sein Vater an Computern herumexperimentiert, sie hatten Schach gespielt und über alle möglichen Dinge geredet, von denen Sandy nichts verstand. Ben selbst sieht sich als einen Technikexperten: Das ist seine Identität. Vielleicht aber sollte er mit sechzehn noch nicht seine ganze Zukunft festlegen. Sein Elan und seine Zielstrebigkeit sind jedenfalls positiv zu werten. Wenn seine Mutter bei Ben etwas erreichen will, muß sie seine derzeitige Persönlichkeit respektieren und ein gewisses Interesse für *seine* Interessen aufbringen. Der Junge ist ein Matheas, aber Sandy hört nie hin, wenn er ihr vom Matheteam erzählen will. Wenn er von einem Wettkampf nach Hause kommt, ist niemand da, mit dem er die Freude an seinen Erfolgen teilen kann. Kein Wunder, daß er Mr. Delgado verehrt: Dem Trainer bedeuten seine Erfolge etwas, und er unterstützt ihn in seinen Anstrengungen. Die erste Erfolgsstrategie für Sandy besteht also darin, daß sie lernt, ihren Sohn so zu akzeptieren, wie er ist. Wie aber kann sie Ben diesen Wandel in ihrer Einstellung deutlich machen?

Zunächst einmal sollte sie – zumindest für einige Zeit – alle Versuche einstellen, seine schulischen Leistungen zu kontrollieren. Sie sollte Ben weiter regelmäßig fragen, was sich in der Schule ereignet hat, aber ihm die Wahl des Themas überlassen. Wenn er von seiner Note bei einer Englischarbeit nichts berichtet, sollte sie ihn nicht danach fragen. Wenn er vom Matheteam erzählt, sollte sie ernsthaft versuchen, sich für all dieses Kauderwelsch zu interessieren, und den Sohn bitten, ihr dies und das zu erklären. Wenn er auf Mandy und den bevorstehenden Tanzabend zu sprechen kommt, könnte sie ihm eine Geschichte erzählen, wie sie sich in seinem Alter fühlte, als sie in den Typ aus einem andern Stadtviertel verknallt war ... Sie kann erzählen, was sie will, Hauptsache, es enthält keinen Anlaß zum Streit. Ihr Ziel muß sein, Ben das Tempo bestimmen zu lassen, und sie muß sich wirklich für das interessieren, was er zu sagen hat, und dementsprechend agieren. Dem Sohn ein bißchen Raum zu geben und ihn spüren zu lassen, daß sie ihn schätzt und achtet, wie er es verdient hat, wäre ein erster großer Schritt.

Die nächste Erfolgsstrategie für Sandy besteht darin, ihn in den Dingen zu unterstützen, in denen er etwas leistet. So könnte sie zum Beispiel über seine Erfolge mit ihren und seinen Freunden sprechen, Mr. Delgado anrufen und ihm danken, daß er ihrem Sohn eine so wichtige Anregung und Ermutigung verschafft, und sie könnte vielleicht als Zuschauerin zu ein paar Mathewettkämpfen kommen, auch wenn sie deswegen ein oder zwei Hausführungen weniger machen kann. Ben ist auf seine Weise ein Könner, und er braucht eine Mutter, die das begreift. Gleichzeitig sollte Sandy sich über ihr Bedürfnis nach Freundschaft und Vertrautheit klar werden. Sie sollte diese elementaren Wünsche nicht einfach auf ihren Sohn projizieren und dabei noch erwarten, daß er ihnen gerecht wird. Indem sie Ben nötigt, je nach Bedarf in die Rolle des Sohnes, Ehemanns oder Freundes zu schlüpfen, übt sie zuviel Druck auf ihn und ihre Beziehung aus. Vielleicht täte es Sandy gut, wenn sie in eine Selbsthilfegruppe für Alleinerziehende ginge, wo sie einige ihrer Probleme mit einem verständnisvollen Zuhörerkreis offen diskutieren könnte. Vielleicht sollte sie einen Abendkurs in Kochen oder Korbflechten oder sonst etwas besuchen. Sie muß jedenfalls aus dem Haus und in Kontakt mit anderen Menschen kommen, außerhalb des Kollegen- und Kundenkreises. Sandy muß irgendwo Dampf ablassen und ihre eigene Identität finden. Nur wenn sie wirklich an sich arbeitet, kann sie sowohl eine bessere Mutter als auch eine bessere Grundstücksmaklerin werden.

Wenn Sandy den Bezug zu ihrer realen Situation wiederfindet, dann begreift sie vielleicht auch, daß Ms. Joan Ritter nicht die heilige Johanna ist. Sandy sollte versuchen, Ms. Ritter mit den Augen ihres Sohnes zu sehen. Ben hat in der Regel keine Schwierigkeiten mit Lehrern, Joan jedoch war von Anfang an ein Problem für ihn. Vielleicht wird Sandy erkennen, daß diese Lehrerin zwar die besten Absichten haben mag, die Kinder aber barsch, ja sogar grob behandelt und sie nicht als menschliche Individuen respektiert. Immer wenn Sandy für Joan Partei ergreift, schafft sie eine unnötige Distanz zu ihrem Sohn, denn er fühlt sich mit Recht von Joan unfair behandelt. Sandys Verhalten bewirkt genau das Gegenteil der erhofften Reaktion: Ihr Sohn hat noch weniger Lust am Lesen, und seine Leistungen in Englisch sind ihm egal.

Doch Ben wird mindestens noch bis Juni mit Ms. Ritter zu tun haben. Deshalb wäre es klug, wenn Sandy versuchte, die Situation zu entschärfen und nicht weiter auf die Spitze zu treiben. Ein Erfolgsrezept könnte lauten: Sandy sucht ein offenes Gespräch mit Ben, bei dem sie ihm von vornherein signalisiert, daß sie ernsthaft herausfinden möchte, wie Joan ihn im Unterricht behandelt. Sandy sollte sich die Antwort unvoreingenommen anhören, ohne sich einzuschalten und ihn zu unterbrechen. Danach kann sie ja ihre Meinung dazu sagen. Vielleicht sieht Sandy ein, daß Joan schwierig ist. Aber Ben muß einfach noch ein Jahr mit ihr auskommen. Außerdem erteilt Joan die Zensuren, die Ben am Vorwärtskommen hindern können, also wäre es katastrophal, wenn er sich einfach von ihrem Unterricht abkapselte und sie ignorierte. Sandy sollte Ben bei Überlegungen, was in dieser Situation zu tun sei, mit einbeziehen. Denn das ist der Kernpunkt der ganzen Geschichte: Sandy muß den Mund halten, sie darf ihrem Kind nichts suggerieren, muß zuhören und wirklich *gemeinsam* mit ihrem Sohn an einer Lösung arbeiten.

Bei jemandem wie Ms. Ritter könnte ein Besuch Sandys viel zur Minderung der Spannungen beitragen, solange Sandy den richtigen Ton trifft. Wenn Sandy in gereizter Stimmung zur Schule ginge, um sich bei Joan und dem Direktor darüber zu beschweren, was ihrem Sohn für ein Unrecht widerfährt, dann richtet sie damit gar nichts aus. Der Direktor weiß zwar, daß Joan schwierig ist, aber wenn Sandy als Querulantin auftritt, wird er sich vor die Lehrerin stellen.

Wenn sie jedoch die Sache gelassen angeht, durchaus zugibt, daß ihr Sohn einseitig auf Technik ausgerichtet ist, gleichzeitig aber mit produktiven Vorschlägen aufwarten kann, dann gewinnt sie vielleicht an Boden. Wie der Vorfall mit Sarah gezeigt hat, ist Joan eine launenhafte Lehrerin mit einem leicht verletzbaren Ego, die auf Angriffe mit heftiger Gegenwehr reagiert. Außerdem ist sie ziemlich stur. Sandy kann diese Schwächen der Lehrerin neutralisieren, wenn sie sich ihr mit der richtigen Einstellung nähert. Und sie kann ihre Menschenkenntnis nutzen, um die Wogen zu glätten. Zunächst einmal hat Joan das Bedürfnis, angehört und bestätigt zu werden, und dieses Bedürfnis kann Sandy leicht befriedigen. Zum zweiten liegt Joan ja wirklich daran, daß die Kinder lesen, und Sandy könnte ein paar Anregungen geben, um die Sache ins Rollen zu bringen. So könnte die Lehrerin beispielsweise ab und zu ein Buchresümee schreiben lassen, bei dem die Schüler sich ihr Buch selbst wählen. Warum nicht eines über die Entwicklung der Computer, über die großen Hacker der letzten zwanzig Jahre und dergleichen mehr? (Selbst wenn die Kinder darüber schreiben, weshalb sie gern hacken – immerhin ist das ja Schreiben, Kommunikation, und es bedeutet eine Lernerfahrung). Sandy könnte Ms. Ritter auch bitten, eine Woche lang (oder länger, falls sie das aushält) keinen Schüler aufzurufen, der sich nicht meldet, damit die Kinder, die nie die Hand heben, eine Chance bekommen, sich freiwillig zu melden. Womöglich ist Joan für all diese Vorschläge total unaufgeschlossen, aber versuchen könnte Sandy es ja. Und sie kann dann ihrem Sohn berichten, daß sie sich ernstlich um Abhilfe bemüht hat. Wenn sie bei Joan gar nichts auszurichten vermag, kann sie Ben wenigstens trösten, daß er dieser Lehrerin bald entronnen sein wird.

Ein weiterer Punkt, an dem Sandy unbedingt etwas ändern muß, betrifft Bens Mithilfe im Haushalt. Sandy muß ihre Anforderungen an ihn zurückschrauben. In der jetzigen Situation würde er, auch wenn er das wollte, keine Zeit zur Lektüre finden und kein Buch mit Genuß lesen können. Sein Umfeld ist nicht lesefreundlich. Was kann Sandy im einzelnen tun? Zunächst einmal kann sie ein paar Bücher kaufen, die Ben – *nicht ihr selbst* – gefallen könnten, dieselbe Art Bücher, in denen sein Vater ständig schmökerte. Sie könnte die Bücher herumliegen lassen, damit Ben sie findet. Außerdem könnte sie für ihn ein paar Computerzeitschriften abonnieren. Die sind vielleicht kein Ersatz für *Wie es euch gefällt*, aber Ben wird Freude am Lesen haben, weil es um ein Thema geht, das ihn interessiert. Zum dritten könnte Sandy selbst ab und zu nach dem Abendbrot im Wohnzimmer lesen, während ihre Kinder Hausaufgaben machen. Es kann nie falsch sein, von Zeit zu Zeit selbst zu lesen, damit die Kinder sehen, daß die Eltern ihre eigenen Ratschläge ernst nehmen. Viertens könnte Sandy einen Abendkurs für Textverarbeitung oder einen anderen Computerkurs besuchen, den sie bei ihrer Arbeit gebrauchen kann. Und wenn sie dann die zwei, drei vom Kursleiter empfohlenen Bücher liest, sollte sie das so tun, daß Ben sie dabei beobachtet. (Eine kluge Mutter könnte ihren Sohn sogar bitten, ihr ein paar Dinge zu erklären.)

Es gibt noch andere, kleinere Schritte von Sandys Seite, die bei Ben viel bewirken könnten. Einer besteht darin, Kompromisse zu schließen, so daß jeder etwas gibt und etwas bekommt. Wenn Ben zum Beispiel den Förderkurs besucht, sollte Sandy ihm das am Sonntagvormittag gestatten. Dies ist sogar eine wirklich gute Idee: Der Kurs dauert nur sechs Wochen, und in der Zeit wird es für Sandy und Jason und Michael mehr Eierkuchen geben als sonst. Statt Ben vorzuwerfen, daß er den Kurs auf Sonntag legen will, sollte sie ihn für seine Bereitschaft loben, den einzigen freien Vormittag der Woche dafür zu opfern. Und statt Ben wegen der für die Mathematikgruppe verwandten Zeit zu attackieren, könnte sie anerkennen, wie wichtig das Team für ihn ist, und seine Reife und sein Engagement bewundern. Mr. Delgado bewundert Ben für sein Können – es wäre Zeit, daß ihm auch seine Mutter ein wenig Respekt zollt.

Die wichtigste Lektion, die Eltern wie Sandy lernen müssen, besteht darin, sich selbst zurückzunehmen, die Sache gelassener zu betrachten, die Nörgeleien einzustellen und ihren Kindern wirklich zuzuhören. Ben betreibt viele Dinge mit gutem Ergebnis. Er braucht Anerkennung, doch seine Mutter quengelt immer nur herum. Je weniger Ben zu Hause Wertschätzung erfuhr, um so näher rückte er an Mr. Delgado und andere Menschen heran, die ihm das wohlverdiente Lob zuteil werden ließen, und um so weniger kümmerte er sich um Lesen und Schreiben. Eine ehrliche Aussprache mit Ben könnte einige Türen öffnen. Und an diesem Punkt könnte Mr. Delgado sinnvoll um Unterstützung gebeten werden: Sandy könnte ihn bitten, Ben klarzumachen, daß er es zwar verdient hat, auf eine erstklassige Universität zu kommen, daß aber seine Zulassung von einer guten Eignungsprüfung und guten Englischnoten abhängt. Wenn Ben das von jemandem zu hören bekommt, den er selbst hoch achtet, könnte das für ihn stärkeres Gewicht haben.

Auch ein bißchen mehr Freizeit könnte ihm nicht schaden: Statt dauernd auf die Geschwister aufpassen zu müssen und im Haushalt zu helfen, sollte er sich in Ruhe auf sein Bett setzen können, um Computermagazine zu lesen. Pflichten im Haushalt sind wichtig, um Kindern Verantwortungsgefühl beizubringen, aber Sandy sollte von vornherein sowohl die Aufgaben als auch die für ihre Erledigung erforderliche Zeit genau definieren. Ben muß die Möglichkeit haben, die häuslichen Pflichten so in seinen eigenen Zeitplan einzuordnen, daß er damit klarkommt. Sandys Gewohnheit, ihn spontan mit immer neuen Aufgaben zu belegen, ist unfair: Sie sollte ihm erlauben, diese Arbeiten einzuplanen und sie gerecht und konsequent zuteilen. Vielleicht sollten Sandy und Ben sich zusammensetzen und eine Liste aufstellen; wenn sie das tun, muß Sandy sich an diese Übereinkunft halten. Indem sie Ben die Gelegenheit gibt, seine Zeit zu planen, kann er seinen Tagesablauf besser steuern und bekommt ein wenig freie

Zeit garantiert. Lustvolles Lesen zu erlernen setzt zweierlei voraus: erstens *Zeit* und zweitens *das richtige Buch*. Beide Faktoren hängen ab von einem Umfeld, das den Menschen nicht allzusehr unter Druck setzt. Ein Grund, weshalb Ben so firm ist im Umgang mit Computern, liegt darin, daß er diese Fertigkeit erlangte, bevor es eine schulische Anforderung war – er spielte mit Computern in seiner Freizeit, weil es ihm Spaß machte, und nicht, um eine Note dafür zu bekommen. Lektüre aber hat in seinem Leben nie diese Rolle gespielt. Lesen war immer etwas, das er einer Note oder der Versetzung wegen tun mußte oder eben, um den Zugang zur richtigen Universität zu erlangen. Kein Wunder, daß Ben nie aus Spaß zu einem Buch griff!

Sandy könnte ihm durchaus einmal unter die Arme greifen, wenn er den nächsten Aufsatz abzuliefern hat. Falls das Thema einigermaßen freigestellt ist, könnte sie Ben in eine Buchhandlung mitnehmen und ihn auf Bücher aufmerksam machen, die für ihn interessant sein könnten. Sie könnte anregen, daß er ein Thema wählt, das ihm wirklich am Herzen liegt, vielleicht motiviert ihn das. Sandy könnte auch mit Mr. Delgado über diese Bücher sprechen und sehen, ob er den Mitgliedern seines Mathe- und Computerteams nicht die passende Lektüre empfehlen kann. Vielleicht könnten Ben und die anderen die Freude am Lesen in einem positiveren Kontext entdecken, wenn sie ein wenig wegkämen von Ms. Ritter und ihren gewichtigen Anforderungen. Außerdem könnte Sandy dafür sorgen, daß Ben ein wenig Zeit für Mandy übrigbleibt. Schließlich ist er ein ganz normaler Junge von sechzehn Jahren.

Die Moral von Bens Geschichte

- Wenn Sie immer zuviel Druck ausgeübt und herumgenörgelt haben, versuchen Sie sich zurückzuhalten. Lassen Sie Ihr

Kind über die Dinge reden, in denen es gut ist; lenken Sie das Gespräch nicht ständig auf das Lesen oder den Englischunterricht oder andere für das Kind problematische Gebiete.

- Stellen Sie sich nicht gegen das Kind auf die Seite des Lehrers – hören Sie sich lieber an, wie Ihr Kind den Lehrer wahrnimmt. Dann bitten Sie es, in die Rolle des Lehrers zu schlüpfen und Ihnen seine Position zu erklären. (Falls es das kann!) Arbeiten Sie mit Ihrem Kind auf eine gemeinsame Einschätzung der Situation hin.
- Treffen Sie schwerwiegende Entscheidungen, wie das Leseproblem zu lösen sei, nicht allein. Erörtern Sie Ihre Vorstellungen immer zuerst mit Ihrem Kind und hören Sie seine Meinung dazu an.
- Bürden Sie dem Kind nicht so viele Pflichten und Tätigkeiten auf, so daß es keine Zeit oder Gelegenheit zum Lesen mehr hat.

m Besprechen Sie mit Ihrem Kind, welche Rolle die Lesefertigkeit auf dem Weg zum angestrebten Ziel spielt und machen Sie ihm an Beispielen klar, was passieren kann, wenn es sich diesen Weg durch schlechte Leistungen verbaut.

- Zeigen Sie *Interesse* an den Fächern, in denen Ihr Kind Gutes leistet: Stellen Sie Fragen; erkundigen Sie sich nach Einzelheiten. Ihr Interesse muß nicht nur echt wirken, Sie müssen sich dazu bringen, wirklich interessiert zu sein.
- Stellen Sie die größeren Kinder nicht unablässig als Vorbilder für die jüngeren hin. Auch die größeren müssen spüren, daß sie das Recht haben, Fehler zu machen und zu versagen, solange sie aus diesen Erfahrungen lernen.
- Ermuntern Sie zur Lektüre, indem Sie Lesestoff parat haben, der Ihr Kind interessieren könnte, selbst wenn er Ihnen selbst nicht als lesenswert erscheint.
- Lesen Sie etwas über ein Thema, das Ihr Kind mag, und reden Sie mit ihm über Ihr neu erworbenes Wissen. Bitten Sie es, Ihnen Dinge zu erklären oder beizubringen.
- Grenzen Sie die Verantwortung der älteren Kinder für die

schulischen Leistungen der jüngeren ein. Den Geschwistern zu helfen ist an sich in Ordnung; aber es ist nicht gesund, wenn ein Kind sich über die Maßen verantwortlich dafür fühlt, den jüngeren Geschwistern beim Lernen zu helfen.

❧ Vergessen Sie nicht, gute Leistungen auf anderen Gebieten, die nichts mit dem Lesen zu tun haben, anzuerkennen.

❧ Suchen Sie schwierige Lehrer persönlich auf, um sich deren Version der Geschichte vom Leseproblem Ihres Kindes anzuhören. Geben Sie ihnen das Gefühl, daß Sie ihre Position verstehen. Versuchen Sie, Mißstimmungen zu mildern, indem Sie die gemeinsame Zielstellung betonen und Sie sie um Unterstützung bitten.

❧ Erkennen Sie jede Anstrengung und jeden Fortschritt im Lesen an, wie gering er auch sein mag. Zeigen Sie, daß Sie wissen, wie sehr Ihr Kind sich müht. Verschieben Sie das Lob nicht auf den Augenblick, da wirklich ein großer Erfolg sichtbar wird.

❧ Bauen Sie auf die Unterstützung durch Lehrer oder andere Erwachsene, die Ihr Kind bewundert. Bitten Sie sie, dem Kind Lesestoff und mit Lesen verbundene Beschäftigungen vorzuschlagen.

❧ Wenn Sie in Ihrem Kind von sich selbst nur wenig wiedererkennen, nehmen Sie es hin. Ihr Kind entwickelt seine eigene Persönlichkeit. Möglich, daß es Ihre Interessen und Ihre Freude am Lesen nicht teilt. Nutzen Sie seine eigenen Bedürfnisse und Bestrebungen, um es zum Lesen zu verlocken.

3 Das überlastete Kind: Lauras Geschichte

Lesen ist für den Geist wie Sport für den Körper.

Sir Richard Steele

Alle Menschen, die lesen können, haben es in ihrer Macht, sich innerlich aufzubauen, ihre Existenzmöglichkeiten zu vervielfachen, ihr Leben reich, sinnvoll und interessant zu gestalten.

Aldous Huxley

Die neunjährige Laura wartete unruhig am Nebeneingang der Schule auf ihre Schwester Linda. Es war Dreiviertel drei, und Laura hörte draußen den Wagen ihrer Mutter Carol im Leerlauf summen. *Wo bleibt sie nur*? fragte sich Laura, während sie von einem Bein aufs andere trat. Gerade da kam Linda die Treppe heruntergerannt, den Mantel nur halb an, den Rucksack in der Hand. »Los, wir kommen zu spät!« schimpfte Laura, riß die Tür auf und führte Linda an der Hand zu Mamas »Taxi«.

»Hallo, Mädchen!« rief Carol, drehte sich nach hinten und gab beiden einen Kuß, ehe sie losfuhr. »Na, wie ist es euch heute ergangen?« Beide Mädchen plapperten gleichzeitig los, so schnell sie konnten, wobei sie sich gegenseitig und auch die Autohupen und den Straßenlärm auf der Schnellstraße übertönten.

Carol fuhr die Kinder zum Turntraining, das in einer Sporthalle in einem anderen Stadtviertel stattfand. Die Mädchen nahmen schon seit dem Kindergarten dreimal wöchentlich teil. Kaum vorgefahren, sprangen die Mädchen aus dem

Auto und rannten in die Garderobe zum Umziehen. Carol schnappte sich einen Stapel Papiere und folgte ihnen eilig.

Laura und Linda wirkten wie Zwillinge, obwohl sie ein Jahr auseinander waren. Sie gehörten zu der Sorte Kinder, die selbst den ärgsten Miesepetern und alten Junggesellen ein Lächeln entlocken: munter, fröhlich und unaufhörlich kichernd, stets gleich gekleidet und frisiert. Laura war gerade neun geworden, Linda gerade acht. Die ältere besuchte die dritte Klasse, Linda die zweite. Sie gingen in einer Gegend von vorstädtisch-ländlichem Charakter zur Schule. Die Mutter arbeitete als Abteilungsleiterin in einem Textilkaufhaus der Stadt. Mit dreißig wirkte Carol mehr wie die ältere Schwester der Mädchen denn wie ihre Mutter. Sie investierte ihre gesamte Zeit, Kraft und Seele in ihre Kinder; sie waren der Mittelpunkt ihres Lebens.

Während Laura und Linda mit den übrigen Turnerinnen ihr Übungsprogramm absolvierten, schaute Carol von den Zuschauersitzen zu, dabei prüfte sie ein Bestellformular und verglich es mit der Wareneingangsliste. Irgendwie mußte sie ihre Arbeit schaffen – keine leichte Sache, da die Mädchen soviel Zeit beanspruchten. Nicht, daß Carol auch nur eine Minute bereute – sie hatte im vergangenen Monat sogar eine Beförderung abgelehnt, weil der neue Job ihr noch weniger Zeit für die Töchter gelassen hätte. »Die beiden sind nur einmal jung«, hatte sie dem Geschäftsführer erklärt, und der hatte verständnisvoll genickt und gesagt, wenn die Kinder ein wenig älter seien, würden ja wieder einmal Posten vakant. Es war für Carol nicht leicht, die Zeit, die sie mit ihren Kindern verbringen wollte, mit einer vollen Arbeitswoche zu vereinen. Also arbeitete sie im Kaufhaus, wenn die Kinder zur Schule gingen, und legte immer dann Abend- und Wochenendschichten ein, wenn die Kinder ihren Vater oder Freunde besuchten oder wenn sie eine Kinderfrau zur Verfügung hatte.

Todd, der Vater der Mädchen, arbeitete als leitender Angestellter in einem Industriebetrieb. Carol und er hatten sich an der High School kennengelernt und im Sommer nach der Reifeprüfung geheiratet. Die beiden Kinder kamen schon bald danach; und ebenfalls bald danach stellten Carol und Todd fest, daß sie nichts gemeinsam hatten außer ihrem Jahrgangsbuch von der High School und den Kindern. Das Paar ließ sich scheiden, mit wesentlich weniger bitterem Beigeschmack als viele ihrer Freunde. Todd hatte dafür gesorgt, daß er in derselben Stadt blieb, damit er die Mädchen häufig sehen konnte, und das tat er auch. Carol und Todd hielten ein freundschaftliches Verhältnis aufrecht und ersparten so den Töchtern die schlimmen Auswirkungen einer in Verbitterung vollzogenen Scheidung. Das zahlte sich aus: Die Kinder waren gut angepaßt und glücklich. Beide Eltern liebten sie über alles und verwendeten all ihre freie Zeit und die nach dem Steuerbescheid noch verbleibenden Dollars dafür, die Kinder ordentlich aufzuziehen.

Eine Woche im Leben von Laura und Linda verlief ewig gleich wie eine Fahrt im Karussell. Sie standen früh auf, bereiteten sich mit Carols Hilfe ihr Pausenbrot und packten ihre zusätzlich benötigte Kleidung für den Tag ein. Dann, gegen sieben, fuhr die Mutter sie zur Schule. Um acht hätte es zwar einen Schulbus gegeben, aber die Mädchen gingen noch vor dem Unterricht zum Turn- und Wassersprungtraining, denn sie waren beide in der Schulmannschaft. Nach fünfundvierzig Minuten Sport duschten sie, zogen sich um und begannen um Viertel nach acht ihren Schultag. Eine halbe Stunde Mittagspause um halb zwölf war die einzige freie Zeit, die die Mädchen den ganzen Tag über hatten. Um Dreiviertel drei holte Carol sie ab und fuhr sie zu ihren außerschulischen Aktivitäten: spezieller Turn- und Wassersprungunterricht in der nahegelegenen Sporthalle, Leistungsturnen und Sprungwettbewerbe, je einmal wöchentlich Klavier- und Zeichenunterricht. Außerdem wollten die Mädchen Freundinnen besuchen, und diese Zeit wurde meist nach dem Training oder nach dem Unterricht eingeschoben, so gegen fünf Uhr.

Manchmal waren die Mädchen zum Abendessen bei irgendeiner Freundin eingeladen; dann wieder bewirtete Carol außer ihren eigenen noch ein oder mehrere fremde Kinder. Schon für einen Erwachsenen wäre dies ein anstrengender Wochenplan gewesen, um so mehr für ein kleineres Kind; aber die Mädchen waren daran gewöhnt. Es war sicherlich strapaziös für Carol, die sich wie ein Chauffeur vorkam. »Wenn ich meine Mühe und Schwerarbeit mit diesen Kindern bezahlt kriegte, wäre ich schon Millionärin«, sagte sie oft.

An zwei Abenden in der Woche übernahm Todd die Kinder um fünf Uhr nachmittags, dann arbeitete Carol in der Spätschicht. Todd unterstützte die Aktivitäten der Mädchen, denn er war früher selbst Leistungsschwimmer und Kunstspringer gewesen und hatte mit sieben seine ersten Medaillen gewonnen. Todd nahm auch an den Wochenenden die Kinder meist zu sich, dann legte Carol zwei weitere Acht-Stunden-Schichten ein. Todd und Carol wetteiferten darin, die Kinder einen möglichst großen Teil der Zeit bei sich zu haben; beide wollten den Mädchen Gelegenheit geben, ihre natürlichen körperlichen und künstlerischen Anlagen voll zu entwickeln. Todd war Sportler gewesen, also sollten die Mädchen auch Sport treiben. Carol war künstlerisch begabt – sie hatte stets gern gesungen und betrieb auch Bildhauerei und Keramik als Hobby –, darum sollten die Kinder Musik- und Kunstunterricht bekommen, damit sie sich nicht einseitig entwickelten. Und was hielten die Mädchen selbst von all dem? Sie waren begeistert. Sie waren sportlich veranlagt, sie sangen gern und spielten gut Klavier, und sie hatten nie eine andere Lebensweise kennengelernt. Sie waren zwei kleine Mädchen, die einen volleren Zeitplan hatten als ich (und Sie wahrscheinlich auch).

Am Ende des Trainings kamen Laura und Linda, beide in

grell pinkfarbenen Gymnastikanzügen, zu ihrer Mutter gerannt. »Können wir zum Abendbrot Spaghetti haben? Bitte, Spaghetti, Spaghetti ...« leierte Linda und zerrte ihre Mutter am Ärmel.

Carol packte ihre Papiere ein und zog die Jacke an. »Wir hatten diese Woche schon zweimal Spaghetti«, sagte sie. »Wie wär's mit Chili?«

»Okay«, sagte Laura, und jedes der Mädchen zog die Mutter an einer Hand hinaus zum Auto.

Sie hielten am Lebensmittelladen, kauften ein und waren gegen halb sechs zu Hause. Carol fing an mit dem Kochen und sagte zu Laura, sie solle ihre Hausaufgaben machen. Als das Essen fertig war, war von beiden Mädchen nichts zu hören. Carol ging in ihr Schlafzimmer und fand sie beide schlafend auf dem Bett vor dem laufenden Fernseher. Sie rüttelte sie sanft wach und rief: »Abendbrot!« – sofort waren beide munter. Am Küchentisch zeigten sie einen gewaltigen Appetit.

Gemeinsam räumten sie nach dem Essen den Tisch ab, und Carol erinnerte die größere Tochter an die Hausaufgaben. Lauras Noten in Lesen hatten sich auf ihrem letzten Zeugnis leicht verschlechtert: statt fünfundachtzig oder neunzig Punkte wie früher hatte sie nur noch achtzig bekommen. Linda indes war erst in der zweiten Klasse, sie hatte nichts auf, konnte auf dem Zimmer fernsehen. Laura hingegen sollte für den Unterricht ein Buch zu Ende lesen: *Die alten Ägypter*. Es bestand vorwiegend aus Bildern von Pyramiden, Gräbern und Mumien; die Texte waren kurz und bewegten sich auf bescheidenem Niveau. Doch obwohl Laura von den Illustrationen angetan war und begeistert auf die verschiedenen Tempel und Kunstwerke zeigte, hatte sie erhebliche Mühe, den Text zu lesen. Carol wußte, daß Lauras Lehrerin, Mrs. Pratt, das Mädchen gern hatte, und sie hoffte, Mrs. Pratt würde sich bereitfinden, dem Kind zu helfen. Als Laura so saß und an einer Bildunterschrift über das

Mumifizieren und über die Vorbereitungen auf das Leben im Totenreich herumbuchstabierte, dachte Carol bei sich: Sie braucht mehr Übung, das ist alles. Sie nimmt sich einfach nicht genug Zeit dafür. Diese schwierigen Wörter waren auch für mich eine harte Nuß. Sie beschloß, Mrs. Pratt ein Briefchen zu schicken und um eine Unterredung an einem Morgen der nächsten Woche zu ersuchen, wenn sie die Mädchen zur Schule brachte. Sie hoffte, es würde Mrs. Pratt nichts ausmachen, schon um sieben Uhr zu kommen!

Mrs. Pratt war nicht gerade begeistert, aber sie erklärte sich zu dem Termin bereit, sie war schließlich eine engagierte Lehrerin, die helfen wollte. Denn Mrs. Pratt war wegen Lauras Zurückbleiben im Lesen noch besorgter als Carol; als Lehrerin konnte sie Laura mit den anderen Schülern der Klasse vergleichen, und die waren Laura im Lesen schon weit voraus. Ihr Problem hatte sich allmählich entwickelt, nach und nach war sie immer ein Stückchen weiter zurückgeblieben. Jetzt kulminierte dieser Prozeß, und es fiel Laura zunehmend schwerer, im Unterricht mitzukommen.

Carol war das Ausmaß des Problems nicht klar. Da Laura gerade erst neun geworden war, meinte Carol, ihre Leseschwierigkeiten bedeuteten lediglich, daß sie die Fähigkeit zum selbständigen Lesen etwas langsamer entwickle. Doch aus Mrs. Pratts Sicht bedurfte Laura sofortiger und direkter Hilfe. Sie wußte aus Erfahrung, daß bei einem intelligenten Mädchen wie Laura Bildung und Selbstbewußtsein Schaden nehmen, wenn das Lesevermögen nachläßt. Damit Laura wieder, wie im ersten und zweiten Schuljahr, Anschluß an den Klassenstand bekam, wollte Mrs. Pratt vorschlagen, Laura solle an zwei oder drei Nachmittagen in der Woche an einem Leseförderkurs in der Stadtbibliothek teilnehmen. Das Programm war darauf ausgerichtet, bei Kindern eine größere Lust am Lesen zu wecken. Durch häufigeres Üben würden ihre Fertigkeiten wieder den altersgemäßen Stand erreichen und in manchen Fällen sogar übertreffen.

Am Morgen des verabredeten Gesprächs war Mrs. Pratt pünktlich um sieben in ihrem Klassenzimmer. Sie gähnte, als sie die Heizung aufdrehte und die Jalousien aufzog. Genau in dem Augenblick klopfte Carol und trat herein. Die beiden Mädchen waren bereits bei ihrem Training – eine perfekte Gelegenheit für ein Elterngespräch.

»Ich mache mir Sorgen wegen Laura«, fing Carol an. »Sie ist offenbar im Lesen nicht so gut wie nötig. In letzter Zeit waren die von Ihnen empfohlenen Bücher zu schwer für sie – sie hatte mit etlichen Wörtern zu kämpfen. Sie versucht es, aber ich glaube, sie hat seit Beginn des Schuljahrs kaum Fortschritte gemacht.«

»Ich weiß«, erwiderte Mrs. Pratt. »Ich habe gerade die Auswertung des vorgeschriebenen landesweiten Lesetests bekommen. Laura war immer gut im Lesen, aber dieses Jahr ist sie in der Punktzahl zurückgefallen.« Und sie fuhr fort, die Art von Schwierigkeiten, die Laura hatte, im einzelnen darzulegen und Lösungen zu empfehlen.

Carol hörte aufmerksam zu und machte ein bekümmertes Gesicht. Doch als die Lehrerin auf den außerschulischen Leseförderkurs zu sprechen kam, verspannte sie sich innerlich und schüttelte den Kopf. »Das ist unmöglich«, sagte sie. »Die Mädchen haben jeden Tag nach der Schule ein festes Programm.« Und sie schilderte ihre verschiedenen Betätigungen: Kunstspringen und Turnen, Klavier, Zeichenunterricht und die Zeit, die sie mit ihrem Vater verbrachten.

Mrs. Pratt war erstaunt über den Wochenplan der Mädchen. »Und jetzt um zehn nach sieben sind sie schon beim Training, sagten Sie? Wann werden sie denn geweckt? Und wann kommen sie von der Schule endlich nach Hause? Wann haben sie eine Möglichkeit, ihre Hausaufgaben zu machen? Und wann *schlafen* sie?« Carol erklärte, wie eine typische Woche für die beiden Mädchen aussah, und versicherte Mrs. Pratt, alle ihre Bedürfnisse würden dabei berücksichtigt.

»Ich weiß, daß sie in guter Obhut sind«, erwiderte Mrs. Pratt, »aber für so kleine Mädchen machen sie zuviel. Kein Wunder, daß Laura allmählich zurückfällt. Sie ist sehr begabt, aber sie hat einfach keine Zeit, um zu Hause zu üben wie die anderen Kinder. Je älter sie werden, um so mehr Zeit brauchen sie für die Hausaufgaben. Laura hat bis zu diesem Schuljahr mitgehalten, weil noch nichts für zu Hause aufgegeben war. Aber von jetzt an braucht sie Zeit für die Arbeit nach der Schule, und nächstes Jahr sogar noch mehr.«

Carol fühlte sich von Mrs. Pratts Bemerkungen angegriffen. »Aber die Mädchen machen alles, was sie tun, wahnsinnig gern. Sie zeigen gute Anlagen fürs Kunstspringen und Turnen, sie singen gern und spielen gut Klavier. Außerdem sind beide so begabt für die bildende Kunst! Diese Dinge sind doch auch wichtig; das Leben besteht doch nicht nur aus Schule und Lernen.«

»Das weiß ich«, gab Mrs. Pratt zurück. »Aber Sie übertreiben es damit ein bißchen. Ihre Töchter haben ja nicht einmal am Wochenende Zeit für sich selbst. Sie sind dauernd ausgelastet mit Training und Wettkämpfen oder Konzerten und der Zeit mit ihrem Vater. Wann haben sie Zeit, einfach nur Kinder zu sein?«

Carol war fassungslos. Sie stand auf, dankte Mrs. Pratt für die geopferte Zeit und versprach, sie werde über ihre Ratschläge nachdenken. Als sie den Flur entlangging, ließ sie das Gespräch noch einmal in Gedanken vorüberziehen. Sie konnte nicht begreifen, wieso Mrs. Pratt ihre elterlichen Fähigkeiten kritisierte. Carols Töchter waren nach jedermanns Ansicht gut angepaßte, erfolgreiche, fröhliche, hübsche Kinder. Sie hatten nie Scherereien gemacht, und alle Lehrer mochten sie. Ihre außerschulischen Aktivitäten waren absolut notwendig. Carol vermochte nicht zu begreifen, weshalb für Lauras Leseproblem nicht während des Schultages, vielleicht in der Mittagspause, etwas getan werden konnte. Sie konnte doch ihr Sandwich essen und dann zu einer Förderstunde in Lesen oder etwas dergleichen gehen. Außerdem hatte sie ja bereits genug körperliche Betätigung, also brauchte sie die Freizeit zum Spielen und Toben mit anderen Kindern nicht. Als sie ins Auto stieg, nahm sich Carol vor, Mrs. Pratt anzurufen und zu fragen, ob diese Lösung nicht möglich sei.

An dem Abend rief Carol ihren Exmann an, um seine Reaktion auf Mrs. Pratts Empfehlungen zu hören. Todd ging in die Luft, als er hörte, die sportlichen und anderen außerschulischen Aktivitäten seiner Töchter sollten beschnitten werden. Er lieferte schließlich einen Großteil seines verfügbaren Einkommens ab, damit seine Töchter den bestmöglichen Start ins Leben bekämen. Daß Laura das Sprungtraining oder den Klavierunterricht ausfallen lassen sollte, nur um in der Bibliothek eine Stunde Lesen zu üben, erschien ihm albern. »Sie kann doch jederzeit lesen!« schnaubte Todd. »Warum muß das an den Schultagen zwischen drei und vier sein? Das ist doch hirnrissig! Sie hat in dieser Zeit nach der Schule Besseres zu tun als zu lesen. Warum gibst du Laura nicht einfach nach dem Abendessen mehr Zeit zum Lesen?«

»Dann ist sie ziemlich müde, Todd«, erwiderte Carol. »Aber ich kann ja versuchen, jeden Abend, wenn die Mädchen bei mir sind, mit ihr zu üben. Kannst du das nicht auch machen?«

»Na klar. Wir müssen es irgendwo einschieben. Wir können auch dafür sorgen, daß sie am Samstag nachmittag ein paar Stunden lesen übt, während wir anderen uns ein Video oder irgendwas angucken.«

»Das ist eine gute Idee – da wird sie nicht so müde sein«, gab Carol zurück.

Sie ging gleich zu Laura, um ihr die neue Familienordnung in Sachen Lesezeit zu erläutern. Aber da war es schon halb neun, und beide Mädchen schliefen schon, obwohl sie noch in ihrer Freizeitkleidung steckten.

Am nächsten Tag in der Schule fragte Mrs. Pratt Laura ausdrücklich nach ihrem Zeitplan (obwohl sie ihn ja bereits kannte). Sie wollte hören, wie er Laura selbst erschien. Laura schilderte ihre Freizeitaktivitäten und erklärte, wie gern sie alles machte: das Turnen, Springen, Klavierspielen, Zeichnen und Singen – und wie sehr sie ihren Vater und ihre Mutter liebte. Mrs. Pratt lächelte. »Aber Laura, wann übst du lesen? Hast du genug Zeit für die Hausaufgaben? Wann willst du die Zusammenfassung des gelesenen Buches schreiben, die alle aufhaben? Ihr sollt sie nächste Woche abgeben.«

Laura machte den Mund auf, schloß ihn wieder und blickte nach unten. »Ich weiß nicht«, sagte sie.

»Laura, ich glaube, es ist wichtig für dich, daß du dir Zeit nach der Schule fürs Lesen freihältst. Kannst du das? Kannst du mir versprechen, daß du jeden Tag nach der Schule zu Hause eine Weile liest?«

»Ja, Mrs. Pratt«, antwortete Laura.

Als Laura zu ihrem Platz und den Subtraktionsaufgaben zurückkehrte, die die Klasse gerade löste, fragte sich Mrs. Pratt, wie Laura mit den schulischen Anforderungen jetzt und in Zukunft zurechtkommen wollte. Gewiß, Laura hatte mehrere Auszeichnungen bei Sprung- und Turnwettkämpfen errungen, aber Mrs. Pratt wußte, daß ihre Chancen, eine Olympionikin im Turnen oder Turmspringen zu werden, doch recht gering waren. Und ihre Aussichten, Berufsmusikerin zu werden, waren nicht größer als die jedes anderen Kindes ihrer Altersstufe: Sie war kein Wunderkind, das mit zehn in der Carnegie Hall Konzerte geben würde. Laura war recht begabt für die verschiedenen Aktivitäten, aber sie war nicht der eine Sonderfall unter einer Million, der zum Superstar werden konnte. Vielleicht würde sie ja am Ende Musikerin oder bildende Künstlerin werden, aber mit neun Jahren mußte sie lernen, ordentlich und selbständig zu lesen.

Mrs. Pratt konnte sich auch in die Lage von Lauras Eltern

einfühlen. Weder Todd noch Carol hatten all die Vorteile genossen, die sie nun ihren Kindern gewähren konnten. Todd war Sportler gewesen und Carol hatte sich künstlerisch ausbilden lassen, aber sie hatten mit ihrem Leben nicht all das anstellen können, was sie gewollt hätten. Ihre Kinder waren der wichtigste Teil ihres Lebens, und sie wollten, daß sie jede mögliche Chance – den bestmöglichen Start – bekamen, um das Allerbeste daraus zu machen. Das war nur natürlich, und Mrs. Pratt hatte in ihren zwanzig Jahren Lehrpraxis viele Eltern kennengelernt, die genauso dachten. Heute aber war das eigentliche Problem Laura und das Nachlassen ihrer Leseleistung. Die Fähigkeit zum Lesen ist Voraussetzung für den Erfolg in allen schulischen Bereichen. Mrs. Pratt wußte, wie wichtig es gerade jetzt war, Lauras Leseleistung auf das gewünschte Niveau zu heben.

Laura rechnete weiter an den Subtraktionsaufgaben in ihrem Matheheft. Sie war beunruhigt wegen des vielen Geredes über das Lesen. Sie wußte, daß ihre Mutter eine Unterredung mit der Lehrerin gehabt hatte, und fragte sich, ob da irgendwelcher Ärger auf sie zukam. Sie konnte sich nicht denken, was sie falsch gemacht haben könnte – mit ihr und ihren Eltern schien doch alles gut zu laufen. Ja, sie hatte ihre Schwester bei einem Streit letztes Wochenende gerempelt, aber Linda hatte ja angefangen, als sie das letzte Gebäckstück gemopst hatte, das eindeutig Laura zustand. Besonders bekümmert war sie, daß alle über ihre Hobbys redeten. Sie wollte auf keinen Fall einen ihrer Trainings- und Wettkampftermine versäumen. Sie hoffte nur, sie würden ihr nicht irgend etwas aus dem Kalender streichen, und begriff nicht, wieso sich alle plötzlich solche Sorgen machten. Und dann machte Laura sich auf einmal selber Sorgen, aber nicht um ihr Lesen, sondern um den Ausscheidungswettkampf im Turmen, der nächste Woche anstand.

Als der Freitagabend herankam, war Laura wegen des Wettkampfes schon ziemlich nervös. Die besten Schulen des ganzen Bundesstaates entsandten ihre besten Turner. Das war der große Augenblick für Laura. Und Todd und Carol waren noch zehnmal aufgeregter und nervöser als sie selbst. Carol wusch zweimal ihren Gymnastikanzug, um sicher zu sein, daß er makellos sauber war. Sie fuhr extra in ihr Kaufhaus, um ein Haarband und eine Plastikhaarspange Ton in Ton mit dem Anzug zu besorgen. Und Todd machte Laura Mut, indem er jedesmal, wenn er sie in dieser Woche traf, mit ihr über die Psychologie beim sportlichen Wettkampf sprach. Er holte einige seiner eigenen Auszeichnungen hervor, die er in Lauras Alter errungen hatte, um ihr zu zeigen, worauf sie hoffen konnte und was möglich war. Beide Eltern waren vor Begeisterung ganz aus dem Häuschen. Doch Laura reagierte mit trockenen Mund, zitternden Händen und vollständiger Appetitlosigkeit. Kein Wunder, daß in dieser Woche fürs Lesen keine Zeit blieb. Sie war viel zu abgelenkt und nervös. Außerdem mußte sie ihr Programm trainieren. Die Eltern dachten, die Leseübungen hätten doch sicher Zeit bis nächste Woche.

Als Laura am Samstagmorgen um sechs aufwachte, tat ihr der Bauch weh, eine Folge der Aufregung und des Fastens am Vorabend. Sie würgte mit Mühe und Not ein bißchen warmen Haferbrei hinunter, dann klingelte es schon an der Tür. Die Mädchen liefen mit ihrer Mutter zu Todd, der sie in seinem Kleinbus abholte. Sie hatten eine Fahrt von knapp zweihundert Kilometern vor sich. Der Wettkampf begann pünktlich zehn Uhr, um diese Zeit mußte Laura fertig umgekleidet und bereit zu ihrem Auftritt sein. Laura vertrug Autofahren normalerweise gut, aber heute hatte sie schon seit dem Aufwachen Magenschmerzen, und das Geschaukel im Wagen verschlimmerte die Übelkeit. Sie wurde grün im Gesicht und mußte ihren Dad zweimal bitten, anzuhalten, um sich zu übergeben. »Das ist ganz natürlich«, erklärte Todd der besorgt wirkenden Carol. »Ich war vor großen Wettkämpfen auch immer so aufgeregt.« Als die Familie vor der

Sporthalle des Austragungsortes anlangte, war Laura überwältigt: Die Halle war riesig, Hunderte Zuschauer waren gekommen. An so einem Ort hatte sie noch nie geturnt. Auf dem Weg zu den Umkleideräumen schlang sie der Mutter die Arme um den Hals. Todd nahm unterdessen Linda bei der Hand, um etwas zum Naschen zu kaufen und ihre Plätze zu suchen.

Laura zog sich um, trank einen Schluck Wasser und rannte auf ihre Trainerin zu, sobald die in Sicht kam. Diese beruhigte Laura und sagte ihr, sie solle sich zur Mannschaft gesellen, die sich am anderen Ende des Raums versammelte. Carol küßte Laura, steckte ihr zum viertenmal die Haare auf und begab sich dann zu Todd. Auch ihr war nun flau im Magen, und sie verkrampfte sich innerlich. Als Lauras Mannschaft einmarschierte, saßen sie und Todd mit weißen Knöcheln da; beide waren so aufgeregt, daß sie kein Wort sprachen, als ihr kleines Mädchen zu ihrer Bodenübung auf die Matte trat. Ja, die Eltern waren an diesem Punkt wahrscheinlich sogar aufgeregter als Laura selbst, die in ihrer Gruppe aufgehoben war. Laura machte ihre Übung gut, bis sie, nach etwa drei Viertel des Programms, einen Überschlag verpatzte und stürzte. Sie stand wieder auf und beendete ihre Übung, aber nun lustlos. Carol und Todd waren wie zerschmettert.

Nach dem Wettkampf stieß Laura wieder zu den Eltern. Sie wirkte wackelig und meinte nur, sie sei froh, daß sie es hinter sich habe. Todd und Carol waren von ihrer Darbietung tief enttäuscht, sagten es aber nicht. Sie hatten, ebenso wie die Trainerin, gemeint, sie habe eine Chance, bei diesem Wettbewerb eine Medaille zu gewinnen. Aber Laura hatten die Nerven einen Streich gespielt, was bei einer Neunjährigen ganz verständlich ist. Als die Eltern all die Sachen wieder ins Auto packten, versuchte Linda ihre Schwester aufzumuntern, und sagte ihr, wie großartig sie gewesen sei. Doch Laura wirkte eher noch bedrückter.

Auf der ganzen Heimfahrt sprach Laura kein Wort, obwohl Todd und Carol sich anstrengten, so zu tun, als sei nichts weiter passiert. Irgendwann schlummerte Linda ein. Als sie endlich abends vor Lauras Lieblingsrestaurant hielten, wurde das Mädchen allmählich wieder ein wenig es selbst. Aber ihr Selbstvertrauen war erschüttert, und an den folgenden Tagen verhielt sie sich weitaus stiller und in sich gekehrter als sonst. Die Trainerin meinte, ihr Selbstvertrauen werde schon zurückkehren, aber auch sie machte sich Sorgen, als Laura sich am Montag weigerte, ihre Übung auf dem Schwebebalken zu turnen.

Einige Tage später bedrängte Mrs. Pratt sie wegen des Lesens. Die Klassenarbeit war fällig, und Laura hatte ihren Beitrag nicht fertig – sie hatte noch nicht einmal das Buch zu Ende gelesen. Als die anderen Schüler an drei aufeinanderfolgenden Tagen einer nach dem anderen ihre Beiträge vorstellten, wurde es Laura wieder leicht übel. Den anderen hatte es offenbar Spaß gemacht, ihre Bücher zu lesen und zu der Buchvorstellung Schaubilder, Mobiles, Kostüme und sonstige Requisiten zu basteln. Ein Junge, Derrick, erschien sogar in Pilgertracht, um sein Buch über die ersten amerikanischen Kolonisten zu präsentieren. Laura wußte, daß sie Mrs. Pratt enttäuscht hatte. Als sie sah, was die anderen Kinder alles auf die Beine gestellt hatten, wurde sie ganz wehmütig, denn sie merkte, daß sie etwas verpaßt hatte, was allen Spaß machte hatte.

Nach der Essenspause ging sie zu Mrs. Pratt und bat sie, ihr noch eine Chance zu geben, ihr Buch auch vorzustellen. Mrs. Pratt war nur zu gern bereit, ihr die Gelegenheit einzuräumen, aber als sie sich erkundigte, wie Laura gedenke, das Buch zu lesen und die Aufgabe zu erledigen, wußte Laura keine Antwort. »Ich würde dir gern nach der Schule dabei helfen«, sagte die Lehrerin. »Oder vielleicht könnten deine Mutter oder dein Vater dir helfen – den anderen Kinder haben auch die Eltern unter die Arme gegriffen. Meinst du, deine Eltern könnten das auch tun?« Laura erwiderte, sie wolle sie darum bitten. Aber sie fragte sich, wann sie je die Zeit finden wollte, ein Pilgerkostüm oder ein Schaubild zu basteln – und vorher ein ganzes Buch zu lesen.

Das Problem Situationen wie die von Laura und ihrer Familie sind ziemlich verbreitet. Kinder führen heutzutage oft schon in der Unterstufe ein sehr aktives, anstrengendes Leben. Organisierter Sport und Mannschaftstraining sind häufig Hauptursachen dafür, daß die Kinder bis über die Ohren in Terminen stecken. Unterricht in Musik und bildender Kunst und dazu die Zeit, die sie mit einem geschiedenen Elternteil verbringen, das nicht mit ihnen zusammenlebt, tragen ebenfalls zu überfrachteten Zeitplänen bei. In getreuer Spiegelung der in unserer Gesellschaft insgesamt zu beobachtenden Tendenz wird von den Kindern oft erwartet, daß sie eine enorme Vielfalt an Aktivitäten und Pflichten auf sich laden. Aber ein Kind kann nur ein bestimmtes Maß an organisierter Aktivität bewältigen, wenn es noch Zeit haben soll, Kind zu sein und das zu tun, was von Kindern zuallererst erwartet wird: die Schule zu besuchen, zu lernen und mit Spiel und Spaß aufzuwachsen.

Die Eltern meinen es im allgemeinen nur gut, wenn sie ihre Kinder für die unzähligen Betätigungen anmelden, die es heutzutage für Kinder gibt. In der Regel erklären sie, wenn ihr Kind nicht in jungen Jahren schwimmen oder Geige spielen lerne, dann werde es später die anderen, die mit sechs angefangen haben, nie mehr »einholen« können. Sofern man ihre Zielprojektion akzeptiert, stimmt das auch: Wenn solche Eltern davon sprechen, daß sie ihren Kindern einen guten Start ermöglichen wollen, dann meinen sie damit, daß sie ihnen Vorteile im Wettbewerb mit anderen Kindern verschaffen. Solche Eltern reden nicht davon, daß die Kinder Flöte spielen sollen, weil Musizieren Spaß macht oder daß sie

Schwimmen lernen, weil Schwimmen so entspannend ist. Ihr Denken ist anders ausgerichtet, die Leistung des Kindes spielt für Eltern und Kinder eine enorme Rolle.

Todd und Carol hatten das Problem, daß ihr eigenes Leben ohne die Kinder im großen und ganzen ereignislos und langweilig war und kein Ziel hatte. Todds Job als Einkaufsleiter war zwar wahnsinnig stressig, aber nicht gerade spannend. Carols Arbeit in dem Textilkaufhaus war ähnlich anstrengend, zu Stoßzeiten vielleicht sogar noch stressiger als der von Todd, aber er gab ihr nicht sonderlich viel Befriedigung. Die Arbeit war nur ein Mittel zu dem Zweck, die Rechnungen bezahlen und ihre Mädchen in Gymnastikanzüge stecken zu können. Für manche Leute werden Jobs, wie sie Todd und Carol ausübten, zu wirklichen Karrieren und münden in immer höhere und bessere Aufgaben mit größerer Verantwortung. Todd und Carol jedoch waren beide von ihrem Broterwerb nicht so angetan, daß sie sich wirklich engagiert hätten, um mehr daraus zu machen. Für sie war vor allem wichtig, Zeit für ihre Kinder zu haben. Bei Beförderungen auf Posten, die längere Arbeitszeit und Reisetätigkeit erforderten, gingen sie zwar leer aus, aber böse waren sie deswegen nicht.

Die Eltern machten ihre Kinder zum Lebensmittelpunkt, und Linda und Laura spielten ihre Rollen bereitwillig, indem sie jede Unterrichtsstunde und jede Veranstaltung emsig wahrnahmen. Die Mädchen lernten so viele interessante Aspekte des Lebens kennen, was an sich durchaus gut und wichtig ist. Zugleich aber litten sie unter dem Druck eines allzu überfrachteten Zeitplans und überzogener elterlicher Forderungen, sowohl zeitlicher wie psychologischer Natur. Carol und Todd gingen ganz und gar auf in den Leistungen, die ihre Kinder bei Darbietungen und Sportveranstaltungen erbrachten. Die Kinder waren einfach ihr Leben. Linda und Laura spürten diesen Druck und strengten sich an, ihr Bestes zu bringen. Doch mit acht oder neun Jahren verträgt ein

Kind nur ein bestimmtes Maß an Streß – und das sollte es natürlich nie ausreizen.

Was also widerfuhr Laura unter diesem Berg von Pflichten? Alles ging gut, solange »Schule« bedeutete, während der regulären Schulzeit an einem Tisch im Klassenzimmer zu sitzen und zu tun, was der Lehrer verlangte. Laura war ein intelligentes Mädchen und fügte sich der Anleitung durch den Lehrer mit Leichtigkeit. Sie war fleißig und erledigte ihre Aufgaben sehr sorgfältig. Für die erste und zweite Klasse reichte das völlig aus. Aber nun war sie in der dritten, und jetzt zog das Tempo merklich an. Laura kam dabei ins Schleudern. Auf dem Wegweiser stand jetzt in dicken Lettern ein Wort: »Hausaufgaben«. Allmählich wurde ihr bewußt, daß sie nicht so flüssig las wie die anderen Kinder, daß sie den Stoff nicht kannte und daß sie deshalb bei den Diskussionen in der Klasse nicht mithalten konnte, obwohl sie mit den Gedanken meist bei der Sache war. Warum war das so? Weil die anderen Schüler *Hausaufgaben* machten, und zwar gleich nach dem Heimkommen, wenn sie noch frisch waren, und nicht erst abends um acht. Laura dagegen war seit Viertel nach sechs auf den Beinen und hatte nach dem Abendessen einen Tag hinter sich, der auch einem Topmanager Respekt abverlangen konnte.

Laura war das Problem nun zwar bewußt, aber es fiel ihr nicht schwer, es zu verdrängen. Ihr Kopf war schließlich jede Minute des Tages vollauf mit anderen Dingen beschäftigt. Mrs. Pratt machte sich wesentlich mehr Sorgen als Laura selbst – sie erkannte, daß in Lauras häuslichem Umfeld die Prioritäten nicht beim Lesen und bei den schulischen Leistungen lagen, und sie fürchtete, Laura würde immer weiter zurückfallen. Sie wußte, wie wichtig das Lesen auch dann noch sein würde, wenn Laura schon längst ihren letzten Abgang vom Stufenbarren und halben Salto rückwärts vom Sprungbrett absolviert hatte. Aber die Lehrerin konnte nicht viel mehr tun, als mit Lauras Mutter zu sprechen (was sie schon getan hatte) und Laura selbst weiter zuzureden, mehr Zeit und Mühe auf ihre Hausaufgaben zu verwenden. Mrs. Pratt tat schon ihr Möglichstes, um Laura während des Unterrichts zu helfen, aber auch der Schulalltag war vollgepackt und ließ wenig freie Zeit. Was Laura fehlte, waren Ruhepausen etwa nach dem Essen, Zeit, die sie mit Lesen, mit dem Ausdenken und Ausführen von Projekten verbringen konnte. Laura war künstlerisch begabt, und ihre Arbeiten hätten gut und gern zu den ansprechendsten Beiträgen der Klasse zählen können – zumal, wenn ihr Mom und Dad unter die Arme gegriffen hätten.

Nach dem Problem mit dem Lesen würde Laura schon bald weitere Schwierigkeiten in anderen Lernfächern bekommen. In dem Maße, wie den Kindern mehr häusliche Lektüre, praktische Hausaufgaben und Arbeiten in Sozialkunde, Naturwissenschaften und Mathematik abverlangt wurden, würde Laura weiter zurückbleiben. Das Leseproblem war ein erstes Anzeichen dafür, daß etwas schieflief: Lesen wurde zum ersten und offensichtlichsten Opfer ihres überladenen Wochenprogramms. Doch bald schon, während sie die dritte Klasse und die restliche Unterstufe durchlief, würde der Umstand, daß Laura keine wirklich freie Zeit für die Hausaufgaben hatte, das Mädchen ernsthaft in ihrem schulischen Fortkommen behindern.

Die Wechselbeziehung zwischen dem Hausaufgaben- und dem Elternproblem brachte es mit sich, daß weder Carol nach Todd Zeit oder Lust hatten, Laura bei ihrer schulischen Arbeit aktiv zu helfen. Keiner von beiden war mit Begeisterung in den Unterricht gegangen, obwohl sie beide die Schule recht gut absolviert hatten. Sie waren nicht vorrangig geistig orientiert: Unter Spaß haben mit ihren Kindern stellten sie sich vor, Veranstaltungen und Wettkämpfe zu besuchen oder abends zum Essen und ins Kino auszugehen. Todd und Carol waren der Meinung, die Schularbeit sollte innerhalb der Unterrichtszeit geleistet werden – falls Laura fleißig genug arbeitete und nicht die Zeit vertrödelte wie so viele Kinder. Dies bedeutete für Laura jedoch den Verlust einer wichtigen Kindheitserfahrung, nämlich mit den eigenen Eltern etwas über schulische Arbeit zu lernen, indem sie die notwendigen Texte las und sich mit den Eltern über hre schriftlichen und praktischen Hausaufgaben unterhielt. Während andere Mütter und Väter ihren Kindern halfen, ein Pilgerkostüm zu nähen und zu färben, kutschierten Lauras Eltern das Mädchen von einer Veranstaltung zur nächsten. Andere bastelten mit ihren Kindern für den Unterricht in Sachkunde ein Spielbrett, um die Spiele der alten Ägypter zu demonstrieren; Carol und Todd hingegen feuerten Laura bei einem Kunstspringturnier an. Dieses Elternpaar verbrachte durchaus viel Zeit mit seinen Kindern – aber die Zeit wurde nie genutzt, um etwas über schulische Dinge zu erfahren oder um gemeinsam mit den Kindern an praktischen Aufgaben zu arbeiten.

Laura verpaßte die Gelegenheit, ihre schulische Erfahrung mit ihren Eltern zu teilen, über Aufgaben und Bücher zu reden und aus ihrer Anleitung Nutzen zu ziehen. Psychologen betonen immer wieder, wie wichtig diese Dynamik ist, die sich entfaltet, wenn ein Elternteil einem Kind bei Vorhaben Schritt für Schritt helfend zur Seite steht, mit dem Kind arbeitet, Fragen beantwortet, an Problemstellen lenkend eingreift, aber dennoch das Kind den Hauptteil der Arbeit tun läßt. Diese Hilfestellung durch die Eltern erfüllt gleichsam die Funktion eines Baugerüsts: Es stützt das Bauwerk beim »Wachsen« ab, weil es stark und zuverlässig ist. Todd und Carol gaben ihren Kindern sicherlich eine Menge Liebe und Unterstützung, aber sie stellten kaum je irgendein »Gerüst« auf, das Laura und Linda Halt in schulischen Belangen gegeben hätte. So konnten sie sich auf diesem Gebiet nicht optimal entwickeln und ihnen entging die intime Nähe, die sich zwischen Eltern und Kindern entfaltet, wenn sie *miteinander* Dinge entdecken und lernen.

Laura versuchte, durch selbständiges Arbeiten in der wenigen Zeit, die ihr dazu blieb, mit den Kindern mitzuhalten, deren Eltern auf einen vernüftigen Zeitplan ihrer Sprößlinge achteten und ihnen für Fragen und lenkende Hinweise zur Verfügung standen. Aber das war nicht genug. Am Ende würde sie mit Sicherheit die Verliererin sein. Zu einer Zeit, wenn all ihre Urkunden, Bänder und Medaillen schon längst in einem alten Koffer verstaubten, würde sie noch immer darunter zu leiden haben, daß ihre Lern- und Denkfähigkeiten, die sie während ihrer Zeit an der Grundschule hätte entwickeln können und müssen, nicht ausreichend entwickelt waren. Die Arbeit an diesen Fähigkeiten kann nicht unterbrochen und später fortgesetzt werden. Ein Kind, das heranwächst, hat alle Chancen, diese Fähigkeiten und Fertigkeiten zu entwickeln. Doch werden diese Chancen nicht genützt, fängt das Kind an, sich als langsamer oder weniger klug als andere in seiner Klasse zu empfinden – und die negativen Folgen, die ein solcher Mangel an Selbstwertgefühl hervorrufen kann, sind vielfältiger Art und zutiefst destruktiv.

Tatsächlich zeigte Laura bereits Anzeichen von Leistungsangst. Ihre Nervosität und ihr Appetitmangel mochten bei einem Kind, das in einem Wettkampf auf Bundesstaatsebene antritt, normal sein. Aber ist nicht die Frage berechtigt, ob der Auftritt all den Streß lohnte, der Laura aufgebürdet wurde? Ihre Teilnahme an sportlichen und anderen Aktivitäten war eine positive Kraft in ihrem Leben, solange sie die dafür aufgewandte Zeit genoß und diese Dinge ihr Selbstbewußtsein und das Gefühl der eigenen Leistungsfähigkeit steigerten. Darauf zielten alle Aktivitäten letztlich ab. Wenn aber ein Kind unter dem Streß zu leiden beginnt, schon vor dem Abendessen einschläft und die zum Lesen aufgegebenen Bücher nie schafft, dann sollten die Eltern ihre Beweggründe, weshalb sie das Kind zu diesen Aktivitäten anhalten, ernstlich prüfen. Was ging in Lauras Fall wirklich vor sich? Es ist offensichtlich, daß die Eltern aus den Leistungen ihrer

Superstartöchter Laura und Linda ihre eigene Befriedigung gewannen. Und was wurde aus deren Bedürfnis, einfach nur kleine Kinder zu sein? Das Erwachsenenleben ist lang und angefüllt mit endlosen Pflichten. Laura und Linda verdienten es, irgendwann einmal zurückblicken zu können auf eine noch relativ sorgenfreie Zeit in ihrem Kinderleben.

Das Betrübliche ist nun, daß Laura sich in dem Maße, wie ihr bewußt wurde, daß sie hinter den anderen Kindern zurückblieb, zurückzog und scheuer wurde. Sie meldete sich im Unterricht nicht mehr so oft wie früher, weil sie fürchtete, ihre Antworten könnten falsch sein. Wir können es uns nicht leisten, daß kleinere Kinder ihr Selbstwertgefühl in der Schule einbüßen, die Folgen können katastrophal sein. Sport und Musik sollten bei Laura das Selbstbewußtsein stärken, aber sie empfand einen so starken Druck, unbedingt eine Medaille zu gewinnen, daß sie sich als Versagerin vorkam, wenn sie es nicht schaffte. Mochte ihre Kürübung auch besser sein als die der meisten gleichaltrigen Mädchen in der Mannschaft: Laura war darauf aus, zu *siegen* und eine hohe Wertung zu erreichen. Ihr Vater hatte sie davon überzeugt, daß dies möglich war, denn er selbst hatte es einst vollbracht. Die Mutter hatte ihr nahegelegt, ein gutes Vorbild für die kleinere Schwester abzugeben. Druck also von allen Seiten. Als Laura während ihrer Übung ausrutschte und stürzte, kam sie sich unzulänglich vor. Statt sich trotz des Patzers wie zuvor als eine intelligente Schülerin und begabte Athletin zu fühlen, hätte sie am liebsten in ihr Kissen geheult. Das Kind überblickte seine Lage nicht – und die Gründe sind leicht zu verstehen.

Besonders traurig an Lauras Geschichte ist aber, daß sie, obwohl sie intelligent und fleißig war, dennoch Schwierigkeiten mit ihrer schulischen Arbeit hatte. Sie bemühte sich eifrig im Unterricht, beim Sport und in allem anderen, was sie trieb, aber sie verlor die Kontrolle über so viele Verpflichtungen. Sie war wie ein Hamster in einem großen Laufrad, der angetrieben wird, immer schneller zu laufen, bis er sich schließlich mitdreht. Mit all ihren Anlagen hätte Laura eine überaus erfolgreiche Schülerin sein müssen. Statt dessen wäre sie fast auf der Liste der Versetzungsgefährdeten gelandet. Was war schiefgelaufen?

Falsche Strategien Leute, die es gut mit Laura meinten, erprobten unterschiedliche Strategien, um Laura zu helfen. Leider waren es zumeist solche Strategien, die nicht zum Erfolg führen konnten. Sie erschienen zu dem Zeitpunkt logisch, und jedermann wollte diesem lieben kleinen Mädchen wirklich helfen, besser zu lesen und mehr Zeit dafür aufzuwenden. Was also machten sie falsch?

Die erste falsche Strategie bestand darin, daß die Eltern, trotz der von Mrs. Pratt sowie Freunden und Familienangehörigen geäußerten Warnungen, Lauras Trainingsplan so beließen, wie er war. Etliche Leute wiesen Todd und Carol darauf hin, daß sie ihre Kinder zu sehr bedrängten und antrieben. Aber die Eltern sahen das nicht so. Für sie war es unvorstellbar, den Sport zurückzuschrauben, weil sie Turnen und Kunstspringen als Lauras eventuellen Einstiegsbonus für die Universität ansahen. Sie war *tatsächlich* eine gute Turnerin, aber das traf für viele tausend Drittkläßlerinnen im Lande zu. Und sie konnten den Klavierunterricht nicht abbrechen, weil Laura ihn besonders gern hatte. Der Zeichenunterricht wiederum war Lindas Lieblingsbeschäftigung, und Laura würde sich ausgeschlossen und zurückgestoßen fühlen, wenn die kleine Schwester ihn ohne sie besuchte. Nachdem sie die gesamte Situation erörtert hatten, waren sich Carol und Todd einig, daß Lauras Leseproblem zwar gelöst werden mußte, das Mädchen dafür aber keinesfalls wichtige Aktivitäten fallenlassen dürfe. Denn die würden ihm schließlich Chancen für die Zukunft eröffnen.

Unter den falschen Strategien den zweiten Rang belegte

Carols nachdrückliches Beharren darauf, Laura jeden Abend nach dem Essen eine Stunde (oder mehr) lesen zu lassen, egal wie vollgestopft der Tag schon war. Man kann – wie dieses Beispiel zeigt – nicht einfach Rezepte aus einem Buch übernehmen, ohne zu bedenken, wie sie auf das *eigene* Kind wirken. In manchen Fällen mag es richtig sein, ein Kind nach dem Abendessen eine Stunde lesen zu lassen. Laura jedoch mußte schon Tag für Tag früh um sechs auf den Beinen sein und hatte keine Pause, bis um halb acht Uhr abends der Eßtisch abgeräumt war. Ihr Tagesablauf umfaßte in der Regel zumindest eine, manchmal zwei Stunden Sport, und an den Tagen mit nur einer Stunde hatte sie dafür zusätzlich Klavier- oder Zeichenunterricht. Und die Mädchen halfen der Mutter oder dem Vater, das Abendessen zuzubereiten und den Tisch zu decken, und hinterher deckten sie ab und wuschen das Geschirr.

Aber sie waren kleine Mädchen, sie brauchten Erholung, und gegen halb acht oder acht Uhr abends hätten sie eine Stunde Entspannung gebraucht, bevor sie ins Bett mußten. Darauf zu beharren, daß ein Kind mit Leseschwierigkeiten jeden Abend, wenn es absolut erschöpft ist, noch liest, ist keine gute Methode, dem Kind beizubringen, daß es lesen *kann*. Wenn Laura sich noch über eine anstrengende Lektüre setzt, während ihr die Augen schon zufallen und ihr im Kopf alles verschwimmt, wird sie ihren Tag in negativer Stimmung beenden und sich wie eine Versagerin vorkommen. Was Laura brauchte, war eine fest eingeplante Lesezeit, und zwar dann, wenn ihr Kräftereservoir und ihr Einsatz für die Aufgabe noch hoch sind.

Der dritte »brillante« Einfall der Eltern betraf Lauras freie Zeit am Wochenende, die ohnehin nicht gerade üppig war. Todd und Carol meinten, es wäre gut, wenn Laura an den Wochenenden ihre verbleibende freie Zeit zum Lesen in einem ungestörten Umfeld nutzte. So brachten sie sie nach ihren verschiedenen Trainings- und Wettkampfterminen, Unterrichtsstunden und Konzerten nach Hause, reichten ihr auf die Schnelle ein Mittag- oder Abendessen und schickten sie dann allein auf ihr Zimmer. Während Laura lesen sollte, schauten sich die Eltern und Linda ein Video oder einen Fernsehfilm an, machten Besorgungen und so weiter. Wenn sie in der Zeit den Backherd gesäubert oder die Toilette geputzt hätten, dann hätte Laura das vielleicht als gerecht empfunden. So aber kam es ihr vor, als ob ihr, der Strafgefangenen, noch mehr Zeit aufgebrummt würde, während die Wärter und ihre Haftgenossin die Schuhe von den Füßen schleuderten und sich eine Pizza bestellten. Laura betrachtete das Lesen als Strafe, als etwas, das sie allein auf ihrem Zimmer abbüßen mußte. Ihre Schwester brauchte nicht allein zu bleiben – *sie* konnte sich tolle Filme ansehen, mit ihrem Vater Kekse backen oder Popcorn rösten. Die Folge war, daß Laura nicht ernsthaft arbeitete, sondern die Wut bekam und sich selbst leid tat, weil sie an einem Sonnabendnachmittag oder -abend mit so einem blöden Buch eingesperrt war, während die übrige Familie es sich gutgehen ließ. Was glauben Sie, wieviel sie an solchen Tagen *tatsächlich* las?

Der Fehler, den die Eltern mit ihrer dritten Strategie machten, war sogar noch gravierender, als es auf den ersten Blick erschien. Nicht nur, daß sie Laura am Wochenende zum Lesen auf ihr Zimmer verbannten, während die andern alle zusammensaßen und sich entspannten; was noch wichtiger war – sie schickten sie *allein* dahin. Das aber war für Todds und Carols Tochter sicherlich keine Hilfe. Lauras Eltern verhielten sich so, als ob sie das Problem schon im Griff hätten. Bei ihnen standen Allgemeinbildung und Lektüre nicht hoch im Kurs. Deshalb waren sie nicht gerade erbaut von der Idee, mit Laura zusammen langweilige Bücher durchzuochsen. Das war schließlich Mrs. Pratts Aufgabe! Laura war ein kluges Mädchen, und die Botschaft kam bei ihr an: Ihre Eltern hatten selbst keinen Spaß am Lesen und entsprechend auch keine Lust, für Leseübungen mit Laura Zeit zu verschwenden. Für Laura war Lesen deshalb eine Strafe, keine Freude. Außerdem entfremdete die Lektüre sie ihrer Familie, ein negativer Einfluß in ihrem jungen Leben.

Todd und Carol meinten, Laura müsse vor allem selbständig an ihrem Lesen arbeiten und das in der Schule Erlernte für sich allein üben. Aber Laura war als Leserin zu jung, zu unerfahren. Sie war einfach noch nicht in der Lage, stundenlang allein über einem Buch zu sitzen. Auch aus diesem Grund schlug die Strategie »Geh und lies still für dich« bei Laura nicht an. Auf Anleitung durch andere dagegen reagierte das Mädchen ausgezeichnet. Sie ließ sich den ganzen Tag willig von anderen lenken, von ihrer Mutter, ihrer Trainerin, von Mrs. Pratt, von ihrer Kunsterzieherin, ihrer Klavierlehrerin, ihrem Vater und so weiter. Lauras Leben bestand darin, genau das zu tun, was andere ihr sagten. Wenn sie wußte, wie sie etwas erledigen sollte, nahm sie sich die Zeit und erfüllte problemlos die jeweilige Aufgabe: sie war ein tüchtiges, fleißiges Kind. Eines aber war sie in dieser Lebensphase nicht: ein sonderlich kreatives oder selbständiges Kind. Laura war außerdem sehr darauf angewiesen, Zustimmung und Lob von ihren Eltern, Lehrern und Trainern zu erfahren: Sie brauchte regelmäßig Zuspruch, um sich gut zu fühlen. Indem ihre Eltern Lauras Leben auf die geschilderte Weise planten, hatten sie diese Persönlichkeitsmerkmale bei ihrer Tochter herausgebildet oder zumindest gefördert. Sie hatten sie zu einem Menschen gemacht, der sich gut lenken ließ und Fleiß aufbrachte, um innerhalb der durch die Anleitung gesetzten Grenzen zu arbeiten. Aber sie hatten Laura *nicht* beigebracht, eine Person zu sein, die aus eigenem Antrieb in Aktion trat, sich ihre Dinge selbständig zurechtlegte. Nie bekam sie Zeit oder Gelegenheit, eigenständig zu denken. Jede Sekunde ihres Tages war von anderen geplant.

Was bedeutete all dies für Lauras Leseproblem? Es bedeutete zum einen, daß Laura unbedingt jemanden brauchte, der sich mit ihr hinsetzte und ihr den Weg durch die Bücher zeigte, jemanden, der sie zu neuen Versuchen ermunterte und sie bei Erfolgen lobte. Laura brauchte den Zuspruch von ihren Eltern, aber diese waren nie greifbar. Indem sie Laura gerade dann im Stich ließen, wenn sie Unterstützung brauchte, riefen Todd und Carol Mißstimmung und Angst hervor, und das alles verknüpfte sich bei Laura mit dem Lesen. Aus ihrer Sicht gab es für die Zeit, die sie allein zu Hause mit Lesen zubrachte, keine oder fast keine Belohnung. Unter diesen Umständen hätte sie viel lieber ihre Bücher verbrennen mögen als sie zu lesen.

Wenn Laura zu einem Turn- oder Sprungwettbewerb oder einem Klavierauftritt mußte, redeten die Eltern unablässig darüber. Sie fuhren durch meterhohe Schneewehen, nur um dabeizusein. Solche Veranstaltungen waren Familienereignisse. Sie sprachen auch gern mit Laura über die Schwierigkeiten bei ihren Auftritten und stärkten ihr bei Erfolgen den Rücken. Veranstaltungen dieser Art genoß die Familie. Wenn aber Laura eine Buchbeschreibung oder eine praktische Hausaufgabe für Mrs. Pratt vorbereiten sollte, dann reagierten die Eltern sichtbar gelangweilt, sobald Laura ein Gespräch darüber anfangen wollte. Sollte sie zu dem Buch eine Serie von Bildern malen? Sollte sie ein Gedicht oder Lied über die Hauptfiguren schreiben? Mrs. Pratt hatte dergleichen angeregt, aber Laura war sich nicht sicher, welches der beste Vorschlag war. Sie brauchte ihre Eltern, um sich für die Aufgabe zu begeistern, um einen Schwerpunkt und einen Anfang zu finden. Dann hätten sie sich zu ihr setzen sollen, während Laura die einzelnen Schritte zur Realisierung des Vorhabens plante.

Doch Laura stellte fest, daß sich ihre Eltern für ihre Leseaufgaben nicht so stark engagierten. Sie waren bereit, ihr Zeit zu geben, damit sie allein auf ihrem Zimmer lesen konnte. Aus ihrer Sicht entsprach das genau ihrer Rolle – ihre Aufgabe war es, den Zeitplan der Familie nach Lauras

Bedürfnissen zu gestalten. Sie wollten ihre Zeit mit beiden Kindern gemeinsam verbringen, und zwar mit den Beschäftigungen, an denen diese Familie Spaß hatte. Statt dessen saßen sie wegen Lauras Leseschwierigkeiten zu Hause und schauten sich Videos an. Es läßt sich schon erkennen, weshalb diese Situation der eines brodelnden Vulkans gleichkam. Beide Seiten – hier Laura, da die Eltern – hatten das Gefühl, ihr Bestes zu geben und von all den Anforderungen ausgenutzt zu werden. Laura bekam beim Lesen keine direkte Hilfe, und ihre Eltern waren offenkundig desinteressiert, wenn sie von ihren Ideen für Buchbeschreibungen anfangen wollte. Die Botschaften, die Laura erreichten, waren laut und deutlich, und sie reagierte darauf mit einer noch größeren Abneigung gegen das Lesen.

Einen weiteren falschen Weg schlugen die Eltern ein, als sie beschlossen, Empfehlungen von Mrs. Pratt und anderen, die sich auf den negativen Einfluß der speziellen Gruppe von Altersgefährten bezogen, in den Wind zu schlagen. Mrs. Pratt meinte, daß Lauras intensive Beteiligung an Sport und künstlerischer Betätigung eine schädliche Nebenwirkung insofern zeigte, als sie dabei von Kindern umgeben war, die genau wie sie selbst diese Aktivitäten zum Mittelpunkt ihres Lebens gemacht hatten. Natürlich gingen diese Kinder, während sie an solchen außerschulischen Dingen teilnahmen, nicht in die nach Schulende geöffnete Bibliothek. Sie saßen auch nicht zu Hause und arbeiteten an Aufgaben zu gelesenen Büchern. Mrs. Pratt und andere Lehrer fanden, Laura könne ein paar positive Rollenmodelle gebrauchen, die sie zum Lesen ermunterten und ihr vorführten, welche Freude das Lesen bringen kann. Lauras Freunde aber waren vorwiegend andere Turner und Kunstspringer. Sie hatte ohnehin nicht soviel Zeit übrig wie andere Kinder, die sie mit Freunden hätte verbringen können.

Hätte Laura zum Beispiel eine Lesestunde in der Bibliothek besucht, würde sie dort Klassenkameraden und andere

Kinder getroffen haben, die Freude an Büchern hatten, begeisterte Leser waren und viel Zeit über Projekten für die Schule zubrachten. Eine solche Gruppe Gleichgesinnter hätte Laura positiv in einer Richtung beeinflussen können, in der sie dringend positve Einwirkung brauchte. Doch Laura verbrachte niemals Zeit mit anderen Kindern, die Bücher liebten. Kein Wunder, daß sie nicht erkannte, wie wundervoll Lesen sein kann.

Alle Strategien, die Lauras Eltern entwickelt hatten, entsprangen sicherlich ihrem ernsten Wunsch, Laura zu helfen. Doch Todd und Carol vermochten einfach nicht zu erkennen, was daran falsch war. Laura aber brauchte bessere erfolgversprechende Strategien, um eine Wende herbeizuführen, solange noch Zeit war: Die Weichen auf das Lesegleis mußten jetzt gestellt werden.

Erfolgsstrategien Generell muß eine Erfolgsstrategie für Laura bei einer Neubestimmung der Ziele ansetzen, die die Familie ihren Kindern steckt. Lauras Leseproblem reicht viel tiefer, als es auf den ersten Blick scheint. Die Wurzel ihrer Schwierigkeiten liegt bei ihren Eltern, und hier muß die Lösung ansetzen. Todd und Carol müssen sich eine realistischere Sichtweise zulegen, wie das Leben für ein neunjähriges Schulmädchen aussehen sollte. Sie sollten sich fragen, woran Laura sich später einmal erinnern wird, wenn sie auf ihre Kindheit zurückschaut. Sind all ihre Aktivitäten wirklich notwendig? Laura braucht mehr Zeit für sich, mehr Zeit zum Spielen und stillen Nachdenken, mehr Zeit, in der Bücher eine zentrale Rolle spielen könnten. Die Familie muß ihre Einstellung zur Kindheit neu bestimmen, muß definieren, wie Kinder ihre Zeit wirklich sinnvoll verbringen könnten.

Laura und ihre Familie hatten eigentlich Glück gehabt: Laura war noch sehr jung, und die Schwierigkeiten mit dem

Lesen waren noch nicht allzu gravierend. Sie hatte eine engagierte Lehrerin, die wirklich helfen wollte, damit sich das Leseproblem nicht zu einem übergreifenden Problem in der Schule und Ausbildung überhaupt auswuchs. Laura war ein fleißiges Mädchen und besaß für ihr Alter ungewöhnliche Selbstkontrolle und Disziplin. Ihr fehlte nur die richtige Struktur in ihrem Leben, das rechte Gerüst, um das Fundament für eine solide Lesefertigkeit zu legen.

Viele Kinder lesen deshalb nicht so viel, wie gut wäre, weil sie sich von Videospielen und anderen billigen Reizen einfangen und betäuben lassen, die weit weniger Anstrengung verlangen als das Lesen eines guten Buches. Diese Kinder sind an ein leichtes Leben gewöhnt: In der Schule mogeln sie sich mit minimaler Anstrengung durch, dann gehen sie nach Hause und suchen die passive Unterhaltung durch die Produkte des Computerzeitalters. Kinder dieses Schlages gibt es viele, sicherlich mehr als Kinder wie Laura. Doch ihre Eltern sind sich der Leseschwierigkeiten ihrer Sprößlinge oft deutlicher bewußt als Eltern wie Todd und Carol. Die übersehen nämlich oft, daß auch die supereifrigen, produktiven und erfolgreichen Kinder wie Laura gelegentlich Unterstützung beim Lesen benötigen.

Laura verbrachte ihre Nachmittage und Abende nicht wie ein Zombie vor dem Computer oder Fernsehschirm, das war nicht ihre Art. Sie kam mit den Verpflichtungen und Streßzwängen, die ihr die sportlichen und anderen Aktivitäten abverlangten, gut zurecht. Dieses Mädchen wußte, daß einem Erfolge nicht in den Schoß fallen: Sie wußte, daß sie hart arbeiten mußte, um ihre Ziele zu erreichen. Doch Laura verpaßte einige wesentliche Erfahrungen des Kindseins. Vor ihren Eltern und Lehrern stand als wichtigste Aufgabe, Laura eine ausgeglichenere Lebensweise zu verschaffen, bei der sie sich entfalten und ihr Potential allmählich ausschöpfen konnte. Es galt herauszufinden, was dieses Gleichgewicht für Lauras tägliche Aktivitäten bedeuten würde – und was es für Todd und Carol bedeuten würde, die so ganz und gar in den Leistungen ihrer Kinder aufgingen.

Die Erfolgsstrategie Nummer eins für Todd, Carol und Laura besteht also darin, sich als Familie zusammenzusetzen und gemeinsam zu überlegen, wie der irrwitzige Zeitplan der Tochter entlastet werden könnte. Einige der Aktivitäten, die Laura gegenwärtig betreibt, müssen für eine Weile ausgesetzt werden. Das bedeutet nicht, daß Laura beispielsweise nie wieder zum Zeichenunterricht gehen darf; doch sollte sie bestimmte Betätigungen nacheinander, über eine längere Zeit rotierend, wahrnehmen und sie nicht alle zugleich in ihren Wochenplan zwängen. Die Familie sollte entscheiden, welche Tätigkeiten *für Laura* am besten sind – nicht für die Eltern! In jüngster Zeit war Laura offenbar durch die sportlichen Wettkämpfe stark belastet gewesen: Vielleicht sollte sie für einige Zeit aus dem organisierten Sportbetrieb aussteigen. Vielleicht aber sollte sie lieber mit dem Klavier- oder Zeichenunterricht aussetzen. Der Beschluß sollte gemeinsam gefaßt werden, doch das Schwergewicht muß dabei auf dem liegen, was Laura wirklich will. Ein Vater, der, wie Todd, selbst so viele Medaillen beim Schwimmen errungen hat, könnte einen zu starken Druck auf Laura ausüben. Vielleicht würde sie lieber nur Klavier- und Zeichenunterricht nehmen und ihre übrige Zeit damit verbringen, mit Freundinnen zu spielen und einfach Kind zu sein. Welche Betätigungen im einzelnen sie aufgibt, ist nicht die Frage: Es kommt nur darauf an, ihren Terminkalender zu entlasten, damit Zeit für die schulischen Dinge bleibt. Da die Probleme, die Laura zur Zeit hat, in ein oder zwei Jahren sicherlich auch bei Linda auftreten, ist es doppelt dringlich, jetzt eine Lösung herbeizuführen.

Die Erfolgsstrategie Nummer zwei besteht darin, daß Lauras Eltern die Zielstellung verändern, die sie für Lauras Leben vorgesehen haben. Zwar liegt ihnen schon daran, daß Laura in der Schule gut mitkommt: das wichtigste Ziel für sie besteht jedoch darin, daß sie bei Sportwettkämpfen gut abschneidet und bei Klavierkonzerten eine gute Figur macht. Carol und Todd sind dann begeistert, wenn beide Töchter beim Kunstspringen oder Turnen Medaillen gewinnen oder bei einem Klavierwettbewerb einen guten Platz belegen. Sie vermitteln ihrer Tochter die Botschaft, Leben bedeute Wettkampf und Siegen und wer hart genug arbeite, könne auch tatsächlich siegen. Diese starke Betonung des Endresultats einer Leistung wirkt auf Laura und Linda nachteilig und hinderlich. Es ist sicher richtig, Kindern beizubringen, daß hartes Arbeiten Voraussetzung für Erfolg ist. Aber besser noch ist, den Wert der Anstrengung selbst und der persönlichen Vervollkommnung zu betonen und Mühe an sich anzuerkennen, statt sich nur auf das Resultat zu konzentrieren und darauf, daß die Rivalen geschlagen werden und man selbst glänzen kann.

Jedes Kind wird im Leben seine Stärken herausbilden, Gebiete entdecken, auf denen es Kenntnis und Können aufweist und andere übertreffen, besiegen kann. Viel typischer ist es aber im Leben, daß man *nicht* gewinnt: Wir sind nicht bei allem, was wir tun, stets die besten. Kinder sollten diese Lektion beizeiten lernen. Aber das heißt nicht, daß ein Kind, wenn es in irgendeiner Sache nicht der oder die Beste sein kann, es nicht trotzdem versuchen sollte. So wird Laura zum Beispiel im Lesen wohl nicht die Klassenbeste werden, aber mit mehr Anstrengung könnte sie immerhin sicher und gut lesen lernen. Sie war stets schon ein diszipliniertes Mädchen, bereit, Mühe aufzubringen – aber nur dann, wenn sie gute Siegeschancen hatte. Als ihr klar wurde, daß sie fürs Lesen nicht so begabt war wie andere Kinder, verlor sie immer mehr die Lust an der Sache. Weshalb soll ich mich anstrengen, dachte sie, wo ich doch nie zu den Besten zählen werde? Diese Einstellung ergab sich ganz natürlich aus der Lenkung ihres Vaters, der glaubte, es käme stets nur auf den Sieg an. Obwohl sie in der Lage gewesen wäre, sich zu einer guten

Leserin zu entwickeln, sah sie keinen Sinn darin. Ein zweiter Rang war ihr nicht gut genug.

Ein weiteres Problem, das sich aus der Leistungsorientierung der Eltern ableitete, war die Überbetonung der äußeren Zeichen des Erfolges statt der in der Mühe selbst steckenden Belohnung. Das Mädchen bekam von seinen Eltern beigebracht, die Medaillen und Auszeichnungen hoch zu bewerten, die das greifbare Beweisstück eines Erfolges waren. Vor sämtlichen Wettkämpfen und Konzerten zitterten alle vor innerer Spannung und waren überzeugt, es käme nur auf den Sieg an. Als Laura ausrutschte, waren ihre Eltern spürbar niedergeschlagen, obwohl sie versuchten, ihre Enttäuschung nicht zu zeigen. Gute Darbietungen bei Übungsstunden wurden als sicheres Zeichen dafür gewertet, daß Laura gewinnen konnte – nicht als eigenständige Leistungen. Kurz, Laura hätte lernen können, daß die Zeit und Anstrengung, die sie auf Training und Klavierüben verwandte, an sich von Wert war, auch wenn sie dabei nicht andere ausstach.

Um Laura diese in der Sache selbst liegende Freude am Lernen und Üben zu vermitteln, hätten die Eltern ihre Anerkennung so ausrichten müssen, daß sie weniger die Wettkämpfe und öffentlichen Auftritte betonten. Hätten sie statt dessen das Schwergewicht auf die Freude verlegt, die Sport und Musizieren bedeuten kann, hätte Laura gelernt, diese Freude zu teilen und sich mehr auf die Erfahrung selbst zu konzentrieren, statt verbiestert auf das Resultat zu starren. War es wirklich von Belang, daß sie keinen sauberen Abgang vom Barren hingekriegt hatte und sie damit ihre Medaille beim nächsten Wettkampf opfern mußte? War es nicht wichtiger für Laura, daß sie gern turnte, sich beim Üben selbstbewußt und gut fühlte und spürte, wie sie sich verbesserte? Mit dieser Einstellung konnte Laura zwar hart an sich arbeiten und sich unter Druck setzen, um erfolgreich zu sein. Aber sie war nicht in der Lage, etwas einfach gern zu tun, egal, ob sie dabei gewann oder verlor.

Was hat all dies mit Lauras Lesen zu tun? Eine Menge. Laura muß lernen, die Freude am Lesen zu erfahren und als einen Selbstzweck zu empfinden und nicht nur als eine Methode, um eine gute Note zu erlangen. Kinder, die sich nur auf die Bewertung des erfolgreichen Lesens konzentrieren, werden, wenn sie heranwachsen, nicht aus Spaß lesen. Sobald die Noten gesichert sind, werden diese Kinder das Interesse am Lesen verlieren. Ziel muß aber sein, den Kindern die *Freude* am Lesen nahezubringen. Lauras Eltern allerdings machten so ziemlich alles falsch.

Womit wir bei einer dritten, sehr wirksamen Erfolgsstrategie angelangt wären. Was Laura fehlt, um ihr Lesevermögen schnell und real zu verbessern, ist ein für das Lesen geeignetes Umfeld. Auch hier sind wieder Todd und Carol gefragt. Bisher war ihr Leben lesefeindlich eingerichtet: Sie sahen viel fern und lasen nur ein Käseblatt, und überhaupt spielte das Lesen in ihrem Leben keine große Rolle. Das wird sich ändern müssen, wenn die Kinder zu Menschen heranwachsen sollen, die gern und oft lesen. Carol sollte in der Wohnung einen Platz schaffen, an dem Bücher jederzeit zur Verfügung sind, einen Ort, wo die Mädchen einfach nur die Hand auszustrecken brauchen, um sich ein Buch zu schnappen. Bücher sollten auch da herumliegen, wo die Mädchen ihre Zeit verbringen – auf dem Couchtisch, neben dem Eßtisch und auf den Frisierkommoden der Mädchen. Worauf es ankommt: Bücher müssen *leicht zugänglich* gemacht werden.

Weiter kommt es natürlich darauf an, daß die Bücher interessant und für das Leben der Kinder von Belang sind. Da die Interessen dieser beiden Mädchen so breit gefächert sind, gibt es für die Familie bei der Buchauswahl zahlreiche hervorragende Optionen. In den Buchhandlungen und Bibliotheken findet man ganze Regale voll mit Bänden über Turnen, Kunstspringen, über Sport im allgemeinen, aber auch über Klavierspiel, Zeichnen und Malen. Es gibt Anleitungen für all diese Tätigkeiten, außerdem Romane über Kinder, die sie betreiben. Für kleinere Mädchen und Jungen gibt es auch wunderbare Geschichten über Kinder ihres Alters und ihre Probleme: wie sie sich an die Schule gewöhnen, wie sie mit anderen zurechtkommen, wie sie die Scheidung ihrer Eltern verkraften, wie sie ihre Schularbeiten bewältigen und dergleichen mehr. Wenn Carol ein paar passende Titel auswählt und sie da herumliegen läßt, wo die Mädchen sie auch sehen, kann sie dafür sorgen, daß ihre Kinder Bücher wahrnehmen. Eine tolle Idee wäre auch, mit Laura einmal wöchentlich nach der Schule in die Bibliothek zu gehen, zum Beispiel, wenn Lesestunde ist. Wenn die Kinder Lust haben, könnten sie noch eine Stunde damit zubringen, die Bibliothekarinnen um Rat zu fragen und passende Bücher auszuwählen. Die Kinder würden sich so daran gewöhnen, sich von Büchern umgeben zu sehen.

Natürlich gibt es viele Wege, Laura zum Lesen anzuregen. Es gibt Magazine, die ihre sportlichen Interessen behandeln (ein Abonnement wäre ein gutes Geburtstagsgeschenk); es gibt Romane über Jugendliche, die auch Neunjährige schon verstehen; es gibt Comics und andere humoristische Literatur. Lesen kann Spaß machen, und Laura wird diese Tatsache eher erfahren, wenn ihr lustiger Lesestoff angeboten wird. Carol könnte Laura helfen, ihre Scheu zu überwinden, indem sie den Kindern laut vorliest. So könnte sie beispielsweise anfangen, aus einem leichten, aber trotzdem spannenden Buch vorzulesen und es dann auf den Tisch zu legen, um das Abendbrot zu bereiten ... Früher oder später wird Laura vermutlich zu dem Buch greifen.

Weitere Techniken, ein positives Leseumfeld im Hause zu schaffen, bieten sich an. Carol könnte Laura bitten, daß sie auf der Basis von Filmkritiken die Filme auswählt, die die Familie zusammen anschauen will. Sie könnte die Kinder anregen, sich gemeinsam ein Familienspiel auszudenken (eine Art Trivial Pursuit mit Fragen über Sport oder irgendein anderes Lieblingsthema der Mädchen). Sie könnte Laura auch vorschlagen, Kochrezepte zu lesen und die Gerichte dann mit der Mutter zusammen zu kochen. Laura könnte ein Familienalbum anlegen mit Fotos und Schilderungen von Ferienaufenthalten, Reisen, Schwimm- und Turnwettkämpfen, Klavierkonzerten oder was immer sie will. Sie könnte auch ein Telefon- und Adreßbuch für die Familie anlegen – Hauptsache, es hat etwas mit Lesen und dem Gebrauch des geschriebenen Wortes zu tun. Laura könnte auch Sonderangebote und Kaufgutscheine ausschneiden, und wenn sie beim Planen der Einkäufe hilft, könnte Carol anbieten, daß sie das eingesparte Geld behalten und sich dafür ein Buch kaufen darf.

Dies alles sind nur Beispiele – weitere Ideen können Sie in der Liste im Anhang des Buches finden. Allen diesen Ratschlägen ist gemeinsam, daß sie dem Lesen innerhalb des Trubels eines alltäglichen Familienlebens Vorrang und Schwergewicht einräumen. Wenn Laura erst einmal erkannt hat, wie wertvoll die durch das Lesen erlangten Informationen sind, dann wird sie Lesen als eine Betätigung schätzen lernen, die der Mühe wert ist und die zugleich Vergnügen bereitet, ohne daß man gleich auf gute Noten schielen muß. Lauras Vater sollte sich ebenfalls an der Aktion beteiligen. Er ist kein großer Liebhaber von Büchern, aber er sollte zum Wohl seiner Kinder (und zu seinem eigenen!) die Anstrengung unternehmen, sich diebsbezüglich zu ändern. Laura muß beide Eltern – die Menschen, die den stärksten Einfluß auf sie haben – lesend und mit Genuß lesend erleben. Gardinenpredigten über ihre schlechten Leistungen und sinkenden Noten im Lesen dagegen wären völlig fehl am Platz. Zum stillen Lesen auf ihr Zimmer geschickt zu werden, nützt ihr gar nichts. Es muß ein Paradigmenwechsel stattfinden hin zu einer Atmosphäre, in der das Lesen Spaß macht, die einen eigenen Wert hat und Teil des täglichen Lebens ist.

Mrs. Pratt, die sicherlich bereit ist, Laura zu helfen, hat

viele gute Ideen. Wenn die Eltern Laura zur Lesestunde in die Bibliothek begleiten, wird Mrs. Pratt sich freuen und weitere Anregungen geben. Vielleicht empfiehlt sie speziellen Lesestoff zu den im Unterricht anstehenden Aufgaben. (Möglicherweise fand Laura die Bücher uninteressant, die Mrs. Pratt normalerweise zum Lesen aufgab!) Carol und Todd sollten auf jeden Fall versuchen, Mrs. Pratt als Helferin zu gewinnen. So könnte sich Mrs. Pratt während der Schulstunden besondere Mühe geben, jede Minute, die Laura mit Lesen verbringt, aufzuwerten. Sie könnte auch davon abgehen, das Mädchen laut vor der gesamten Klasse vorlesen zu lassen, weil es Laura vielleicht peinlich ist, solange sie den Klassenstand noch nicht erreicht hat. Statt dessen könnte Laura das laute Lesen in einer Gruppe von Schülern mit ähnlichen Problemen üben.

Es gibt viele Möglichkeiten, Laura zu helfen. Doch sie alle hängen davon ab, daß sie Zeit bekommt, sich mit einem Buch hinzusetzen, sich wirklich darauf zu konzentrieren und darüber nachzudenken. Ohne diese grundlegende Veränderung sind alle Versuche zum Scheitern verurteilt. Sobald diese Zeit aber zur Verfügung steht, können die hier beschriebenen Erfolgsrezepte in Kombination dazu führen, daß Laura im Lesen vorankommt. Erst wenn ihr Umfeld sich entsprechend verändert hat, wird Laura endlich die Lust am Lesen erleben können.

Die Moral von Lauras Geschichte

- *Sie selbst* müssen dem Lesen Priorität einräumen, wenn Sie von Ihrem Kind erwarten, daß es mehr liest. Fragen Sie sich, welchen Wert Sie in der Vergangenheit auf das Lesen gelegt haben. Falls die Antwort lautet: »Nicht allzu großen«, könnte dies das Problem Ihres Kindes erklären.
- Falls Ihr Kind an vielen außerschulischen Aktivitäten teil-

nimmt, schränken Sie diese ein, um ihm mehr Zeit zum Lesen, für Tagträume und einfach nur fürs Kindsein zu lassen. Die Freude am Lesen entdecken Kinder nur, wenn sie Zeit und Muße dafür haben.

❧ Wenn Sie sich nicht erinnern können, welches die letzten drei Bücher waren, die Ihr Kind für die Schule lesen sollte, müssen Sie sich stärker für seine Leseaufgaben interessieren.

❧ Bedenken Sie, wie Ihr Kind veranlagt ist. Manche Kinder greifen aus eigenem Antrieb nach Büchern; andere erwarten und benötigen Steuerung und Motivation von seiten der Eltern und Lehrer.

❧ Wenn Sie Ihrem Kind gegenüber allzuoft von Sieg und herausragenden Leistungen reden, bringen Sie ihm möglicherweise bei, daß es nur darauf ankommt, der beste Leser in der Klasse zu sein. Betonen Sie vielmehr, daß das Wichtige die *Arbeit* am Lesen ist, nicht die Spitzenposition.

❧ Schicken Sie nicht das eine Kind zum Lesen auf sein Zimmer, während Sie mit dem anderen etwas Vergnügliches tun. Sie erwecken sonst den Eindruck, daß Sie dem Lesemuffel eigentlich nicht helfen wollen, daß Sie das andere Kind vorziehen und daß Sie nur versuchen, sich den Lesemuffel und sein Problem vom Halse zu schaffen.

❧ Wenn Ihr Kind das Thema Lesen anspricht – wegen einer Hausaufgabe oder eines Aufsatzes –, nehmen Sie sofort das Gespräch auf. Bekunden Sie Interesse und versorgen Sie Ihr Kind mit Informationen. Unterstützen Sie es, damit es die Aufgaben erfüllen kann.

❧ Wenn Sie selbst in die außerschulischen Aktivitäten Ihres Kindes hochgradig involviert sind und all Ihre Freizeit damit verbringen, es darin zu fördern, behindern Sie möglicherweise sein *schulisches* Fortkommen. Streben Sie nach mehr Gleichgewicht in Ihrem eigenen Leben und dem Ihres Kindes.

❧ Wenn Sie selbst niemals lesen und nur selten Informationen aus Büchern zu Rate ziehen, geben Sie Ihrem Kind ein schlechtes Beispiel. Sorgen Sie dafür, daß Ihr Kind öfters erlebt, wie Sie selbst lesen und sich an dem Gelesenen erfreuen.

❧ Wenn die Lehrer Ihres Kindes, andere Eltern und Ihre Freunde Ihnen ähnlich lautende Ratschläge in bezug auf Ihr Kind geben, lohnt sich vielleicht genaueres Hinhören – möglicherweise haben diese Menschen wertvolle Erkenntnisse zum Thema Leseproblem.

4 Das Monster Videospiel: Jeremys Geschichte

Ein Klassiker ist etwas, das jedermann gelesen haben will und niemand lesen mag.
Mark Twain

Die beste Wirkung eines Buches besteht darin, daß es den Leser zu eigenem Tun anregt.
Thomas Carlyle

Jeremy ging wieder den langen Umweg von der Schule nach Hause, weil er keinem Bekannten begegnen wollte. »Ich hasse meine Zahnspange, ich hasse meine Pickel, ich sehe aus wie ein Blödmann«, brummte er vor sich hin. Seit Monaten konnte Jeremy nicht mehr in den Spiegel schauen, ohne Grimassen zu schneiden. Zwölf war ein schwieriges Alter. Die meisten Jungen aus der sechsten Klasse waren größer und wirkten älter als er; daß alle Mädchen wie Amazonen aussahen, war ihm auch gar nicht recht. Erst gestern hatte er Sharene vorgeschlagen, sie nach Hause zu bringen. Er war seit Wochen heftig in sie verknallt; endlich hatte er sich getraut, sie bei der Hand zu fassen – und die war, wie er entsetzt feststellte, ungefähr drei Nummern größer als seine eigene! Dazu noch die Demütigung, die er ertragen mußte, als er ihr einen Kuß auf die Wange geben wollte. Er hatte damit warten müssen, bis er eine Bordkante fand, auf der er groß genug war, um an sie heranzureichen. Ich werde nie ein richtiger Teenager, dachte Jeremy, vorher sterbe ich vor Scham!

Jeremy ging in die sechste Klasse, das erste Jahr der Mittelstufe; die Schule lag im Vorort einer kalifornischen Großstadt. Er war mit seinem Vater gerade erst aus New Jersey, wo er seine ganze Kindheit verbracht hatte, hierhergezogen. Im Vorjahr war Jeremys Mutter an Krebs gestorben, und so bestand die Familie jetzt nur noch aus seinem Vater Earl und ihm. Der Vater hatte beschlossen, nach Kalifornien zu gehen, wo sie beide von vorn anfangen wollten. Außerdem hatte er dort einen guten Job als örtlicher Filialleiter der Kurierdienstfirma bekommen, für die er schon länger als Manager gearbeitet hatte. Jetzt waren Earl und Jeremy auf der Suche nach einem Haus. Es war ein schweres Jahr für sie beide gewesen, aber allmählich ging es wieder aufwärts.

Die neue Schule gefiel Jeremy durchaus, aber er war nie wirklich ein Schultyp gewesen. Seine Mutter hatte sich früher jeden Abend hingesetzt und ihm bei den Hausaufgaben geholfen. »Noch eine Seite, dann gibt's ein Stück Kuchen«, sagte sie immer. Jeremy war nie ein blendender Schüler gewesen, aber sitzengeblieben war er auch nie. Schule war bloß einfach nicht sein Ding. Begeistern konnte er sich eher für die typisch männlichen Interessen – offenbar kam er hier sehr nach seinem Vater: Autos, Rennwagen, Träume von einem eigenen Wagen irgendwann einmal, und Sport. Er bastelte auch gern Sachen aus Holz oder aus den Einzelteilen all der Geräte zusammen, die er zuvor auseinandergenommen hatte. Jeremy arbeitete gern mit den Händen, er besaß manuelles Geschick. Wenn er seinem Vater oder einem Mechaniker zuschaute oder im Fernsehen eine Techniksendung sah, merkte er sich immer genau, wie man Dinge auseinandernimmt und wieder so zusammensetzt, daß sie funktionieren. Seine absolute Lieblingsbeschäftigung aber waren – wie für viele Jungen seines Alters – Videospiele. Ganz gleich ob in einer Ladenpassage – wo Jeremy den letzten Cent Taschengeld ausgab, um seinem Zeitvertreib zu frönen – oder zu Hause vor dem Mega-Fernseher mit Riesenbildschirm: Videospiele waren für Jeremy sein ein und alles, die Medizin gegen seine Einsamkeit, die Phantasiewelt, in die er flüchtete, wenn die reale Welt ihn enttäuschte.

Jeremy hatte in seiner neuen Wohngegend noch nicht viele Freunde gefunden, aber einige wenige waren es doch, unter anderem eben Sharene. Als er heute zu Hause ankam, goß er sich ein Glas Milch ein, nahm sich eine ganze Packung Schokokekse aus dem Regal und begab sich auf sein Zimmer. Wäre seine Mom noch dagewesen, sie wäre total ausgerastet. Doch da Earl und Jeremy jetzt miteinander allein waren, ging alles ein bißchen laxer zu. Als er gerade seinen siebenten Mega-Chipper verschlang, fragte er sich kurz, ob wohl das ganze Gerede, daß man von Schokolade Pickel bekäme, wahr sei. Dann aber lehnte er sich zurück, schaltete den Fernseher ein und startete sein neuestes, tollstes Videospiel (zumindest wurde es auf der Kassettenbox so verkauft: Das Spiel handelte von affenähnlichen Außerirdischen, die für jeweils zweihundertfünfzig Bananen den Erdenbewohnern sowie anderen, kleineren Affen die Köpfe abbissen). Da Jeremy keine Lust hatte, sich das ganze Erlebnis allein reinzuziehen, rief er seinen Freund Dan an und lud ihn ein, an dem Kannibalenritual teilzuhaben. Zehn Minuten später stand Dan vor der Tür. Fünf Minuten darauf saßen die Jungen Kekse mampfend vor dem Schirm und kämpften gegen ein ganzes Pavianheer, wobei sich ihre eigene Realität allmählich in einen stilisierten Affenhimmel auflöste.

Als Earl nach Hause kam, war er nicht sonderlich erbaut. Ihm war klar, daß sich die Jungen drei Stunden mit Jeremys neuem Videospiel in einer virtuellen Welt gegenseitig das Hirn aus dem Kopf geballert hatten. (Das Spiel wirkte schon irgendwie faszinierend, das mußte Earl zugeben.) Earl hatte diese Woche schon zweimal mit Jeremy wegen der Hausaufgaben geredet, aber seine Worte hatten nichts bewirkt. Und jetzt war nicht der Zeitpunkt, alles noch mal auf Tapet zu bringen, denn Earl war müde und hungrig, und niemand kochte ihm etwas, außer er selbst. Also holte er eine Schachtel Pasta und eine Flasche mit Fertigsauce aus dem Küchenschrank und rief laut nach oben ins Schlafzimmer, ob Dan mitessen wolle. Dan wollte, denn ihm lag viel mehr daran, sich an Gesprächen über Sport, Autos und ein Affenheer aus dem Weltraum zu beteiligen als heimzugehen und seiner Mutter und den beiden Schwestern zuzuhören, wie sie über das langweilige Zeug redeten, das sie interessierte.

Als die Jungen am Tisch saßen, tat Earl jedem einen gewaltigen Berg Pasta auf und gab Sauce und Käse darüber – das war genau das, was alle drei wollten – nichts Ausgefallenes, aber dafür eine Riesenportion. Das Gespräch kam natürlich auf Autos, dann auf Baseball, Eishockey, schließlich auf Profimannschaften überhaupt. Die Gesichter wurden so rot wie die Tomatensauce, als die Jungen darüber stritten, wer besser sei, Teams von der Ost- oder von der Westküste. Vom Profisport wechselte das Gespräch dann über zu dem Lieblingssport der Jungen: der inoffiziellen Olympiade für eroberungslüsterne Affen, die Jeremy täglich nach der Schule veranstaltete. Earl hatte Spaß an dem Gespräch, aber er war zu groggy, um sich aktiv daran zu beteiligen. So nahm er die Teller und fragte die Jungen, was sie als Nachtisch wollten. Jeremy fürchtete, sein Vater könnte die schreckliche Wahrheit über die Keksschachtel erfahren, und sagte darum (vielleicht ein bißchen zu schnell): »Oh, nichts, Dad, wir sind ganz genudelt!« Dann standen er und Dan auf und wetzten zurück auf Jeremys Zimmer.

Earl wusch noch das Geschirr ab und schaltete dann den Fernseher im Wohnzimmer an. Sein Körper war wie Blei. Es war hart, ohne Jean, seine Frau, auskommen zu müssen; sie hatte für ihn und Jeremy so viel getan. Jean wäre jetzt mit Jeremy seine Schulaufgaben durchgegangen, hätte ihm beim Lesen geholfen, ihm zur Übung Testfragen vorgelegt, um Jeremy zu besseren Noten in der Schule zu verhelfen. Er aber war einfach zu müde; und außerdem verstand er von alledem nichts. Earl selbst war nie mit Begeisterung zur Schule gegangen, und vieles, was man ihm dort beigebracht hatte, war längst vergessen. Ihm war klar, daß er der Aufgabe, Jeremy zu helfen, nicht gewachsen war. Der Junge würde sich allein durchkämpfen müssen, so wie er damals. Schließlich war er durchaus glatt durch die Schule gekommen, sicher nicht mit erstklassigen Leistungen, aber den Abschluß hatte er geschafft. Während seine Gedanken so wanderten, summte im Hintergrund noch ein dramatischer Ärztefilm, der einen laut Werbung »keine Sekunde mehr losließ«. Er war schon fast eingeschlafen, als das laute Lachen der Jungen zu ihm drang, vermischt mit den elektronischen Kreischlauten menschenfressender Affen. Earl wußte, daß sein Sohn jetzt eigentlich seine Hausaufgaben machen müßte, aber die Jungen waren einfach Jungen und mußten auch ihren Spaß haben. Ich wünschte mir, wir hätten als Kinder solche Spiele gehabt, dachte Earl. Er konnte sich nicht überwinden, den Jungen den Spaß zu verderben, und so schlief er am Ende auf der Couch ein, die Füße mitsamt Schuhen auf dem Couchtisch.

Am nächsten Tag in der Schule machte sich Jeremy auf seinem Platz so flach wie eine Eidechse – einmal wenigstens war es zu etwas nütze, daß er so klein war. Er wollte nicht von der Sozialkundelehrerin aufgerufen werden, denn er hatte das Kapitel über die Pioniere im Wilden Westen nicht gelesen. Er fand es so langweilig und öde, außerdem hatte er sehr viel Besseres zu tun. Jetzt saß er da und kritzelte Raumschiffe und wie aus einem Steinblock gehauene Killerpaviane an den Rand seines noch jungfräulichen Hefts. Am anderen Ende des Raumes saß Sharene, ihr Kopf ragte über das Meer kurz geratener Jungen hinaus. Jeremy schrieb in das Heft »Sharene« neben seinen eigenen Namen. Doch plötzlich wurde dieser stille Augenblick jäh zerrissen:

»Jeremy! Bitte paß im Unterricht auf. Ich weiß, du bist neu hier, aber es wäre trotzdem gut, wenn du in der Schule zuhören würdest. Was meinst du, wie sah das Leben eines Pioniers im alten amerikanischen Westen aus? Hättest du damals gern gelebt, vor einhundertfünfzig Jahren?«

Mrs. Smyth setzte sich auf den Schreibtisch. Sie war eine phantastische Lehrerin, alle Kinder mochten sie. Sie tat ihr Bestes, um den Stoff mit Leben zu erfüllen. Ihr Haarknoten war niemals ganz ordentlich gesteckt, sie war immer ein bißchen chaotisch, aber sie hatte ein freundliches Gesicht und ein warmherziges Lächeln. Sie nahm sich viel Zeit, um den Schülern zu helfen. Auch Jeremy mochte Mrs. Smyth – aber das konnte ihm nicht die Lektüre des Buches ersetzen.

»Na ja, Mrs. Smyth, ich weiß nicht recht ...«, gab er zur Antwort. »Ich denke, es muß furchtbar gewesen sein, in einer Zeit zu leben, als es noch keine Videospiele gab!« Die Klasse brach in prustendes Gelächter aus.

»Meinst du, für die Pioniere war das das größte Problem? Daß sie noch keine Videospiele hatten?«

»Hmmm, nein ... sie hatten auch keine Autos und keine Wasserleitung und keine Heizung!« Wieder lachte die Klasse los, und diesmal stimmte Mrs. Smyth mit ein.

»Ja, das stimmt alles, Jeremy. Aber kannst du mir etwas von den wahren Problemen erzählen, vor denen sie standen?«

Jeremy blickte nervös in die Runde. »Eigentlich nicht«, sagte er dann, fast flüsternd.

»Weißt du, laß uns doch nach dem Unterricht mal darüber reden«, sagte Mrs. Smyth freundlich und nahm ein anderes Kind dran.

Jeremy war deprimiert. Er hinkte in der Schule inzwischen so weit hinterher, daß an ein Aufholen scheinbar gar nicht mehr zu denken war. Mrs. Smyth verhielt sich zu ihm schon erheblich netter als die anderen Lehrer. Die fuhren ihn dauernd an und erklärten ihm, er müsse sich mehr anstrengen – was nicht viel änderte. Mrs. Smyth jedoch war ein freundlicher Mensch, und sie wußte, daß Jeremy im Vorjahr seine Mutter verloren hatte. Zwölf ist ohnehin für jedes Kind ein schwieriges Alter, und Jeremy mußte zurechtkommen mit einer neuen Schule, einem neuen Heim in einem neuen Landesteil und einer neu definierten Beziehung zu seinem Vater – und das alles ohne die Hilfe seiner Mutter, die Jeremy immer sehr nahe gewesen war. So ging Mrs. Smyth behutsam vor, sie versuchte Jeremy aus dem Schneckenhaus zu locken, in das er sich regelmäßig beim Betreten des Schulgebäudes verkroch.

»Hey, Jeremy, was ist denn mit dir los?« fragte sie. Der Junge schaute zu Boden und betrachtete aufmerksam die Schnürsenkel in leuchtendem Orange an seinen Basketballschuhen. »Mach dir keine Sorgen, Jeremy. Ich helfe dir im Lesen. Aber erzähl mir doch mal, was du immer so machst, wenn du aus der Schule nach Hause kommst. Wie verbringst du deine Nachmittage?« Mrs. Smyth fragte Jeremy aus, sie wollte unbedingt herausbekommen, wie sie helfen, was sie Jeremys Vater sagen und was die Schule tun könnte. Jeremy sprach langsam, derselbe Junge, der tags zuvor am Abendbrottisch seinem Vater die Invasion der feindseligen Affen in den grellsten Einzelheiten geschildert hatte, war fast nicht mehr wiederzuerkennen. Er benahm sich wie bei einem Verhör. Aber Mrs. Smyth erfuhr genug, um sich ein Bild zu machen, nämlich, daß Jeremy zu Hause überhaupt keine Zeit auf die Hausaufgaben und das Lesen verwandte. Es war kein Wunder, daß er so weit zurückblieb.

Am selben Nachmittag rief Mrs. Smyth Jeremys Vater an. Sie erklärte ihm, daß sie Jeremy sehr gern habe und wohl wisse, daß die Familie ein sehr trauriges Jahr hinter sich habe. Aber Jeremy mache offenbar keine Hausaufgaben und bleibe zurück, und im Unterricht passe er nicht auf. »Jeremy verliert mehr und mehr den Anschluß an den Klassenstand, und so kann er der Diskussion in der Klasse immer weniger folgen«, erklärte sie.

Earl hörte betroffen zu und fragte dann: »Aber was kann ich dabei tun? Früher hat sich meine Frau bei Jeremy um das Lesen und all die schulischen Dinge gekümmert. Ich bin am Abend geschlaucht, Jeremy hat Hunger, die Wäsche muß gewaschen, die Wohnung aufgeräumt, die Rechnungen müssen bezahlt werden. Ich hab einfach keine Zeit dafür!«

Mrs. Smyth machte ein paar Vorschläge und sagte dann: »Selbst wenn Sie mit Jeremy jeden Abend nur dreißig oder fünfundvierzig Minuten lesen, würde das viel bewirken. Er braucht zu Hause Unterstützung, damit er lernt, der Schularbeit den richtigen Wert beizumessen.«

»Ich war selber nie toll in der Schule«, erwiderte Earl.

»Das spielt für Jeremy keine Rolle«, meinte Mrs. Smyth. »Was er braucht, ist, daß Sie mit ihm arbeiten und darüber sprechen, was er in der Schule macht.«

Earl legte den Hörer auf und seufzte. Er wußte, daß Mrs. Smyth recht hatte, aber er wußte auch, daß er nicht der Richtige war, um Jeremy zu helfen. Er hatte einfach keine Ahnung, wie er es anstellen sollte. Ihn graute vor dem ganzen geschichtlichen Kram, und wenn er an seine eigenen Buchbeschreibungen für die Schule dachte, dann war ihm nur noch im Gedächtnis, wie langweilig er all die Bücher gefunden hatte. Er machte Jeremy keinen Vorwurf daraus, daß er abschaltete, obwohl er ihm das nie so gesagt hätte. Er kommt ganz nach mir, dachte er. Er arbeitet gern mit den Händen, aber er sieht nicht ein, warum er sich so lange in Bücher vertiefen soll. Earl beschloß, an diesem Abend zeitiger nach Hause zu gehen, um Jeremy zu helfen. Aber gerade als er überlegte, was er im einzelnen tun könnte, klingelte wieder das Telefon. Bei einem wichtigen Frachtflug aus Chikago hatte es eine Panne gegeben. Earl blieb an dem Abend schließlich doch bis um sieben im Büro.

Ein paar Tage später fragte Sharene Jeremy während der Mittagspause, ob er nicht Lust habe, sich um eine Rolle bei der nächsten Aufführung des Schultheaters zu bewerben. Sie war ganz aufgeregt, denn es sollte *Guys and Dolls* inszeniert werden, und sie meinte, sie sei die ideale Besetzung für die weibliche Hauptrolle. Sie kannte sogar die Songs, denn ihre Eltern spielten zu Hause immer die CDs mit der Musik der

Broadway-Shows. »Los, Jeremy – du wärst da absolut richtig! *Guys and Dolls* ist ein Stück über wirkliche Männer, die zu Glücksspielen und zu Pferderennen gehen, und du bist doch aus New Jersey! Du wärst perfekt. Du mußt unbedingt nächste Woche zum Vorsprechen kommen!« Sharene war so aufgedreht, daß sie sich nur schwer beherrschen konnte: sie kicherte und stupste Jeremy bei jedem Satz. Jeremy jedoch schaute bedrückt drein. »Was ist denn?« fragte sie.

Er blickte zu Boden und schluckte. »Ich könnte nie bei einer Aufführung mitspielen«, sagte er. »Bestimmt könnte ich meinen Text nicht auswendig lernen, dauernd würde ich alles vergessen und durcheinanderbringen und wie ein Idiot dastehen. Allen anderen wäre es peinlich, dir auch! Wie wär's, wenn ich mir das Stück einfach bloß angucke?«

»Ach, Jeremy«, erwiderte Sharene, »du bist so blöd. Du wärst bestimmt toll ... Versprichst du, daß du dir's noch mal überlegst, ja?« Jeremy nickte, aber er wußte genau, eher würden sie einen ehrlichen Falschspieler auftreiben als ihn in *Guys and Dolls* mitspielen sehen.

Als Jeremy und Sharene ins Schulgebäude zurückgingen, sahen sie Mrs. Smyth im Gespräch mit der Direktorin, Mrs. Franklin. »Es ist ein solcher Jammer mit Jeremy«, sagte Mrs. Smyth gerade. »Er ist ein lieber Junge, aber er ist auch schwierig. Er interessiert sich einfach nicht für die Schule, und es ist niemand da, der ihm helfen kann. Ich tue mein Bestes, um ihn bei der Stange zu halten, damit er im Unterricht nicht ganz und gar abschaltet.«

Auch Mrs. Franklin schien sich Sorgen zu machen. »Der arme Junge. Er hat so viel durchgemacht. In diesem Alter die Mutter zu verlieren, ist hart.« Mrs. Smyth nickte zustimmend. »Kann ihm sein Vater nicht helfen?« fragte die Direktorin.

»Ich hab's versucht und ihn ein paarmal angerufen«, erklärte Mrs. Smyth. »Aber ich glaube, er ist entweder wirklich sehr eingespannt, oder aber er will sich einfach nicht allzusehr für Jeremys Leseproblem und seine schulische Arbeit engagieren.«

»Nun, jemand muß sich um den Jungen kümmern«, meinte Mrs. Franklin, während sie mit Mrs. Smyth zusah, wie Jeremy und Sharene Hand in Hand den Flur zum Klassenzimmer entlanggingen.

Das Problem Bei Jeremy lag sehr viel mehr im argen, als das, was offenkundig war. Ja, mit zwölf Jahren die Mutter zu verlieren, war gewiß eine Tragödie. Aber viele Kinder müssen mit dem Verlust eines Elternteils zurechtkommen, sei es auf Grund von Tod oder Scheidung. Familien brechen auseinander, und die Familiendynamik wandelt sich und muß neu definiert werden. Zum Glück war seine Mutter eine wunderbare Frau gewesen, die viel Zeit mit ihm verbracht, ihm beim häuslichen Lesen und bei den Schulaufgaben geholfen hatte. Im rein intellektuellen Sinne war Jeremy sicher nicht das allerbegabteste Kind – abstrakte Probleme auf dem Papier interessierten ihn nicht sonderlich, und er hatte keine Lust, in langweiligen Lehrbüchern zu lesen, unvollständige Sätze zu ergänzen oder andere scheinbar sinnlose Übungen zu machen. Jeremys Mutter jedoch hatte gewußt, daß er auf anderen Feldern begabt war, und sie hatte seine Interessen und speziellen Talente genutzt, um ihn an die schulische Arbeit heranzuführen. Ohne ihre Einflußnahme zappelte Jeremy wie ein Fisch auf dem Trockenen. Noch ein paar Jahre so, und er würde wahrscheinlich die Schule schmeißen oder sich zumindest total ausklinken.

Die Mutter hatte Jeremy geholfen, sich sein Selbstwertgefühl zu bewahren. Derzeit aber kam sich Jeremy nicht gerade großartig vor. Wie viele Kinder seines Alters wirkte er schlaksig und schlecht proportioniert und hatte Pickel im Gesicht. Er war gerade quer durch das ganze Land umgezogen, hatte sein Heim und seine Freunde zurückgelassen und auch die Geborgenheit der Schule, die er seit Kindergartentagen besucht hatte. Seine Mutter war nicht mehr da, um ihm zu helfen, und sein Vater arbeitete schwer, um den Lebensunterhalt für sie beide zu verdienen. Earl stellte für Jeremy bei seinen persönlichen Problemen keine allzu große Hilfe dar. Verloren inmitten dieser Problemflut, versuchte Jeremy, sich über Wasser zu halten, indem er sich zunächst auf die Dinge konzentrierte, die er gut konnte: Er bastelte Modellautos und beschäftigte sich vor allem mit Aufgaben, bei denen er mit seinen Händen arbeiten mußte. Er besaß ein ungewöhnliches Talent für diese Art Betätigung und einen erstaunlichen Sinn für Design und Proportion. Seine im Sachkundeunterricht gebastelten Arbeiten waren immer die besten der Klasse, und sein Vater mußte nicht davor zittern, zum Vatertag etwas Selbstgebasteltes von seinem Sohn geschenkt zu bekommmen.

In jüngster Zeit allerdings war bei Jeremy das Interesse am Basteln von Modellautos und anderen manuellen Tätigkeiten erlahmt. Langsam glitt er hinab in die passive Welt eines Videosüchtigen. Wie alle Tätigkeiten, die eine Koordinierung von Hand und Auge verlangen, bauen auch Videospiele auf schnelle Reflexe und geschickte Koordinierung. Genau das waren Jeremys Stärken. Allmählich gab er immer mehr von sich selbst der virtuellen Realität der Videospiele preis. Das Negative an der Videosucht liegt vor allem darin, daß diese Spiele eine unproduktive, nichtkreative, häufig gewaltträchtige und passive (aber nichtsdestoweniger fesselnde) Zeitvergeudung darstellen. Jeremy lernte nichts dabei, er entwickelte sich nicht. Jeremy schlug nur die Zeit tot und verbrauchte Hirnzellen vor einem Fernsehschirm oder Monitor in der Spielothek, anstatt ein Buch in die Hand zu nehmen und zu lesen.

Angesichts der Art und Weise, wie Jeremy seine Zeit verbrachte, waren seine schulischen Probleme ohne weiteres verständlich. Diese Schwierigkeiten würden nicht von allein verschwinden, doch leider unternahm niemand etwas. Jeremys Leseleistung war auf dem Stand der dritten Klasse; mit seinen Klassenkameraden konnte er nicht mehr mithalten, wenn im Unterricht die zum Lesen aufgegebenen Texte und Ausschnitte aus Büchern diskutiert wurden. Seine Leistungen in Mathematik und Naturwissenschaften waren nicht ganz so schlecht wie in Englisch und Sozialkunde, aber auch hier blieben sie allenfalls nur durchschnittlich. Hervortun konnte sich Jeremy, wie voraussehbar, nur in praktischen Fächern, in denen das selbständige Entwerfen und Ausführen von Projekten gefordert war. Dabei lag eine gute Leistung auch im Lesen und anderen schulischen Fächern durchaus im Bereich seiner Möglichkeiten, wenn er sich nur bemüht hätte.

Obwohl Earl seinem Sohn echte Liebe und Sorge entgegenbrachte, hatte er doch zugelassen, daß sich das häusliche Umfeld von allen schulischen Dingen vollständig abgekoppelt hatte. Niemand erwartete von Jeremy, daß er jeden Abend seine Leseübungen und Hausaufgaben absolvierte, niemand fragte, was er denn genau aufhabe. Auch gab es keinerlei Begrenzung der Zeit, die Jeremy vor dem Fernseher verbrachte, um wildgewordene Affen außer Gefecht zu setzen. Earl brachte mit Müh und Not die Energie auf, den Haushalt in Schuß zu halten und in seinem neuen Job ordentliche Arbeit zu leisten. Er hatte ständig das Gefühl, nicht alles zu schaffen, und er vergaß darüber, Jeremys schulischen Belangen den gleichen Platz wie seinen übrigen Pflichten einzuräumen.

Und noch durch etwas anderes trug Earl zu dem Problem bei: Ihm war beim Gedanken an seine eigenen schwachen Leistungen in der Schule nicht wohl, und deshalb hatte er keine Lust, sich mit Jeremy hinzusetzen. Am Ende hätte er doch nur seine eigene Unwissenheit vorgeführt. Earl übertrug nun unbewußt seine Vorurteile gegen die Schule auf seinen Sohn. Jeremy aber wurde durch diese Überzeugungen seines Vaters behindert, denn ihm blieb gar nicht anderes übrig, als sich mit dessen Wertbegriffen zu identifizieren. Das aber war Jeremy gegenüber unfair: Allein die Tatsache, daß sein Vater es im Leben nur bis zu einem gewissen Punkt gebracht hatte, hieß doch nicht, daß Jeremy dieselbe Last schultern und noch eine Generation weiterschleppen mußte. Aber so sah Earl das nicht; aus seiner Sicht tat er das, was für seinen Sohn am besten war.

Natürlich gab es Mrs. Smyth, die ganz offensichtlich zur Lösung des Problems beitragen konnte, wenn Jeremys Vater nur eingewilligt hätte, einige ihrer Anregungen umzusetzen. Mrs. Smyth wünschte, daß Jeremy zu dem von ihr geleiteten Lesezirkel am Nachmittag, außerhalb der Schulstunden, kam. Aber Jeremy wollte das nicht (die Gründe liegen auf der Hand), und Earl erschien es unsinnig, ihn dazu zu zwingen, wo der Junge sich doch lieber zu Hause aufhielt, um Videospiele zu machen und an seiner Sammlung klassischer Modellautos zu basteln. Weiter meinte Mrs. Smyth, daß die bevorstehende Schulaufführung Jeremy eine großartige Gelegenheit bieten würde, mehr Kinder kennenzulernen, neue Freunde zu finden und im schulischen Umkreis allmählich heimisch zu werden. Jeremy jedoch hatte Angst, daß er sich mit seinem Leseproblem vor den anderen blamieren könnte – und außerdem fand er, er sähe bescheuert aus. Earl meinte zwar, das Theaterspielen könne Spaß machen – doch wieder wußte er nicht, wie er seinen Sohn dazu ermuntern sollte. Zwang wollte er auf keinen Fall ausüben.

Die Situation für Jeremy war also ziemlich trostlos. Untersuchungen haben gezeigt, daß die Mittelstufe eine kritische Zeit darstellt: Hier entscheidet sich, ob die Schüler ihr Interesse an der Schule behalten oder ob mit dem Eintritt und dem Durchlaufen der Adoleszenz ein Prozeß der Abkoppelung von der Schule eintritt. Der Mangel an Interesse für die Schule würde bei Jeremy nicht von selbst verschwinden. Und sein dürftiges Lesevermögen würde ihm in der Zukunft noch unzählige Male und auf die vielfältigste Weise schaden. Seine übrigen Fähigkeiten waren bemerkenswert – wie sollte er seine Talente und Stärken ohne ordentliche Fertigkeiten im Lesen und auf anderen Gebieten verwerten? Angesichts seiner speziellen Talente ist klar, daß er später wohl einen Beruf wählen wird, in dem er seine gestalterischen und technischen Fähigkeiten anwenden kann. Aber Leuten, die nicht gut lesen können, stehen nicht sehr viele Türen offen. Außerdem bedeutete Jeremys negative Einstellung zur Schule und zum Lernen, daß er überhaupt nicht imstande sein würde, auf irgendeinem Wissens- oder Fachgebiet voranzukommen. Statt seinen Horizont durch Lesen und Selbststudium, durch Zuhören im Unterricht und umfassende Anwendung des Gelernten zu erweisen, würde er nur das wissen, was ihm in den wenigen Unterrichtsstunden, wo er aufpaßte, direkt von anderen beigebracht worden war. Was hatten Jeremys Vater und die Schule unternommen, um die Situation des Jungen in Ordnung zu bringen?

Falsche Strategien Jeremy hatte das Pech, daß viele falsche Strategien ausprobiert worden waren, um in ihm ein stärkeres Interesse an der Schule und am Lesen zu wecken. Doch im Endergebnis waren sie alle gescheitert, und Jeremy las weniger denn je. Das ist das Problem bei falschen Strategien – man strampelt sich nicht nur ergebnislos ab, sondern verliert noch an Boden. Die erste große Fehlstrategie resultierte aus Earls Vorstellung, daß die Erziehung seines Sohnes Sache der Schule sei: Weshalb sollte er sich bei etwas einmischen, das ihn nichts anging? Diese Art von Denken ist unter vielen Eltern, egal ob arm oder reich, gebildet oder ungebildet, verbreitet. Diese Eltern sind der Meinung, da sie ihre Steuern bezahlt haben, sei es nun Aufgabe der Schule, ihr Kind zu den gewünschten Leistungen hinzuführen. Darum ziehen sie sich aus allen schulischen Belangen zurück. Oftmals halten sich Eltern aus Diskussionen über das Lesen heraus, kümmern sich nicht um Buchbeschreibungen, praktische Hausaufgaben, Theateraufführungen, eben um nichts, was irgendwie mit der Schule zu tun hat. Sie wollen einfach nicht behelligt werden, Schule ist nicht ihr Job.

Die Motive solcher Eltern können selbstsüchtig sein (sie wollen keine Zeit dafür verwenden, über die Schule zu reden) oder auch selbstlos (sie glauben ernsthaft, daß sie die gute Arbeit der Lehrer verderben, wenn sie sich beteiligen). Das Resultat ist jedoch das gleiche: Die Kinder merken, daß ihre Eltern die schulischen Leistungen nicht sehr hoch bewerten, und verhalten sich entsprechend. Wozu die Schule so ernst nehmen, wenn sie für die Eltern offensichtlich unwichtig ist? Oft verdrängen Dinge, die den Eltern wirklich am Herzen liegen, die Schule als vorrangigen Schwerpunkt bei den Kindern. So hatte etwa Jeremy vor Jahren schon mitbekommen, daß sein Vater alles, was mit Schule zu tun hatte, verabscheute und dafür handwerkliches Geschick hochschätzte. Also hatte Jeremy diesen Werten nachgeeifert, sehr zu seinem Nachteil. Jetzt, wo seine Mutter nicht mehr da war, fehlte ihr bildungsfreundlicher Einfluß, und Jeremy dachte nicht mehr darüber nach, »wie wichtig das Lernen ist«. Ja, er versuchte überhaupt, wenig an seine Mutter und all die Dinge zu denken, die ihn so schmerzlich an sie erinnerten. Er identifizierte sich mehr und mehr mit dem Elternteil, bei dem er lebte, mit Earl. Seine schulische Arbeit wurde für beide bedeutungslos. Aus dieser Geschichte läßt sich die Lehre ziehen, daß Eltern ihre Überzeugungen und Wertbegriffe auf ihre Kinder übertragen, auch wenn das unbewußt geschieht. Earls Strategie, sich aus den schulischen Angelegenheiten herauszuhalten, weil er nicht wußte, was er dabei tun konnte, wirkte sich dadurch immer mehr zu Jeremys Schaden aus.

Earls zweite große Fehlstrategie bestand darin, daß er für Jeremy nach der Schule kein straffer geordnetes Umfeld schuf. Er fand, es sei für seinen Sohn das Beste, wenn er mit seinen Freunden spielte, weil ihm dies positive Gefühle und Halt gab. Jeremy war schließlich ein Kind, das den ihm am nächsten stehenden Menschen verloren hatte. Statt ihn für außerschulische Programme und Aktivitäten anzumelden, die Jeremy gefordert hätten, beschloß Earl, ihn einfach Kind sein zu lassen. Wieder lag es an Earls eigener Einstellung zur Schule, daß er es nicht vermochte, ein schulorientiertes Umfeld für sein Kind zu schaffen. Doch für einen zwölfjährigen Jungen hatte Jeremy auf diese Weise viel zu viel beschäftigungsfreie Zeit. In diesen täglich fast vier Stunden stopfte er ungesundes Essen in sich hinein, spielte Videospiele und bastelte gelegentlich noch an seinen Modellautos. Aber Earl wollte Jeremy gegenüber nicht gar zu streng sein, er wollte ihn nicht zwingen, zu schnell erwachsen zu werden. Jeremy sollte ohne Sorgen aufwachsen und spielen können. Doch Jeremy war alles andere als ein sorgenfreies Kind, da er durch das Zurückbleiben in der Schule sein Selbstwertgefühl einbüßte und manche Dinge nicht so wie die anderen konnte. Um zu begreifen, weshalb die Strategie Nummer zwei nicht anschlug, muß man sich vor Augen halten, daß eine straffere Ordnung und Disziplin zu Hause sich für viele Kinder oftmals positiv auswirkt: Sie hilft ihnen, Ausdauer bei der Arbeit und das Gefühl von Selbstvertrauen und Zuversicht zu entwickeln.

Das Fehlen organisierter außerschulischer Aktivitäten führte dazu, daß Jeremy nach der Schule häufig zerstreut, antriebs- und ziellos in seiner leeren Wohnung herumhockte. Wenn Jeremy sich aber einsam, verwirrt oder traurig fühlte, dann dachte er halt nur an sein Allheilmittel: das Videospiel. Es wartete zu jeder Zeit auf ihn, es gab keine Widerworte, machte keine Schwierigkeiten, und um Spaß zu haben, brauchte er sich nicht anzustrengen. Außerdem erreichte Jeremy eine höhere Punktzahl und killte mehr feindliche Affen als irgendeiner seiner Kumpels. Jetzt, wo seine Mom tot war und sein Dad ewig erschöpft und überarbeitet, kehrte sich Jeremy nach innen und versank in der virtuellen Realität von eroberungslüsternen Affen und ähnlichen Spielen, in denen »Spaß« identisch ist mit Killen, Verstümmeln oder auch bloß (für die Leute mit zarten Nerven) Quälen anderer Lebewesen. Earl hatte als Jeremys Vater die Pflicht, dieser Sucht bei seinem Sohn einen Riegel vorzuschieben. Wenn der Videospiel-Junkie Jeremy nicht behandelt wurde, würde er automatisch immer tiefer in die Affenhölle hinabgleiten.

Die nächste große Fehlstrategie hatte mit Earls Bewußtsein seiner eigenen schulischen Unzulänglichkeiten zu tun. Seine Eltern hatten ihm nie geholfen – im Gegenteil, sie hatten ihn verspottet und damit das Problem noch verschlimmert. Earl konnte sich nicht auf positive Erfahrungen stützen, die er als Modell für sein eigenes Verhalten gegenüber dem Sohn hätte gebrauchen können. Lieber ging er Jeremy immer dann aus dem Weg, wenn er meinte, der Junge könnte ihn um Unterstützung bei der Vorbereitung einer Klassenarbeit oder beim Abfassen einer Lesenotiz bitten. Earl wollte vor seinem Sohn nicht dumm dastehen: Er wollte als der starke und tüchtige Vater gelten, der er war, als eine positive Autoritätsperson im Leben seines Sohnes. So wich er einer Hilfestellung für Jeremy aus, obwohl der Junge dringlichst Beistand und positiven Zuspruch gebraucht hätte.

Earl war so erzogen worden, daß er den Satz »Ich weiß nicht« für ein Zeichen von Schwäche hielt, besonders bei einem Mann. Statt seinem Sohn seine Unkenntnis einzugestehen, tat er lieber so, als wisse er die Antwort, habe aber keine Zeit oder Energie, ihm zu helfen. Dieses falsche Verhalten hatte zur Folge, daß Jeremy das Gefühl bekam, seinem Vater sei schulische Leistung egal. Über Probleme solle er sich nicht aufregen, sondern sein Augenmerk lieber auf andere Dinge lenken, die auch Earl gefielen. Wenn Jeremy über Autos sprach und seine zunehmenden Kenntnisse ausbreitete, waren Vater und Sohn miteinander verwachsen wie siamesische Zwillinge.

Die andere negative Auswirkung von Earls Unbehagen angesichts seiner eigenen schulischen Leistungen bestand darin, daß er Jeremy das folgende Verhaltensmuster beibrachte: 1.: Man sagt niemals »Ich weiß nicht« oder »Können Sie mir das erklären?«; und 2.: Die natürliche Antwort auf eine eigene schwache Leistung besteht darin, daß man *sich der Anforderung entzieht* und mit Verlegenheit und Abwehrhaltung reagiert. Obwohl Earl diese Lehren seinem Sohn niemals *wortwörtlich* eintrichterte, konnte er sie ihm auf keine Weise nachdrücklicher einprägen als durch das eigene ständige Beispiel. Jeremy hatte es schon gelernt, den Blick verlegen zu senken, Fragen auszuweichen und bei Schwierigkeiten rasch aufzugeben. Aber derselbe Junge konnte seine eigenen Modellautos entwerfen und basteln, er war imstande, hartnäckig und ohne Hilfe von außen nach jeder kleinsten Information zu forschen, die er brauchte, um dann die selbstgewählten Vorhaben zum Abschluß zu führen. Jeremy hatte gelernt, sich *schulischen* Anforderungen zu entziehen – aber nicht jeglichen Anforderungen. Wenn er sich so für einen Bereich interessierte und er sich darin erstaunlich gut auskannte, dann bestand Hoffnung für Jeremy. Er mußte nur lernen, auch für die Schule wieder Interesse aufzubringen.

Die nächste total falsche Strategie betraf die sicherlich bewundernswerte Mrs. Smyth. Sie war eine fabelhafte Lehrerin, eine, wie wir sie uns alle für unsere Kinder wünschen. Außerdem hatte sie Jeremy sogar gern und wollte ihm helfen. Earl jedoch hatte sich die wertvolle Hilfe, die Mrs. Smyth darstellte, nicht zunutze gemacht. Die Lehrerin hatte mehrmals angeboten, Jeremy in die außerschulischen Lesezirkel aufzunehmen, die sie anleitete, doch Earl hatte abgelehnt. Sie hatte weiterhin angeboten, zweimal in der Woche nach der Schule eine Stunde lang mit Jeremy Lesen zu üben, aber Earl meinte, das sei des Guten zuviel. Er fragte sich, weshalb sie sich um seinen Sohn so sorgte, wenn er denn ein so großartiger Knabe war. Mrs. Smyth hatte außerdem für Jeremy noch einen zusätzlichen Leseunterricht in einer kleinen Gruppe mit einem guten Tutor vorgeschlagen. Doch Earl sagte nein, weil er meinte, das würde seinen Sohn stigmatisieren; die anderen Kinder könnten denken, er sei ein Dummkopf. Earl selbst war seinerzeit äußerst empört gewesen, als man ihn zur Nachhilfe aus der Klasse herausnahm, und er war nicht bereit, die gleiche Blamage seinem Sohn zuzufügen. So gab es gleich eine ganze Gruppe von Fehlentscheidungen, die alle mit Earls Weigerung zusammenhingen, auf Mrs. Smyths Ratschläge zu hören. Earl glaubte zwar, Jeremy zu beschützen, in Wirklichkeit aber addierte er zu seinem Punktestand eine Null nach der anderen.

Ein großer Fehler war auch, daß Earl systematisch allen Elterngesprächen aus dem Weg ging und niemals an einem Elterntag eine Buchausstellung oder die Ausstellung von naturwissenschaftlichen Schülerarbeiten besuchte. Earl meinte, das beste sei, keinen Wirbel zu machen und seinem Sohn jede Peinlichkeit zu ersparen: Wenn er zur naturwissenschaftlichen Ausstellung ging und Jeremys Exponat war schlecht, wäre das peinlich für den Jungen. Und wenn er zur Buchausstellung ging und Jeremy wäre, weil er schlecht lesen konnte, nicht imstande, sich für irgendwelche Bücher zu entscheiden, wäre das geradezu eine Blamage für den Sohn! Überhaupt waren diese Besprechungen zwischen Lehrern und Eltern gar nicht nötig: Jeremy war kein Schulschwänzer, und um seine Erziehung sollte sich gefälligst die Schule kümmern. Außerdem hatte er selber nicht die geringste Ahnung, wie man ein guter Schüler wird: Wenn er mit Jeremys Lehrern sprach, würde er die Sache nur noch schlimmer machen, weil jeder erkennen mußte, daß der Vater noch blöder war als der Sohn!

Doch auch in diesem Punkt ergab sich für Jeremy ein ganz

anderes Bild, als das von Earl beabsichtigte: das Bild eines Vaters, der keinen großen Wert auf die Arbeit in der Schule legt und der das naturwissenschaftliche Exponat seines Sohnes für belanglos hält. Sicher, es zählte nicht zu den allerbesten Arbeiten, beruhte aber durchaus auf einer neuartigen Idee. (Jeremy hatte ein Diorama hergestellt, das zeigte, wie die Menschen auf der Erde die Mondphasen sehen. Im Unterschied zu vielen anderen Kindern, deren Arbeiten zum großen Teil von den Eltern angefertigt waren, hatte Jeremy seines selbst gebastelt, und es war gut. Zu schade, daß sein Vater das nie erfuhr!) Das Traurige an der Sache ist: Earl wollte das Beste für seinen Sohn, aber er wendete eine falsche Strategie nach der anderen an. Doch für Eltern wie Earl und Kinder wie Jeremy besteht Hoffnung: Alles, was sie brauchen, sind ein paar zuverlässige *Erfolgsstrategien* statt all der gutgemeinten falschen Methoden.

Erfolgsstrategien Die wichtigste Erfolgsstrategie für diese Familie besteht darin, daß Earl sich mit seiner eigenen schulischen Vergangenheit auseinandersetzt und erkennt, daß Schule wichtig ist und im Leben seines Sohnes den Mittelpunkt bilden sollte. So wie die Dinge jetzt stehen, hat Jeremy keine Aussicht auf Erfolg. Obwohl Earl so sehr wünscht, ein guter Vater zu sein, behindert ganz allein er Jeremys Vorankommen. Ganz gleich, ob Earl selbst in der Schule ein totaler oder nur ein partieller Versager war – jetzt ist Jeremy an der Reihe, und er sollte sein absolut Bestes leisten. So muß Earl als ersten Schritt seine Denkweise über die Schule ändern. Den schulischen Belangen muß zu Hause Priorität eingeräumt werden mit Akzenten auf Schularbeiten, auf Lesen und schulische Pflichten. Was Jeremy fehlt, ist ein diszipliniertes Umfeld, das zu täglichem Lesen ermuntert und es unterstützt, sowie ein starker elterlicher Einfluß, der das Lesen als eine zentrale und bedeutungsvolle Fertigkeit für das Leben betont. (Ja, das bedeutet, die Videospiele sollten endgültig ins Regal verfrachtet werden!)

Zunächst einmal muß sich Earl zu der Erkenntnis durchringen, daß im Leben eines Zwölfjährigen die Schule an erster Stelle steht. Alle seine Entscheidungen müssen von dieser Voraussetzung ausgehen.

Er sollte Jeremy für das nachmittägliche Leseprogramm und den zusätzlichen Unterricht im Lesen anmelden. Und er sollte dafür sorgen, daß Jeremy sich in seiner außerschulischen Zeit mit lernbezogenen, anspruchsvollen Dingen beschäftigt, obwohl es nicht unbedingt immer *schulische* Aktivitäten im engeren Sinne sein müssen: Jeremy könnte Sport treiben oder der Theatergruppe beitreten und bei der Aufführung mitspielen (wie Sharene vorschlug). Vielleicht ist Jeremy nicht schauspielerisch begabt und das Auswendiglernen des Textes wäre möglicherweise anfangs noch zu schwer für ihn – aber mit seinen hervorragenden mechanischen und kreativen Fähigkeiten könnte er beim Bühnenbild und bei den Requisiten helfen. Durch eine solche Betätigung würde sich Jeremy der Schule mehr zugehörig fühlen. Er würde neue Freunde finden und sich besser in seine neue Umgebung integrieren. Sich an den Leseübungen nach dem Unterricht zu beteiligen, wäre für ihn genau das Richtige: Mrs. Smyth benutzt diese Übungen, um die Freude an der Lektüre zu wecken, und so könnte sich Jeremy Bücher über Autos, ja sogar über Videospiele oder Hacker heraussuchen und davon so viel lesen, wie er will.

Als nächsten Schritt muß Earl sich drei-, viermal in der Woche wenigstens eine halbe Stunde hinsetzen, um mit seinem Sohn zu lesen und die Hausaufgaben durchzugehen. Zeit, um sich Baseball- oder Eishockeypartien im Fernsehen anzuschauen, hat er schließlich auch immer gefunden; also müßte er auch Zeit für Jeremy freischlagen können. Anfangs sollte er ihn direkt nach dem Lehrbuch abfragen – die richtigen Antworten auf die Kontrollfragen sind ja oft am Ende des Buches zu finden, falls Earl die Antworten einmal nicht weiß. Earl könnte auch Jeremy auffordern, die Texte für die Hausaufgaben laut vorzulesen: Abgesehen von den deutlichen Verbesserungen seiner Leistungen würde Jeremy so spüren, daß sein Vater Interesse an der Sache hat, ohne daß die Frage, welche Antworten richtig und welche falsch sind, immer im Vordergrund steht. Wenn Earl etwas nicht weiß, sollte er lernen, das auch zuzugeben. Kinder merken, daß vieles von dem, was man ihnen in der Schule beibringt, im Erwachsenenleben kaum je gebraucht wird. Wenn Sie als Erzieher also die Antwort nicht wissen, dann erklären Sie einfach, Sie hätten es einmal gewußt, aber jetzt vergessen. Jeremy machte es nichts aus, daß Earl die richtigen Antworten nicht wußte, Hauptsache, er half ihm und sie konnten die Lösungen gemeinsam nachschlagen.

Für Earl geht es also vor allem darum, daß er sich nicht mehr auf die Frage konzentrieren sollte, ob er etwas weiß oder nicht weiß. Kernpunkt seiner Bemühungen muß der Prozeß des Lernens, Lesens, Schreibens und die Erledigung der Hausaufgaben durch Jeremy sein. Fakten lernt und vergißt man. Was einem aber bleibt, ist die Erfahrung des Lernens, die auch Earl besaß: zu lernen, wie man liest und Informationen aufnimmt, wie man Antworten auf Fragen findet und wie man das Gelernte bewertet. Earl hat eine verantwortliche Managerstelle bei einer großen Firma inne – er weiß also, wie man Informationen erlangt, Entscheidungen trifft, Resultate einschätzt. Mag er also auch nicht alle exakten Details von Jeremys Lernstoff wissen, seinem Sohn zu helfen vermag er dennoch. Er kann ihm nämlich den Weg zeigen, wie man Informationen findet und wie man sie anwendet.

Earl sollte Jeremy abends beim Essen abfangen, bevor er in seine Affenwelt eintaucht, und ihn bitten, seine Bücher hervorzuholen und sie auszubreiten, während Earl noch abwäscht und die Küche aufräumt. Solange Earl noch mit der

Hausarbeit zu tun hat, kann Jeremy mit seiner Hilfe schon ein paar Fragen durcharbeiten. Earl muß ihm dabei nicht unentwegt über die Schulter sehen – er kann inzwischen seinen eigenen Papierkram erledigen oder sonst etwas tun. Die bedeutsame Veränderung liegt darin, daß von Jeremy erwartet wird, jeden Abend am Eßtisch zu lesen und Hausaufgaben zu machen, so daß diese Tätigkeit Teil des Familienalltags wird und der Junge nicht in seinem Zimmer verschwinden kann, um seinen Geist mit Videospielen zu betäuben. Von Jeremy sollte aber auch erwartet werden, daß er einige Zeit allein in seinem Zimmer zubringt, aber nicht an der Videokonsole, sondern an seinem Schreibtisch. Er muß sich daran gewöhnen, seine Arbeit konzentriert allein zu bewältigen. Bei Bedarf, das weiß er, ist sein Vater zum Helfen bereit.

Weiter sind da all die schulbezogenen Veranstaltungen, denen Earl bisher immer aus dem Weg ging. Doch er sollte sich darüber klarwerden, daß er zumindest einige davon besuchen muß, auch wenn er wegen seiner Arbeitsverpflichtungen nicht die ganze Zeit bleiben kann. Mit einer Stunde, die er für die Ausstellung mit Arbeiten aus den naturwissenschaftlichen Fächern aufbringt, könnte Earl seinem Sohn zeigen, daß ihm sein Projekt wichtig ist, ganz gleich, ob es zu den besten oder schwächsten Ausstellungsstücken zählt. Eigentlich ist Jeremys Arbeit genauso gut wie die der anderen Kinder – und dies zu sehen, könnte für Earl eine angenehme Überraschung sein! Ein Gespräch mit Jeremys Lehrern könnte Earl klarmachen, auf welchen Gebieten Jeremy Hilfe benötigt und auf welchen nicht. Außerdem würden vielleicht einige Lehrer, die Jeremy hart zusetzen, ihr Verhalten abmildern, wenn sie seine häusliche Situation besser kennenlernen. Earl sollte sich außerdem vornehmen, zu dem Theaterabend in der Schule zu gehen und seinem Sohn lautstark zu applaudieren; auch wenn Jeremy nur am Bühnenbild mitgearbeitet haben sollte, ist das doch ein wichtiger Beitrag.

Auch Mrs. Smyth sollte Earl als einen Trumpf in seinem Erfolgsspiel nicht außer acht lassen. Er sollte sie unbedingt aufsuchen und ihr für die seinem Sohn erwiesene Freundlichkeit und Fürsorge aufrichtig danken. Mrs. Smyth würde ihm nur zu gern jede Woche zehn Minuten über Jeremys Fortschritte berichten – und ihm spezifische Anregungen geben, welche Dinge er zu Hause mit Jeremy tun könnte. Aber Earl muß anrufen und ihr zuhören. Mrs. Smyth könnte bei diesen Gesprächen von Earl etwas darüber erfahren, was Jeremy im Leben sonst noch liebt (außer Sharene nämlich). Sie könnte ein paar Bücher aussuchen, die Jeremy gefallen müßten, und sie ihm in der Lesestunde am Nachmittag vorlegen. Mrs. Smyth und die Bibliothekarin der Schule sind sicher in der Lage, Bücher auszuwählen, die Jeremy in seiner schulischen Entwicklung fördern und die dennoch sein Interesse finden. Das alles wird dazu führen, daß Jeremy seine Einstellung zur Schule allmählich ändert, daß die Schule eine vorrangige Rolle in seinem Leben einzunehmen beginnt und das dort erlangte Wissen für ihn bedeutungsvoll wird.

Ein weiteres Erfolgsrezept für das häusliche Umfeld hat mit den Büchern selbst zu tun. Gegenwärtig sind im Hause nur wenig Bücher zu finden. Jeremy wird damit signalisiert: Bücher sind nicht wichtig. Also lautet der nächste Auftrag für Earl: Geh mit Jeremy in die Bibliothek, und komm mit einem Armvoll Büchern heim. Es gibt massenweise Bücher über Themen, für die Jeremy sich interessiert: Autos, Bastelarbeiten und Bastelideen, Do-it-yourself-Anleitungen. Es gibt sogar Bücher darüber, wie man Videospiele erstellt (falls Jeremy das Zeug einfach nicht aus dem Kopf kriegt). Außerdem wären altersgemäß geschriebene Bücher geeignet, die von Kindern handeln, die ein Elternteil durch Tod oder Scheidung verloren haben oder die einen Neuanfang in einer anderen Schule oder Stadt erleben. In solchen Erzählungen könnte Jeremy sich und seine Erfahrungen wiederfinden.

Bestimmt wäre die Bibliothekarin in der Lage, Jeremy solche Bücher zu empfehlen.

Das Lesen in der Schule trägt natürlich Lerncharakter; die häusliche Lektüre indes könnte mehr Jeremys persönliche Interessen berücksichtigen. Earl könnte anregen, ein spezielles Automodell zu bauen, über das keine leicht zugänglichen Unterlagen existieren, und seinen Sohn die benötigten Informationen in der Bibliothek suchen lassen. Oder er könnte Jeremy dazu herausfordern, selbst ein Videospiel zu entwikkeln, für das er Informationen einholen müßte, die sich in Biographien oder Geschichten von bekannten Spielschöpfern auffinden lassen. Diese Aufgabenstellung würde Jeremy dazu motivieren, sich die Informationen auf eigene Faust zu beschaffen. Er würde lernen, wie man sich der Bibliothek als eines Hilfsmittels bedient. Die meisten Bibliothekare würden sich freuen, den Jungen aufs richtige Gleis zu lenken und ihm bei den ersten Schritten Hilfestellung zu geben.

Von nun an besteht Earls und Jeremys Auftrag darin, die Bibliothek oder die Buchhandlung zum regelmäßigen Anlaufpunkt bei ihrer samstäglichen Tour zu machen. Das bedeutet nicht, daß sie ab jetzt einen Haufen Geld für Lesestoff ausgeben müssen: Jeremy sollte sich nur daran gewöhnen, Zeit in der Buchhandlung zu verbringen, um ein bißchen zu stöbern. Zum nächsten Geburtstag könnte Earl seinem Sohn einen Geschenkgutschein für den Buchladen überreichen. Und wenn er selbst Geburtstag hat, könnte er sich ein Buch von ihm wünschen. Earl sollte auch daran denken, selbst ein paar Bücher zu lesen, sichtbar im Wohnzimmer, statt sich immer nur die Fernbedienung zu schnappen und auf der Couch vor sich hin zu dösen. Vielleicht könnten die beiden für die Schulferien eine Autotour einplanen, für die sie Reiseführer und anderes schriftliches Material benötigen, oder sie könnten auch in ihrem neuen Heimatstaat ein paar Sehenswürdigkeiten aufsuchen und durch Lesen und den Besuch interessanter Stätten etwas über die Geschichte von Kalifornien lernen. Die bisherige, vorwiegend häusliche Lebensweise tut keinem von ihnen sehr gut, und sie trägt nicht gerade dazu bei, ihr Leben nach dem Tod von Jeremys Mutter neu aufzubauen. Es wird Zeit, daß die beiden aufstehen und sich mit Schwung neuen Aktivitäten widmen. Wie Jeremys Großmutter immer sagte: »Beweg deine Muskeln, und schon kommst du auf andere Gedanken.«

Weitere erfolgversprechende Schritte könnten darin bestehen, daß Vater und Sohn Ereignisse und Veranstaltungen gemeinsam besuchen und danach über das Thema der Veranstaltung etwas nachlesen. Für das nächste Wochenende könnten die beiden eine Ausstellung mit Oldtimern und klassischen Autos einplanen und anschließend in eine Buchhandlung oder Bibliothek gehen, um sich Bücher über klassische Automobile zu besorgen. Selbst wenn diese Bücher hauptsächlich aus Bildern bestehen, wäre das doch ein Anfang, und Jeremy würde erkennen, daß Bücher nicht der große Feind sind. Bald wäre Jeremy dann bereit, sich mit etwas gehaltvolleren Büchern abzugeben, weil er die *Gewohnheit* angenommen haben wird, zu lesen, statt sich vor ein Videospiel zu hocken. Wenn das Lesen ihm dann mit der Zeit Spaß macht, kann sein Lektürestoff ausgeweitet werden. Selbstverständlich sollte der Akzent auf der Lektüre für die Schule liegen: Jeremy ist in seinem Lesevermögen weit hinter seinen Mitschülern zurück, und seine schulische Leistung muß verbessert werden. Doch er kann nebenher durchaus anderes über ihn interessierende Themen lesen und als Lohn dafür deutliche Steigerungen in seiner schulischen Leseleistung verzeichnen. Der Trick liegt darin, Jeremy zum Lesen in einer Sphäre zu veranlassen, die er nicht als bedrohlich, sondern als vergnüglich empfindet, und die Lektüre später so zu gestalten, daß sich seine Erfahrungen mit Büchern ausweiten und die von ihm gewählte Lektüre ein breiteres Spektrum erfaßt.

Vielleicht möchte Jeremy ein Tagebuch führen, in dem er

aufzeichnet, wie die Arbeit an einem gemeinsamen Vorhaben von ihm und seinem Vater, wie etwa ihr eigenes Modellauto zu bauen, voranschreitet. Solche Tagebücher erfordern Lesen und Schreiben, aber Jeremy wird dies nicht so sehen und er wird nicht den Eindruck haben, daß Dad ihn zwingt, in seiner Freizeit Schularbeiten zu machen. Eine weitere erfolgversprechende Idee könnte sein, Jeremy dazu anzuregen, sein eigenes Trivial-Pursuit-Spiel zu entwerfen, in dem nach lauter Autos und Sportarten und all den anderen Dingen gefragt wird, die er und sein Vater so lieben. (Er könnte sogar ein Trivial Pursuit mit Figuren und Ideen aus seinen Videospielen entwickeln, wenn das der einzige Weg sein sollte, ihn für das Vorhaben zu begeistern). Jeremy wäre dafür zuständig, Spielkarten zu texten, das Brett und die Regeln zu entwerfen. Earl und Jeremy könnten das Spiel mit Jeremys neuen Freunden spielen und sie auffordern, das Spiel durch neue Karten zu ergänzen. Vielleicht wäre Jeremy auch begeistert, ein paar Zeitschriften über Autos und Basteltips zu bekommen: Solche Abonnements sind in der Regel nicht teuer, und da diese Lektüre nichts mit der Schule zu tun hat, wird Jeremy sie wohl nicht mit Widerwillen in die Ecke schleudern. Auch die Bibliothek hat stapelweise Magazine zu den von Jeremy bevorzugten Themen: Wenn er wirklich Feuer fängt, dann kann er sich bis zu den Ohren zwischen alten Nummern vergraben. Als günstiger Nebeneffekt ist dabei zu verbuchen, daß Jeremy lernen wird, die Bibliothek zu mögen und dort nach Informationen zu suchen, die für ihn von Wert sind. Wiederum könnten Magazine über Videospiele als Einstieg benutzt werden, aber nur in Maßen, weil das wahre Ziel ja darin besteht, ihn seiner ungesunden Videosucht zu entwöhnen.

Ein weiteres Erfolgsrezept für diese Familie könnte darin liegen, eine Korrespondenz mit Brieffreunden anzufangen. Da Jeremy und sein Vater vor kurzem erst in eine ganz andere Ecke des Landes gezogen sind und viele Angehörige ihrer ausgedehnten Familie zurückgelassen haben, könnte es für Jeremy reizvoll sein, Briefe an die Zurückgebliebenen zu schreiben. Vielleicht möchten die Verwandten und Freunde drüben in New Jersey Kopien von seinem neuen Notizbuch haben (was sich auf einem Farbkopierer im Copyshop leicht bewerkstelligen läßt). Vielleicht möchten die beiden sogar ihr eigenes Briefpapier mit Autobildchen entwerfen, es fotokopieren und für ihre Korrespondenz benutzen. Wenn Earl Jeremys alte Freunde an der anderen Küste anruft, könnte er sie bitten, Jeremy als erste zu schreiben und so den Ball ins Rollen zu bringen – Hauptsache, der Junge bringt dann auch etwas zu Papier!

Falls die Familie einen PC ihr eigen nennt (was allerdings für Kinder wie Jeremy eine weitere Verlockung zu Videospielen bedeuten kann), dann ist auch denkbar, daß Jeremys Interesse an den Spielen sich überführen läßt in ein weitaus gesünderes Interesse an Computern und deren Funktionsweise. Auch dies müßte in Maßen vor sich gehen, von Earl kontrolliert, damit Jeremy nicht bloß die eine Sucht gegen eine andere tauscht. Einen gesunden Gebrauch vom Computer könnte Jeremy beispielsweise machen, indem er sich Bücher auf CD-ROM lädt, darin liest und surft. Er könnte auch Zugang zu einem E-Mail-Forum suchen oder zu Informationsdateien im Worldwide Web (unter Earls Aufsicht). Falls der Junge durch seine technische Ausrichtung solche Aversionen entwickelt hat, daß er vor dem auf Papier gedruckten Wort zurückzuckt, könnte ein Text auf dem Monitor ihn womöglich eher zum Lesen motivieren als herkömmliche Bücher.

Wenn Jeremy auf diese Weise hier und da ein bißchen liest, entweder still für sich oder auch laut, wird er sein Selbstwertgefühl wiederfinden und sich als einen geübten Leser empfinden, der die Schule mag. Je mehr er sich bei schulischen Aktivitäten engagiert und sich in seiner Haut wohler fühlt, desto eher wird er sich auch als einen guten Schüler sehen, vor allem dann, wenn ihn sein Vater bei seinen Fortschritten anspornt und an seinen Erfolgen teilnimmt. Jeremy wird es egal sein, ob sein Dad noch Einzelheiten weiß über ein bestimmtes geschichtliches Ereignis; worauf es ankommt, ist, daß Earl auf Jeremys Leistungen in der Schule Wert legt.

Leider kommt das zentrale Motiv aus Jeremys Geschichte überaus häufig vor. Es ist oft so, daß ein Elternteil oder eine Person in der Familie dafür zuständig ist, ein schulorientiertes Umfeld zu schaffen. Wenn diese Person wegzieht, fortgeht oder stirbt, löst dieses Umfeld sich auf. Gleiches passiert wenn beide Elternteile fünfzig Stunden in der Woche arbeiten und ein erstklassiger Babysitter oder eine Betreuungsperson den Kindern in der Schule helfen. Eines Tages fällt wegen irgendwelcher Umstände die bisherige Kinderbetreuung aus, die Person verschwindet aus dem Leben der Kinder. Dann stürzt die Pyramide ein, denn die Kinder brauchen Rückenstärkung von seiten ihrer Betreuer, um auch weiter ein Schwergewicht auf die Schule zu legen. Ich kenne eine Familie, die sich in schulischen Dingen so vollkommen auf ihre Kinderfrau verließ, daß sie, als die Kinderfrau wegziehen mußte (weil ihr Mann versetzt wurde) – mitzog! Doch wer auch immer das lernorientierte Umfeld zu Hause schafft, wichtig ist, daß dieses Umfeld wesentlich für den Erfolg des Kindes in der Schule ist. Lehrer können helfen, aber die Gewohnheit, für die Schule zu arbeiten und in ihr etwas zu leisten, muß Tag für Tag zu Hause trainiert werden.

Und das Allerwichtigste: Jeremys Leben wird eine neue Dimension bekommen. Seine Interessen und seine Motivation werden als Folge von mehr häuslicher Disziplin und stärkeren Anforderungen wachsen, und zwar sowohl in der Schule als auch bei seinen weiteren Aktivitäten. Jeremy verliert sich in der zu Isolation führenden Welt der Videospiele, weil er gelangweilt und verwirrt ist von all dem Druck und den Sorgen in seinem Leben. Der Junge ist nicht klug oder erfahren genug, um sich einen gesünderen Zeitvertreib zu suchen, der letzten Endes mehr Spaß machen würde. Jeremy weiß nicht, wie er seine Probleme allein bewältigen sollte; er braucht Unterstützung und Lenkung durch seinen Vater. Das Leben kann schwierig sein, zumal im Alter von zwölf Jahren; Kinder sind heutzutage oft einem stärkeren Druck ausgesetzt, als für sie gut ist. Das Heilmittel für Kinder wie Jeremy liegt darin, ihnen durch *positives Beispiel* und durch *positives, bestärkendes, unterstützendes Handeln* zu zeigen, daß es lohnendere Arten von Zeitvertreib gibt als Videospiele. Die Botschaft kommt vielleicht nicht sofort an, aber ob das Kind nun erkennt oder nicht, weshalb Videospiele schädlich sind, es wird die Lektion bald dadurch gelernt haben, daß es die positiven Unterschiede in seinem Leben *spürt*.

Einen Videospiel-Junkie zu heilen ist nicht leicht, aber möglich. Vor allem sollte man daran denken, daß das Problem sich höchstwahrscheinlich nicht dadurch löst, daß man mit den Kindern diskutiert und ihnen auseinandersetzt, wieso in ihrer Lieblingsbeschäftigung der Teufel in Person steckt. Wenn das Kind zuviel unstrukturierte freie Zeit hat, wird es das Videospiel wahrscheinlich weiterhin zum Ausfüllen dieser Zeit bevorzugen. Statt sich die Zunge fusselig zu reden über das Übel der Videospielsucht, sollten Eltern lieber unmittelbar und positiv *handeln*, um ihren Kindern Alternativen aufzuzeigen. Wenn Eltern und Kinder Spaß daran finden, andere Möglichkeiten des Zeitvertreibs zu erkunden, dann werden sich die Kinder für Aktionen und Erfahrungen in der Realität begeistern statt für die Reize der virtuellen Realität. An die Stelle der Videospiele werden Bücher treten und andere Aktivitäten, die sinnvoll und gesund sind. Doch die Eltern müssen dabei Vorbild sein, ihrem Nachwuchs einen aktiven Lebensstil vorführen und sie daran teilnehmen lassen, bis die Kinder selbst erkennen, was für eine Zeitvergeudung die Videospiele darstellen.

Die Moral von Jeremys Geschichte

- Wenn Sie als Kind keine Freude am Lesen empfunden haben oder ein schlechter Leser waren, binden Sie das Ihrem Kind nicht unbedingt auf die Nase. Es könnte sonst denken, es sei sinnlos, sich verbessern zu wollen, oder es könnte meinen, Sie seien doch auch ohne Lesen ganz gut zurechtgekommen – weshalb sich also besondere Mühe geben?
- Wenn Sie selbst beim Lesen oder bei schulischer Arbeit nicht sehr erfolgreich waren, denken Sie daran, daß Sie trotzdem heute Ihrem Kind zum Erfolg auf diesen Gebieten verhelfen können.
- Schaffen Sie ein für erfolgreiches Lesen und Lernen förderliches Umfeld, indem Sie Ihr Kind dazu anspornen, das Lesen und die Erledigung der Hausaufgaben jeden Tag als einen Teil des Familienalltags zu betreiben. Legen Sie eine Zeit und einen Ort dafür fest, so daß Ihr Kind sich in diesen Tätigkeiten unterstützt fühlt.
- Hören Sie hin, wenn die Lehrer Ihnen etwas über die Erfordernisse für Ihr Kind erzählen, und versuchen Sie, ihre Ratschläge umzusetzen.
- Erkennen Sie die Arbeit der Lehrer an, und danken Sie ihnen persönlich. Wenn Lehrer Besonderes vollbringen, um Ihrem Kind zu helfen, loben, Sie sie auch gegenüber dem Schuldirektor.
- Setzen Sie bei den Hobbys und Lieblingsbeschäftigungen Ihres Kindes an, um es zum Lesen zu verlocken. Führen Sie ihm vor, daß mit dem richtigen Buch das Lesen zum Bestandteil jeder Betätigung werden kann.
- Lesen Sie mit Ihrem Kind zusammen etwas über ein Thema oder ein Interessengebiet, das Ihnen beiden am Herzen liegt.
- Erwarten Sie von Ihrem Kind, daß es in der Schule erfolgreich ist und berufen Sie sich *niemals* auf Ihre eigenen Schwächen in jener Zeit, um die gegenwärtigen Schwächen Ihres Kindes zu rechtfertigen.

❧ Machen Sie Gebrauch von schulischen Aktivitäten wie Lesezirkeln und Arbeitsgruppen in der Bibliothek, um Ihr Kind in Kontakt mit Menschen zu bringen, die an der Verbesserung der Leseleistung arbeiten.

❧ Ermuntern Sie Ihr Kind, sich an schulischen und außerschulischen Projekten zu beteiligen, die Lesen, besonders lautes Lesen, erfordern.

❧ Bedenken Sie, daß der Ausfall eines Elternteils oder einer betreuenden Person eine Veränderung in der Familiendynamik nach sich zieht. Wenn jene Person dem Kind beim Lesen geholfen hat, müssen jetzt Sie oder jemand anderes den Platz ausfüllen.

❧ Erkennen Sie jede Anstrengung und jede Leistungssteigerung durch Lob an, um das Selbstvertrauen und den Glauben des Kindes an seine Fähigkeiten im Lesen aufzubauen – und um die Vorstellung zu stärken, daß sich die Leistung durch *Anstrengung* verbessern wird.

❧ Wenn Ihr Kind total abfährt auf Video- und Computerspiele, reagieren Sie darauf. *Begreifen* Sie zunächst, daß es diese Spiele wählt, weil es meint, sie machten mehr Spaß als andere Möglichkeiten des Zeitvertreibs; und zweitens *handeln* Sie, indem Sie dem Kind alternative und vermutlich lohnendere Möglichkeiten aufzeigen und sie mit ihm gemeinsam erproben. Leisten Sie ihm bei diesem Wechsel Gesellschaft und geben Sie ihm Unterstützung, bis ihm die neuen Betätigungen zur angenehmen Gewohnheit werden.

❧ Während Sie versuchen, Ihr Kind von den Video- und Computerspielen wegzubringen, *beobachten Sie es aufmerksam* und *begrenzen Sie die Zeit*, die es mit diesen Spielen verbringt. Arbeiten Sie allmählich darauf hin, die Videospiele durch andere und gesündere Formen des Zeitvertreibs zu ersetzen.

5 Tanzen nach der eigenen Musik: Kims Geschichte

Ein Buch ist wie ein Garten, den man in der Tasche mit sich herumträgt.
Chinesisches Sprichwort

Sprache ist die Seele des Verstandes, und Lesen ist der wesentliche Prozeß, durch den der Verstand über die banalen Erfahrungen des täglichen Lebens hinaus kultiviert wird.
Charles Scribner

Kim konnte über die hintere Treppe die Worte ihrer Großmutter von unten hören. »Gut gemacht, Ronny, gut gemacht. Los, weiter ... wieviel ist 14 mal 69? ... 173 durch 47? ...« Es ist, als ob man zweimal am Tag Mathe über sich ergehen lassen muß, dachte Kim, stöhnte laut und drehte ihre Musik auf. Kim war vierzehn, im ersten Jahr an der High School. Jetzt ging sie gerade ihrer Lieblingsbeschäftigung nach: Sie malte an ihrem Bild, Vögel auf dem Geländer vorm Haus, im Hintergrund Kirschblüten. Aber irgendwie war die Ruhe der Szene gestört durch die Großmutter und den kleinen Bruder, die Rechenaufgaben übten. »Kim! Mach die Musik leiser! Dein Bruder versucht zu arbeiten!« rief die Großmutter zu ihr nach oben. Und wie nennst du das, was ich mache? dachte Kim, während sie die Lautstärke reduzierte. Wieder schwappte das monotone Summen der Rechenaufgaben in ihr Zimmer. Schließlich gab Kim auf, klappte den Kasten mit den Wasserfarben zu und legte den Pinsel weg. »Verdammter Mist!« brummte sie, als die Großmutter nach ihr rief: sie solle runterkommen und beim Abendbrot helfen.

Kim ging die Treppe hinunter und trat verärgert vor die Großmutter. »Oma! Ich hab versucht zu malen. Aber bei dem Lärm ist est schwer, irgendwas Schöpferisches zu machen! Warum kannst du mit Ronny nicht im andern Zimmer arbeiten oder wenigstens ein bißchen leiser sein? ... Oder, noch besser, warum kann Ronny seine Hausaufgaben nicht alleine machen?«

Die Oma starrte Kim finster an und reichte ihr ein Bündel Möhren. »So ein Quatsch, Kim! Ronny lernt fleißig, während du da oben wie üblich die Zeit vertrödelst. Du bist bloß eifersüchtig, weil Ronny die Arbeit für die Schule so großen Spaß macht. Los, putz die Möhren!« Kim seufzte laut auf und machte sich an die Küchenarbeit.

Da platzte ihre ältere Schwester Alison herein, gekleidet wie eine Obdachlose in der New Yorker U-Bahn. Die Oma erbleichte, setzte sich und krampfte die Faust vor der Brust zusammen. »Alison, du siehst aus wie eine Pennerin! So ein hübsches Mädchen, und läufst herum wie ein Müllsack. Ich kann nicht begreifen, was in euch Mädchen vorgeht. Ihr habt wunderschöne, teure Kleider, ganze Schränke voll, aber was ihr anzieht, sieht aus wie vom Lumpenhändler.«

Alison blickte zu Kim hinüber und lächelte. »Sieht toll aus, nicht?« fragte sie.

»Total geil«, erwiderte Kim lachend, während sie ihre Möhren schabte.

Genau in diesem Moment wirbelte Ronny herein. Er schwenkte einen Bogen Papier und rief: »He, ihr da! Es gibt Leute, die versuchen hier zu arbeiten. Könnt ihr vielleicht alle mal *bitte* aufhören zu streiten? Ist doch scheißegal, was die anziehen! Ich muß mich für morgen auf eine Mathearbeit vorbereiten.«

Die Großmutter lächelte Ronny zu, dann schaute sie hoch zu den Mädchen und blaffte: »Also gut, Kim, setz du die Möhren auf. Alison, du deckst den Tisch. Ronny, büffel weiter. Gleich sind Mom und Dad zu Hause – da muß das Essen fertig sein.«

Kim brachte das Wasser für die Möhren zum Sieden und summte dabei vor sich hin. Es war eine irische Melodie, die sie gerade auf der Flöte gelernt hatte, sie ging ihr nicht mehr aus dem Kopf. In Gedanken übte sie die Griffe auf dem Instrument und rührte dazu den Reis im Rhythmus des Liedes um. Dann ging die Haustür auf. Kim verkrampfte sich innerlich, als sie ihre Mutter Janet im Hausflur hörte. Kim fürchtete sich vor dem Moment, wenn ihre Mutter nach Hause kam, denn es war jeden Abend die gleiche Geschichte: Sie würde Ronny loben, weil er so fleißig war und so gute Zensuren heimbrachte, dann Alison, weil sie in der Ausstellung der naturwissenschaftlichen Schülerarbeiten den zweiten Platz belegt hatte, und schließlich würde sie Kim anschauen und fragen, wie es bei ihr in Englisch lief. Dann würde Kim davon anfangen, daß sie bei der Schultheateraufführung vielleicht die Hauptrolle bekäme, daß sie ein neues Flötenstück für das nächste Konzert schrieb oder die grafische Gestaltung des Almanachs für den neuen Jahrgang der High-School-Anfänger übernehmen sollte. Aber die Mutter würde ihr das Wort abschneiden und nur nach Englisch und den anderen Schulfächern fragen. Warum konnte Mutter sich nicht auch für das begeistern, was mir wirklich wichtig war? dachte sie, als die Mutter in die Küche ging und Ronny einen Kuß gab.

Janet überflog ihre Post und ging dabei rasch noch einmal ihren Tagesplan durch. Sie war Anwältin, spezialisiert auf Familienrecht. Jeden Tag schuftete sie mindestens zehn Stunden, von ihren Kindern erwartete sie das gleiche. Allabendlich nervte sie ihre Kinder mit Fragen: Was sie an dem Tag geschafft hätten, wie es in der Schule gelaufen sei. Janet hatte vor guten Zensuren die größte Hochachtung: Wenn die Kinder in der Schule gut abschnitten, war die Welt golden, aber wenn eines in einem der Hauptfächer hinterherhinkte, dann zog sie die Schraube an. Als sie anfing, von einem ihrer heiklen Scheidungsfälle zu erzählen, befahl sie Kim, nicht herumzusummen, sondern zuzuhören.

»Vielleicht könntest du was lernen, wenn du einfach ein bißchen aufpassen würdest, Kim. Anwalt ist ein wundervoller Beruf. Du findest die Art, wie ich mein Leben verbringe, vielleicht sinnlos. Aber ich kann dir sagen, meine Mandanten würden dir widersprechen.« Kim machte sich gar nicht erst die Mühe, nach einer Antwort zu suchen, sie teilte das Essen aus, nachdem Alison die Teller gebracht hatte. Kims Vater, Donald, war noch nicht zu Hause und würde es wohl mal wieder nicht bis zum Abendbrot schaffen. Donald war Professor am Anglistischen Institut einer großen Universität und übertraf an Arbeitswut sogar noch seine Frau. »Laß am besten einen Teller für Daddy in der Röhre«, meinte Alison. »Er war diese Woche noch nicht einen Abend vor acht Uhr zu Hause!«

Die Familie nahm am Eßtisch Platz, und Ronny fing sofort an, sich das Essen in den Mund zu schaufeln, als wäre er kurz vor dem Verhungern. Die Oma band endlich ihre Schürze ab und setzte sich zu ihnen, nachdem sie noch ihren Mann aufgescheucht hatte, der vor dem Fernseher bei einer Rateshow eingeschlafen war. »Erst den Segen!« verlangte die Oma, und alle faßten sich bei der Hand, während sie das tägliche Gebet sprach. Dann war das Schlachtfeld freigegeben, und Janet feuerte ihre übliche Breitseite Fragen ab. Kim schaute zu Boden, beantwortete die an sie gerichteten Fragen einsilbig und beendete ihre Mahlzeit, so schnell sie konnte. Dann ging sie wieder auf ihr Zimmer, um das Bild fertig zu malen, während Alison endlos von ihrem Physikunterricht erzählte.

Janet half den Tisch abräumen und begab sich dann zum Umziehen in ihr Schlafzimmer. Ihr brummte der Schädel, die Füße taten ihr weh, sie fühlte sich total erledigt. Der Tag war so lang gewesen. Gerade da aber stapfte Donald die Treppe hoch, betrat das Schlafzimmer und ließ sich, noch im Straßenjackett, aufs Bett plumpsen.

»Zieh dich um, Liebling, dann fühlst du dich wohler«, sagte Janet.

»Ich bin viel zu k.o., ich beweg mich keinen Millimeter mehr«, erwiderte Donald und schleuderte die Schuhe von den Füßen. »Wie ist es dir so ergangen? Wie läuft der neue Scheidungsfall? Was gibt's Neues bei den Kindern?«

Janet erzählte ihm ein paar Dinge aus ihrem Tagesprogramm und ging dann ins Badezimmer, um sich ein Bad einzulassen. »Weißt du, Don, ich mach mir wirklich Sorgen wegen Kim. Alison schafft es bestimmt auf eine erstklassige Uni – sie wird Ärztin oder Naturwissenschaftlerin. Bei ihr ich bin sicher, sie kann alles werden, was sie nur will. Ronny ist glänzend, er ist in eine Leistungsgruppe für Lesen versetzt worden und nimmt schon Stoff aus dem High-School-Lehrplan durch, obwohl er erst in der sechsten Klasse ist. Die beiden lernen in jeder freien Minute den aufgegebenen Lesestoff von hinten bis vorn, und dann verschlingen sie noch jede Menge zusätzliche Bücher über alle möglichen Themen. Sie lernen unentwegt, wann immer sie eine Gelegenheit haben. Aber Kim! In letzter Zeit interessiert sie sich nur noch für ihre Musik, für Theaterspielen, und dann malt sie ewig die gleichen Bilder! Da sie so intelligent ist, schlängelt sie sich im Unterricht schon durch, aber sie macht immer nur das Minimum, um gerade noch eine Eins oder Eins minus zu schaffen. Lernen wird bei ihr ganz klein geschrieben, und sobald sie mit den Schulaufgaben fertig ist, klappt sie kein Buch mehr auf! Diese mangelnde Freude am Lernen wird ihr früher oder später noch mal zu schaffen machen, mit ihrer natürlichen Begabung kommt sie nur bis zu einem bestimmten Punkt. Ich weiß nicht, wie ich ihr noch helfen soll! In gewisser Hinsicht ist sie die Begabteste von unseren drei Kindern, aber ich fürchte, sie holt nicht alles aus ihrem Talent heraus, wenn sie nicht lernt, sich für den *Prozeß* des Lernens zu begeistern.«

Donald schaute bekümmert drein. Als Professor für Englisch liebte er Bücher und war während des größten Teils seines Arbeitslebens in Lektüre versunken gewesen. Auch Janet las viel, sie war auf Bücher angewiesen, um ihren Job zu meistern. Das Paar war seit achtzehn Jahren verheiratet und hatte in der Zeit eine imposante Bibliothek angesammelt. Sie hatten versucht, ihre drei Kinder zur Lust am Lernen in jeder Form zu erziehen, besonders aber dazu, Bücher zu lieben. Zu jedem Geburtstag und jedem Fest schenkten sie den Kindern Bücher, sie selbst lasen ausgiebig und sprachen mit den Kindern oft über Bücher. Donald selbst hatte vier Bücher geschrieben. So mußte ihn der Gedanke, daß Kim sich derzeit vom Studieren und der wissenschaftlichen Arbeit abwandte, zutiefst enttäuschen.

»Vielleicht haben wir sie zu sehr gedrängt«, meinte er. »Sie hat lauter Einsen und Zwei plus und betreibt neben der Schule noch Musik und Theaterspiel. Es stimmt schon, daß sie nicht so gern über die Schule redet wie Ronny und Alison, und es stimmt auch, daß sie nur das Minimum tut, um eine Eins zu kriegen, aber wenigstens kriegt sie die auch meist! Vielleicht entwickelt sie im Laufe der High School noch ein stärkeres wissenschaftliches Interesse. Sie wird in den höheren Klassen stärker gefordert werden, und schon aus Stolz und um mit Alison und Ronny mitzuhalten, wird sie weiter um Einsen kämpfen. Ich denke, sie ist einfach ein freier Geist: sie tanzt nach ihrer eigenen Musik. Ich glaube, wir sollten nicht so viel an ihr herumnörgeln, sonst klinkt sie sich noch mehr aus!«

»Ich weiß nicht, Don«, erwiderte Janet. »Sie ist in einem kritischen Alter. Entweder sie lernt mit Begeisterung, und die Türen öffnen sich für sie, oder nicht, dann bleiben sie verschlossen. Sie ist jetzt an der High School, und von ihrem Zeugnis hängt es ab, auf welche Uni sie kommt. Ich glaube, wir können in dieser Phase gar nicht genug tun, um ihr zu helfen. Wenn wir jetzt den Kontakt zu ihr verlieren, dann finden wir sie in zehn Jahren als verarmte, frustrierte Künstlerin auf der Straße wieder. Es macht mich verrückt. Ich werde noch mal in die Schule gehen und mit ein paar Lehrern sprechen.«

»Wann willst du denn dafür noch Zeit freischlagen? Zwischen zwei Verhandlungen?« gab Donald zurück. Dann begab er sich nach unten zu seinem ausgedörrten Abendessen.

Am folgenden Tag schob Janet in einer der raren Pausen während ihres Arbeitstages ein paar Anrufe bei Kims Lehrern ein. Mr. Wong war absolut begeistert von Kims Leistungen im Gesangs- und Musikunterricht, aber wie vorauszusehen, war er der einzige Lehrer, der ein so uneingeschränkt positives Urteil abgab. Die anderen äußerten sich ein wenig zurückhaltender. »Kim ist eine tüchtige Schülerin«, erklärte Ms. Harley, die Englischlehrerin. »Sie erledigt ihre Aufgaben pünktlich und leistet qualifizierte Arbeit. In der Regel liegt sie bei Zwei oder besser. Andererseits jedoch scheint sie die Schule nicht so gern zu haben, wie es bei Alison der Fall war. Sie redet davon, daß sie Musikerin oder bildende Künstlerin werden will, und manchmal schwänzt sie und zeichnet im Freien mit Kohle, Vögel und Bäume und so was. Kim hat einen hellen Kopf und viele Talente; zur Zeit aber scheint sie die Schule nicht sehr wichtig zu nehmen.« Janet legte auf: Was sie vermutet hatte, war bestätigt worden. Sie brauchte gar nicht unbedingt erst zur Schule zu fahren, um es sich noch mal anzuhören. Am meisten sorgte sich Janet, daß in den schulischen Dingen bei Kim kein Funke übersprang. Offenbar saß Kim in der Schule nur ihre Zeit ab. Janet krampfte sich der Magen zusammen, wenn sie sich vorstellte, Kim könnte Musikerin oder Malerin werden. Gott bewahre uns davor!

Kim hatte zur selben Zeit nicht die geringste Ahnung, daß ihre Mutter gerade einen Tiefschlag eingesteckt hatte. Sie war mit großem Spaß bei der Probe für die Schulaufführung.

In diesem Semester stand *Carousel* auf dem Programm, und Kim machte es einen Riesenspaß, zusammen mit den anderen Kindern das Musical einzustudieren. Sie besaß eine schöne Stimme und große Ausstrahlung, und Mr. Wong war glücklich, sie unter seinen Schülern zu haben. Jetzt saß sie da und überflog ihren Text. Ihre Gedanken schweiften ab, als sie ihre Englischlehrerin, Ms. Harley, den Flur herabkommen sah. Warum kann Mom nicht mal für ein Weilchen Ruhe geben? dachte sie. Kim bekam doch gute Noten. Sie konnte nichts dafür, wenn ihr von dem schwerverdaulichen intellektuellen Zeug übel wurde; sie konnte es gar nicht erwarten, ihren High-School-Abschluß zu machen, dann war es vorbei. Noch drei Jahre Schule, dann hatte sie es hinter sich. Von ihr aus konnten Ronny und Alison zur Schule gehen, bis sie schwarz wurden, wenn ihnen das zusagte; Kim jedenfalls wollte sich die Welt ansehen. Sie hatte sich fest vorgenommen, sobald sie alt genug war, um ohne ihre Eltern reisen zu können, nach Südamerika und Australien zu fahren. Sie wußte zwar, daß sie das nicht gutheißen würden, aber in ein paar Jahren hatten sie nichts mehr zu bestimmen. Sie verlangte ja von ihnen auch nicht, daß sie für die Uni oder sonst etwas zahlten, dachte Kim. Sie wollte einfach nur auf eigenen Füßen stehen.

Die Klingel schrillte und katapultierte Kim zurück in die Wirklichkeit, und sie stöhnte hörbar. »Was ist los?« erkundigte sich ihr Freund Sam.

»Ich hasse Englisch! Ich mag die Art absolut nicht, wie Ms. Harley ihren Unterricht hält! Gedichte und große Literatur zu lesen ist doch was Schönes! Es ist etwas, was man erlebt, was einen bereichert, aber sie macht es zu einer Fleißarbeit. Sie sucht als Lektüre nur ödes Zeug für uns aus, und dann fragt sie uns wie ein Feldwebel die belanglosesten Details ab, alle Ecken und Windungen der Handlung und die Namen aller Personen. Ich halt es nicht aus. Es ist so sinnlos!«

Sam lachte. »Warum sagst du's ihr nicht, Kim?«

»O Gott, wenn ich das mache, verpaßt sie mir 'ne Drei!«

»Na, und wie würdest du den Unterricht gestalten, wenn du zuständig wärst?«

»Ich würde ihn als Reise durch die Seele gestalten«, antwortete Kim, warf den Kopf zurück und erhob die Arme zu einer Yoga-Stellung, während Sam laut loslachte, Kim bei der Hand packte und nach oben riß.

Sie schaffte es nur mit knapper Not, rechtzeitig in den Klassenraum für Englisch zu gelangen, und das war typisch. Kim war oft die letzte, die durch die Tür kam. Ms. Harley gab schon irgendwelche Zettel aus und verkündete: »Also, unangekündigte Arbeit! Klappt die Bücher zu und legt sie unter den Tisch. Ihr habt vierzig Minuten bis zum Abgeben. Nicht anfangen, bevor ich es sage.« Kim knirschte mit den Zähnen und wiederholte das ihrer Mutter verhaßteste Wort gleich fünfmal hintereinander. Sie hatte das Buch nicht ausgelesen, das die Klasse für diese Woche aufhatte: *Der Dschungel* von Upton Sinclair. Sie fand es zu deprimierend, darum hatte sie nach dem zweiten Kapitel aufgehört. Eigentlich hatte sie die Studienhilfe zu dem Buch kaufen wollen, weil sie wußte, daß Ms. Harley gern unangekündigte Arbeiten schreiben ließ, vor allem über lange Bücher mit vielen Einzelheiten – aber sie hatte es einfach nicht geschafft. So konnte sie nur tief Luft holen und die Fragenliste aufschlagen.

Die vierzig Minuten verflogen für die meisten in der Klasse wie zehn Minuten; in rasendem Tempo mußten sie den umfangreichen Fragenkomplex in der vorgegebenen Zeit abarbeiteten. Kim jedoch kamen sie vor wie vierzig Stunden, da sie achtzig Prozent des Stoffes gar nicht kannte. Hätte der Test Aufsatzfragen beinhaltet, hätte sie irgend etwas schreiben und sich einiges aus den Fingern saugen können. Doch verlangt wurden hier meist ganz knappe, präzise Antworten: Wer tat was, wann und wo. Für diese Art Arbeit mußte man das ganze Buch sorgfältig gelesen haben, sonst saß man in der Klemme. Ach, na ja, dachte Kim, ist ja bloß eine Arbeit! Sie gelobte sich, auf die nächste besser vorbereitet zu sein. Dann schweiften ihre Gedanken wieder ab zu der Theateraufführung. Sie genoß das Gefühl, in der weiblichen Hauptrolle Sam als Partner gegenüberzustehen, dem Schwarm aller Mädchen an der Schule. In der letzten Zeit machten ihr in der Schule nur noch die Proben, der Gesangs- und Musikunterricht und die Kunsterziehung Spaß. Gerade in dem Augenblick unterbrach Ms. Harley Kims Phantasien, denn sie sammelte Kims Blatt ein. Kims Schicksal war besiegelt, die Klasse durfte gehen.

Als die Lehrerin am Abend die Arbeiten korrigierte, war sie sehr betroffen von den – wie sie es sah – sinkenden Leistungen bei Kim. Sie hatte Kims Blatt aus dem Stapel hervorgezogen und las es durch. Daß Kim kaum einen Blick in das Buch geworfen haben konnte, war so klar wie nur irgend etwas. Ms. Harley schrieb eine Drei plus unter die Arbeit und dazu die folgenden Bemerkungen: »Kim: Die Passagen, die du gelesen hast, sind gut dargestellt; aber offenbar bist du nicht über Kapitel 2 hinausgekommen. In letzter Zeit werden deine Noten schlechter, und du paßt im Unterricht nicht auf. Du warst am Anfang des Quartals eine gute Schülerin im Bereich Zwei+/Eins –, aber dein Durchschnitt ist rückläufig. Bitte komm nach dem nächsten Unterricht zu mir.«

Als Kim zwei Tage später die Arbeit zurückbekam, stopfte sie sie in den Rucksack, ohne Ms. Harleys Kommentar auch nur zu lesen. Nach dem Unterricht verschwand sie mit Sam durch den Hintereingang in Richtung Cafeteria. Ms. Harley bekam fast einen Schreianfall und scheuchte Kim zurück in den Flur. »Kim! Wo willst du hin? Du solltest nach dem Unterricht zu mir kommen!«

Kims Gesicht verriet Überraschung. »Tut mir leid, Ms. Harley, war mir nicht klar«, sagte sie und folgte der Lehrerin zurück ins Klassenzimmer. Sam winkte ihr zu und sagte, er wolle sie später treffen.

Nun war Ms. Harley hochgradig wütend, denn sie merkte, daß Kim sich nicht einmal die Mühe gemacht hatte, ihre Bemerkungen zu lesen. »Kim, ich mache mir große Sorgen um deine Noten. Begreifst du nicht, wie wichtig Englisch ist, wenn dein Zeugnis bewertet wird? Du bist so ein kluges Mädchen, und ich weiß, daß deine Eltern dich zum Lernen anspornen und gute Leistungen von dir erwarten, damit du auf eine gute Universität kommst. Warum wirfst du das alles so weg?« Kim versuchte zu erklären, daß ihr die Schule nicht so wichtig war wie Kunst, Musik, Schauspielerei und Reisen. Aber Ms. Harley konnte mit diesen Argumenten nichts anfangen und beendete das Gespräch mit der Ankündigung, sie werde am Nachmittag ihre Mutter anrufen.

Janet war bei Gericht und erhielt die Nachricht erst am nächsten Tag. Als sie Ms. Harley dann zurückrief, wurde sie richtig sauer. Sie wollte es gar nicht glauben, daß Kim derart schlampte; sie war immer gut in der Schule gewesen, auch wenn sie nicht so eifrig bei der Sache war wie ihre Geschwister. Auf Janets dringendes Ersuchen (das schon fast in Betteln ausartete) erklärte sich Ms. Harley bereit, Kim ein Buch außer der Reihe zur Lektüre zu geben und sie dann eine Extra-Arbeit schreiben zu lassen, bei der sie ihre dürftige Note vom vorigen Mal verbessern konnte. Janet bereitete sich auf eine Auseinandersetzung mit Kim am Abend vor; sie war fest entschlossen, Kim soweit zu bringen, daß sie für die Zusatzarbeit eine Eins bekam. Als sie an dem Abend die Haustür aufmachte, war ihr wichtigster Tagesordnungspunkt das Gespräch mit Kim, und den zog sie auch durch. Kim war selbst nicht wohl bei ihrer schlechten Zensur; immerhin war sie es gewohnt, vorwiegend Einsen einzuheimsen. Sie hatte vorgehabt, den *Dschungel* über das Wochenende zu lesen, aber sie hatte einfach keine Zeit gehabt und natürlich nichts von der kommenden Arbeit geahnt.

Kim versuchte, ihrer Mutter gegenüber einen versöhnlichen Ton anzuschlagen. Als Janet ihr aber verkündete, daß sie über das Wochenende *1984* lesen sollte, um dann am Montag eine Nacharbeit zu schreiben, war es vorbei mit dem Gespräch. »Ich hab für das Wochenende was anderes vor!« protestierte Kim. »Warum krieg ich nicht eine Woche Zeit für das Buch?«

»Weil du dann hinter der Klasse zurückbleibst, die nächste Woche mit einem anderen Buch anfängt«, erklärte die Mutter. »Deshalb sollst du dieses Zusatzbuch *über das Wochenende* lesen, so verpaßt du nichts. Die anderen fangen mit dem nächsten Buch noch nicht an.«

Kim war niedergeschlagen. »Aber ich hab Probe für die Aufführung und morgen abend eine Party mit Sam, und noch mehr Sachen vor.«

»Du hättest dir deine Zeit effektiver einteilen müssen«, erwiderte die Mutter und stand auf, um beim Servieren zu helfen. »Diskutiert wird darüber nicht mehr. Du bleibst dieses Wochenende zu Hause und schreibst bei dieser Korrekturarbeit mindestens eine Eins minus, sonst hast du das nächste Wochenende noch mal Hausarrest!«

Kim wollte ihren Ohren nicht trauen. »Ich bin doch kein Kind mehr, Mutter! So kannst du mich nicht behandeln.«

»Das kann ich sehr wohl, solange du unter diesem Dach lebst! Du wirst erst mal weiter gute Leistungen in der Schule bringen, ehe du zum Theaterspielen und Singen gehst und noch mehr solche dämlichen Piepmätze malst. Und damit Schluß, okay? Ich will nicht allen das Abendbrot verderben.«

Kim war total deprimiert. Ja, sie hatte eine Arbeit vermasselt, na und? Ihre Noten lagen sonst alle bei Zwei plus und besser: Weshalb sollte sie derart bestraft werden? Sie konnte nicht die Schauspielprobe schwänzen, ohne alle Beteiligten vor den Kopf zu stoßen. Die Aufführung war in drei Wochen

– viel zu bald, als daß jetzt noch Proben ausfallen durften! Und die Party mit Sam auszulassen, war auch undenkbar: Nachdem er sie eingeladen hatte, war sie zwei Tage auf einer Wolke geschwebt. Die Party war eine Schulfeier, auf der die Neuzugänge der neunten Klasse in die High School integriert werden sollten, damit sie sich leichter in der neuen Umgebung eingewöhnten. Warum nur wollte die Mutter ihr die Teilnahme verbieten? Kim wußte, sie hätte das Buch lesen müssen; nur hatten ihr all die anderen Verpflichtungen einfach keine Zeit dafür gelassen. Sie war ja auch bereit, *1984* zu lesen und die Nacharbeit zu schreiben. Aber diese Reaktion ihrer Mutter schoß so weit über das Ziel hinaus – unfaßbar. Kim schwor sich, ihr diese Demütigung irgendwie heimzuzahlen. Sie versteht mich einfach nicht, dachte Kim, und sie spürte, daß ihr der Appetit aufs Abendessen gründlich vergangen war.

Das Problem Ein Mädchen wie Kim entspricht dem Traum vieler Eltern von einem vollkommenen Kind. Sie war im großen und ganzen in der Schule sehr erfolgreich, sie war begabt und hübsch, hatte viele Freunde, beteiligte sich an außerschulischen Aktivitäten, half im Haushalt und war alles in allem ein freundliches, kontaktfreudiges junges Mädchen. Gewiß, sie hatte den *Dschungel* nicht rechtzeitig zu Ende gelesen, um die überraschende Arbeit am Freitagnachmittag gut bestehen zu können, aber das war über Monate hinweg ihr ärgster Patzer gewesen. Richtig in den Zusammenhang eingeordnet, ist Kims Geschichte nicht schlimm. Viele Eltern würden sich glücklich schätzen, eine so tüchtige Tochter wie Kim zu haben. Aber unter der Oberfläche ging in Kims Leben allerlei vor sich; sie klinkte sich zunehmend aus dem schulischen Alltag aus und entfremdete sich ihren Eltern, vor allem der Mutter. Und seit sie vor ein paar Monaten mit der High School angefangen hatte, zeigte sie eine

Neigung, den schulischen Anforderungen, neuerdings vor allem in Bezug auf Lektüre, auszuweichen.

Janet und Donald waren besorgt über Kims neue Prioritäten, und vor allem über ihr nachlassendes Interesse an schulischen Dingen und am Lesen. Sicher, sie las schon für die Schule, aber nur das absolute Minimum des Geforderten, und auch das mit denkbar geringstem Zeitaufwand. Ihre Abneigung gegen Bücher stand im krassen Gegensatz zum Verhalten ihres Bruders und ihrer Schwester, die lasen, soviel sie nur konnten. Kim hingegen hätte nicht einmal ein Sherlock Holmes mit einem Buch in der Hand ertappt. Bei Kim lag ein komplexes Problem vor, und wie üblich hatte es mit weitaus mehr als dem reinen Lesen zu tun. An oberster Stelle der Problemliste standen Kims Eltern und ihre Einstellung zur intellektuellen Leistung ihrer Kinder im allgemeinen und zum Lesen im besonderen. Donald und Janet waren Bildungsfanatiker; vor allem Janet war auf neurotische, übersteigerte Weise in das geistige Leben ihrer Kinder involviert. Sie glaubten, daß Bildungserfolg der einzige Zweck des Lebens sei; der einzige wirkliche Nachweis eines geschulten Verstandes; der Gipfel, nach dem jedermann zu streben habe (obwohl natürlich nur wenige ihr Niveau erreichen würden). Natürlich ist nichts dagegen zu sagen, daß man Kindern gegenüber Wert legt auf eine erfolgreiche Bildung; die meisten Kinder würden mehr lesen und in der Schule Besseres leisten, wenn ihre Eltern im häuslichen Kreis den Wert von Bildung stärker betonten. Aber ebenso wie man krank werden kann, wenn man zuviel Vitaminpillen schluckt, so kann auch zuviel Druck auf die Kinder eine erstickende, ja schließlich entfremdende Wirkung haben. Weshalb vertraten Kims Eltern so extreme Ansichten?

Janet hatte Donald an einer hochrenommierten Universität kennengelernt, als beide noch Studenten waren. Sie war an einer der juristischen Elitefakultäten des Landes eingeschrieben, und er arbeitete gerade an seiner Doktorarbeit in

Englisch, ebenfalls an einer erstklassigen Universität. Sie ließen sich in der Universitätskapelle trauen, umgeben vom Gepränge akademischen Lebens, das sie so sehr liebten. Für Janet und Donald repräsentierte das akademische Leben die Werte, die sie ihren Kindern eintrichtern wollten: die Gier nach Wissen und die Liebe zum Lernen, der Wert, der in Bildung an sich steckt, der Glaube, daß Bildung alle Menschen gleich mache und daß sie der einzige wahre Weg zum Erfolg sei. Um diesen Zielen näherzukommen, arbeitete das Paar schwer: Janet täglich viele Stunden in ihrer Anwaltskanzlei, Donald regelmäßig seinen Zehnstundentag als Leiter seines Instituts.

Als ihre Kinder geboren wurden, sparten sie nicht an Mühe und Kosten, um sie »richtig« aufzuziehen. Sie bekamen schon gleich nach der Geburt vorgelesen (eigentlich schon vorher, denn Janet hatte gehört, daß die noch ungeborenen Babys Informationen aus der Umwelt ihrer Mutter aufnehmen), sie wurden ausgeführt zu kulturell wertvollen Theaterstücken und Filmen und zu jeder denkbaren Zeit geschult und erzogen. Janet stellte die besten Kinderfrauen an, die sie finden konnte – sie bezahlte sogar überdurchschnittliche Gehälter, um sich wirklich gebildete Kräfte zu sichern. Die Gespräche am Abendbrottisch drehten sich in dieser Familie um intellektuelle Fragen; schon als die Kinder noch klein waren, wurden sie nach ihrer Meinung zu internationalen Ereignissen, zu Politik, Kriminalität, zu Gesundheitsproblemen und so weiter befragt. Die Eltern verfolgten das Ziel, Kinder mit einer enormen geistigen Kapazität und soliden Allgemeinbildung heranzuziehen, Superkinder, die faktisch alles werden konnten, was sie wollten.

Damit das häusliche Leben in dieser Familie nicht als gar zu lächerlich erscheint, sollte man sich erinnern, daß Ronny und Alison in diesem Umfeld aufgeblüht waren, jedenfalls im gegenwärtigen Stadium. (Es ist gut möglich, daß auch Ronny und Alison irgendwann ähnlich wie Kim dagegen rebellieren; bei Kindern treten die Grenzschwellen und Reaktionen gegenüber extremen elterlichen Erwartungen zu unterschiedlichen Zeiten und in unterschiedlichen Formen zutage.) Kims Geschwister waren Kinder von sehr hoher Intelligenz mit einer natürlichen Begabung für alle schulischen Dinge. Die Akzentuierung des Lernens und das Vorzeigen ihres Wissens paßte gut zur Persönlichkeit der beiden – sie empfanden Lernen wirklich als Vergnügen und stellten ihr Wissen gern und bei jeder Gelegenheit zur Schau. Kim aber, das mittlere Kind, war stets anders gewesen. Schon mit sieben Jahren reagierte sie sensibel auf die in dieser Familie übliche Krittelsucht und Schelte. Ihre Gefühle wurden leichter verletzt, als es bei den Geschwistern der Fall war. Eine temperamentvolle Diskussion am Eßtisch erschien Kim eher als Streit. Aber auch Kim war sehr aufgeweckt, und mit sieben liebte sie die Schule, das Lesen und Lernen, so daß die Eltern meinten, sie sei lediglich ein bißchen introvertierter und empfindlicher als die beiden anderen.

Mit elf Jahren setzte bei Kim der schrittweise Prozeß des Rückzugs aus der für die Familie typischen Dynamik ein. Sie fing an, mehr Zeit allein auf ihrem Zimmer zuzubringen, statt mit den Geschwistern zusammen im Eßzimmer Schularbeiten zu machen und zu lesen. Kim lernte Flöte und Klavier spielen, sie machte bei Theateraufführungen an der Schule mit und begann mit der Malerei. Je mehr sich ihre künstlerischen Talente entfalteten, desto mehr Zeit verbrachte sie ganz allein mit sich, obwohl ihre Noten immer noch ausgezeichnet waren. Doch als sie die Pubertät durchlief, verbrachte sie immer weniger Zeit mit der Familie und ging immer häufiger allein auf ihrem Zimmer ihren kreativen Neigungen nach.

Wie reagierten die Eltern darauf? Die Situation war zeitweise so verfahren, daß Kim ihre Mutter als ihre Erzfeindin empfand. Mit vierzehn, in ihrem ersten Jahr an der High School, widmete Kim der schulischen Arbeit allmählich immer weniger Aufmerksamkeit und konzentrierte sich voll auf die künstlerischen Dinge. Sie war tatsächlich begabt für Kunst, Musik, Theaterspiel, aber ihre Eltern hatten schon das richtige Gespür, wenn sie sich wegen der zunehmenden Vernachlässigung schulischer Dinge Sorgen machten. Auch wenn Kim sich einmal entschließen sollte, einen künstlerischen Berufsweg einzuschlagen, so würde sie doch ein ordentliches High-School-Zeugnis brauchen, um an eine gute Universität zu kommen. Kim aber sah gar keinen Grund mehr, überhaupt noch auf eine Universität zu gehen. Sie schüttete das Kind mit dem Bade aus – ein Beispiel für eine unangemessen extreme Reaktion ihrerseits.

Parallel zu ihrem Rückzug von der Familie paßte sie im Unterricht nicht mehr richtig auf und hörte auf zu lesen. In diesem Haushalt war Lesen etwas, das Kim mit ihren Eltern und Geschwistern assoziierte – eben den Menschen, von denen sie sich unterscheiden wollte. Janet und Donald waren vor Sorge und Ärger außer sich. Sie beobachteten, wie ihr zuvor so wundervolles Kind sein Leben wegwarf. Als Kim der Schule und dem Lesen immer weniger Beachtung schenkte, empfanden die Eltern das als eine direkte, gegen sie selbst und die Familienwerte gerichtete Ablehnung, was in gewisser Weise ja auch stimmte. Dieser Fall eines Lesemuffels unterscheidet sich von den meisten anderen dadurch, daß die Eltern viele einzelne Schritte richtig vollzogen hatten. Sie hatten eine Atmosphäre geschaffen, die das Lesen und Lernen begünstigte, doch dadurch, daß sie dem schulischen Erfolg ein ausschließliches Schwergewicht beigemessen hatten, wurden ihre Kinder stark unter Druck gesetzt. Dieses Vorgehen hatte bei zweien der drei Kinder recht gut angeschlagen, zumindest bislang. Doch Kinder wie Kim kommen nicht selten gerade in solchen Familien vor, die das Lesen fast als eine militärische Exerzierleistung verlangen; ihre Leseunwilligkeit erscheint um so tragischer angesichts ihrer großen natürlichen Anlagen und der früheren Leseleistung.

Als bei Janet und Donald ernste Befürchtungen aufkamen, unternahmen sie – vor allem Janet – sofort praktische Schritte, um der Tochter zu helfen. Leider bedienten sie sich dabei vieler falscher Strategien, was nur beweist, daß auch hochgebildete und intellektuell orientierte Eltern oft die Augen verschließen, wenn es um ihre eigenen Fehler geht.

Falsche Strategien Janet wandte bei den Problemen mit Kim ihre bulldoggenhafte Anwaltslogik an: Faß den Bösewicht und reiß ihn in Stücke. Schließlich, so dachte sie, war Kim kein Kind mehr, mit ihrem dummen Verhalten aber setzte sie ihre ganze Zukunft aufs Spiel. Irgendwo hatte Janet durchaus recht damit, nur machte sie mit ihrer konfrontativen und aggressiven Vorgehensweise Kim nicht gerade Lust, sich wieder dem Lesen und der schulischen Arbeit zuzuwenden. Je mehr Janet drängte, biß und zerrte, um so mehr zog Kim sich zurück, und um so wütender und erboster wurde sie.

Die erste geniale Idee Janets bestand darin, wegen einer schlechten Zensur bei einer unangekündigten Arbeit für das ganze Wochenende Hausarrest zu verhängen. Die Situation verlangte sicherlich ein Eingreifen; Janets Reaktion aber war extrem. Kim hatte sich gegenüber Mr. Wong (dem Regisseur der Aufführung) und den anderen Mitspielern zur Teilnahme an den Proben verpflichtet; sie die Probe verpassen zu lassen war kontraproduktiv. Zum einen kam dadurch bei Kim die falsche Botschaft an, daß man Verpflichtungen gegenüber anderen Menschen manchmal einfach in den Wind schreiben kann. Zum zweiten festigte sich bei Kim der Eindruck, daß ihre Mutter keinerlei Wert auf das legt, was für Kim wirklich wichtig war: ihre künstlerische Seite, die vielen Stunden, die sie mit dem Einstudieren ihrer Rolle verbracht hatte, ihre Gefühle der Identifikation und Zusammengehörigkeit mit Mr.Wong und den anderen Schülern. Und zum dritten setzte sich in ihrem Kopf die Vorstellung fest, Lesen sei eine schreckliche Strafarbeit – selbstverständlich auch das kein wünschenswertes Ergebnis. Wenn Kim es nicht geschafft hatte, den *Dschungel* rechtzeitig fertigzulesen, so war dies bei unaufgeregter Betrachtung lediglich ein Zeichen, daß sie für eine effektivere Gestaltung ihrer Prioritäten und ihres Zeitplans Hilfe brauchte (und wer braucht das nicht, zumal mit vierzehn?). Janet jedoch reagierte damit, daß sie Kim sofort, *auf der Stelle*, zum Lesen zwang, statt *Kims Leselust wiederzuerwecken*. Der erste Versuch war also mißlungen.

Geniale Idee Nummer zwei war mit Nummer eins gekoppelt: Janet erlaubte Kim nicht, an der Klassenparty für die Neuen teilzunehmen, auf die sich so gefreut hatte. Auch das war wieder eine völlig überzogene Strafmaßnahme. Indem sie ihre Tochter nötigte, an einem Samstagabend zu Hause zu hocken, provozierte sie bei Kim nur noch mehr Gefühle des Grolls und der Entfremdung. Dabei hätte Kims Distanzierung von den schulischen Dingen eher dadurch aufgebrochen werden können, daß sie sich stärker an die Schule gebunden fühlte. Bisher hatte Kim sich in der neuen Schule ein bißchen als Außenseiterin gefühlt, ausgenommen bei den Musikstunden und bei der Theaterarbeit mit Mr. Wong. Die Party am Samstagabend war vom Direktor und den Lehrern als ein Mittel gedacht, den neuen Schülern das gegenseitige Kennenlernen und den Kontakt mit den Lehrern leichter zu machen, in einer ungezwungeneren Atmosphäre als sonst im Schulalltag. In der Vergangenheit hatten solche Partys dazu beigetragen, daß die Kinder die Schule als ein gastlicheres Umfeld und ihre Lehrer weniger als Schreckgespenster empfanden. Nun aber entging Kim die Party und damit die mögliche positive Erfahrung. Sie brachte die Zeit mit Flötenspiel und Fernsehen herum: Eher hätte sie an diesem Abend eine

Zahnwurzelbehandlung durchgestanden, als ein Buch zu lesen!

Die dritte geniale Idee bestand in Janets und Donalds Entschluß, Kims künstlerische Bestrebungen einzuschränken, damit sie mehr Zeit für die schulische Arbeit in den Hauptfächern und für die außerschulische Lektüre bekam. Aus der Sicht der Eltern verbrachte Kim einfach zuviel Zeit mit all dem Bohemienkram. Als Eltern mußten sie eingreifen, um ihre Tochter wieder umzuorientieren. Sie dachten sich neue Regeln aus und setzten sie durch, etwa der Art: »Kim muß an jedem Wochentag zwei Stunden zusammen mit ihren Geschwistern am Eßtisch Hausaufgaben machen und lesen«; »nach dem Abendessen darf Kim nicht mehr Flöte üben«; »während der Woche wird Kim abends nicht mehr zu Hause malen; sie malt nur noch im Kunsterziehungsunterricht in der Schule«; »Kim liest an jedem Wochentag eine Stunde und notiert das Gelesene und die Fortschritte auf einer Tabelle an ihrer Zimmertür«.

Aus der Perspektive der Eltern waren diese Regeln vernünftig und lagen im Interesse des Mädchens. Nur waren sie viel zu restriktiv und zu extrem. Kinder wie Kim beugen sich nicht so leicht einer Autorität; wer sie zwingen will, entscheidende Bestandteile ihrer Persönlichkeit zu verändern, wird Schiffbruch erleiden. Kims Eltern konnten ihr zwar vorschreiben, womit sie ihre Zeit zu verbringen habe, aber sie bewirkten keinerlei positive Veränderung in ihrer Einstellung: im Gegenteil! Untersuchungen haben bewiesen, daß eine positive Einstellung zum Lesen die beste Voraussetzung für außerschulische Lektüre ist. Nun, da Kim zum Lesen gezwungen wurde, betrachtete sie diese Beschäftigung mehr und mehr als eine Strafe und begann sie zu verabscheuen. Man darf nicht vergessen, daß gerade in der Mittelstufen- und frühen Gymnasialzeit künftige Verhaltensmuster ausgeprägt werden. Die Strategien von Kims Eltern aber waren dazu angetan, aus ihrer Tochter nicht die intellektuell orientierte junge Frau werden zu lassen, die sie sich so sehr wünschten.

Der Fehler Nummer vier hatte mit Ms. Harley zu tun, der Englischlehrerin, für die Janet und Donald in den Gesprächen mit Kim Partei ergriffen hatten. Kim beklagte sich über die Art und Weise, wie Ms. Harley Englisch unterrichtete, und mit diesen Empfindungen war sie nicht allein. Ms. Harley brachte es fertig, die schönsten Werke der Literatur auf zehn Quizfragen zu reduzieren, die jeweils nur eine kurze Antwort zuließen: Aus welcher Stadt stammte die Mutter von Heathcliff aus *Die Sturmhöhe*? Welche war die Lieblingsfarbe von Jay Gatsby? Ms. Harley schien eine als Englischlehrerin verkleidete Mathematikpaukerin zu sein: Ihr Herangehen war total analytisch und auf das Gedächtnis ausgerichtet, als hätte ein Schüler das gelesene Buch schon verstanden, wenn er sich nur die Einzelheiten der Fabel merken kann. Sicher, ein Lehrer muß bewerten, ob ein Schüler die aufgegebene Lektüre absolviert hat oder nicht; aber er muß doch auch bedenken, inwieweit ein Schüler in die tieferen Probleme des Lektürestoffs einzudringen vermochte. Da Ms. Harley sich lediglich auf oberflächliche Details konzentrierte, wurden ihre Schüler ermuntert, das gleiche zu tun. Eine Eins zu schreiben, war leicht, wenn man sich für jedes aufgegebene Buch die Heftchen zur Studienhilfe besorgte und alle Einzelheiten der Fabel und der Personen auswendig lernte. Wer die intus hatte, hörte mit dem Lesen auf, denn beim richtigen *Lesen* hätte keiner Zeit, sich all das *einzuprägen*, wonach in den Arbeiten gefragt wurde.

Ms. Harley war als Lehrerin autoritär, sie verhinderte eine freie und offene Diskussion über ein Buch und förderte dagegen eine sorgfältige Analyse der Fabel. In einem solchen Umfeld schneiden künstlerisch begabte und sensible Schüler wie Kim schlecht ab. Ihre Begabung kommt in dem analytischen, detailorientierten Kontext nicht zum Tragen, und ihre Einblicke in das Buch und ihre Bewertung sind nicht gefragt.

Da bei dieser Art Unterricht keine Aufsätze und praktischen Umsetzungen verlangt werden, sondern das Gewicht einseitig auf Fragetests liegt, bekommen all die Kims keine Gelegenheit zu erklären, was sie von der Lektüre verstanden haben. Kein Wunder, daß sie sich dann vom Englischunterricht und vom Lesen überhaupt abwenden.

Vielleicht kam Kim mit Ms. Harley einfach nicht zurecht – vielleicht war das aber auch nicht der Fall –, Janet und Donald jedenfalls interessierte das nicht. Sie unterstützten Ms. Harley nach der Devise: »Ein Lehrer hat immer recht«. Es ist sonderbar, daß Eltern im Verhältnis zu den Lehrern in der Regel entweder in der einen oder aber in der Gegenrichtung über das Ziel hinausschießen: Die Lehrer ihrer Kinder sind entweder immer im Recht oder immer im Unrecht. Manche Eltern werfen dem Lehrer Jahr für Jahr die Schwachpunkte ihrer Kinder vor – selbst dann, wenn die gleichen Beobachtungen von verschiedenen Lehrern an verschiedenen Schulen, ja sogar in verschiedenen Bundesstaaten gemacht wurden! Andere Eltern, wie Janet und Donald, ziehen um jeden Preis mit dem Lehrer an einem Strang: »Ms. Harley ist deine Lehrerin, und du mußt ihre Vorgehensweise respektieren. Eine Zusammenfassung der Handlung ist wichtig; sie ist der Beweis, daß du das Buch gelesen hast. Nun mach schon und schreib eine Zusammenfassung der Fabel, damit du gut auf die Arbeit vorbereitet bist.«

Bei Kindern wie Kim funktioniert diese Technik einfach nicht. Kim will die Literatur, die sie liest, *nacherleben*. Ihre früheren Lehrer hatten ihr geholfen, eine innere Beziehung zu den aufgegebenen Büchern aufzubauen, und darum las Kim damals gern und beständig. Kim litt unter dieser Schwäche ihrer Lehrerin, und die Eltern machten die Sache nur schlimmer. Stets stellten sie sich auf Miss Harleys Seite und weigerten sich zu sehen, daß Kims Vorstellungen darüber, wie man Literatur aufnehmen sollte, überhaupt nicht berücksichtigt wurden. Diese Situation war ziemlich grotesk –

schließlich war Donald ja Universitätsprofessor für Englisch–, man sollte meinen, er müßte die Mängel in Ms. Harleys Vorgehensweise erkannt haben. Aber Donald schrieb so emsig an seinem neuen Buch, einer kritischen Analyse der Hauptwerke mittelalterlicher Philosophie, daß er es gar nicht bemerkte.

Ein weiteres, völlig falsches Vorgehen gegenüber Kim bestand darin, daß die Eltern ihr ständig Ronny und Alison als leuchtende Beispiele vorhielten. Gewiß, Kims Geschwister waren kluge, gute Schüler, die im schulischen Umfeld aufblühten, doch Kim mußte nicht andauernd an ihre fast vollkommenen Zeugnisse und schulischen Leistungen erinnert werden, zumal ihren eigenen Erfolgen die Anerkennung weitgehend versagt blieb. Nach Kims Ansicht wogen ihre eigenen Leistungen durchaus die ihrer älteren Schwester auf (die mit ihrer Arbeit den zweiten Platz in der naturwissenschaftlichen Ausstellung belegt hatte), und auch die ihres jüngeren Bruders (der in eine Leistungsklasse im Fach Lesen befördert worden war). Denn Kim spielte sehr schön Flöte und Klavier, sie war vortrefflich im Gesang und Theaterspiel und malte wunderbar. Ihre Eltern jedoch machten sich nichts aus diesen Fertigkeiten, weil sie in den akademischen Hauptfächern nichts zählten. Kim wußte bestens Bescheid über Ronnys und Alisons Strategien für den Erfolg in der Schule: Sie brauchte nicht täglich daran erinnert zu werden, daß die beiden viele Stunden am Eßtisch saßen und paukten. Kim ständig mit der Nase auf die Glanzleistungen der Geschwister zu stupsen, verstärkte nur ihre Abneigung, sich in deren Mitte zu entwickeln. Da Janet selbst an harten Wettbewerb gewöhnt war, meinte sie, der Wettstreit zwischen ihren Kindern werde ein jedes zu größeren Anstrengungen anspornen. Doch diese Herangehensweise funktionierte nicht bei einem so sensiblen Kind wie Kim. Kinder wie Kim neigen eher dazu, sich aus dem Wettbewerb auszuklinken, als sich kopfüber hineinzustürzen.

Damit im Zusammenhang stand ein weiterer Fehler, nämlich der, daß die Eltern sich kaum je bei Kims Theaterauftritten und Konzerten blicken ließen. Gewiß, Janet arbeitete bis spätabends, und Donald schrieb seine besten Seiten in den Nachtstunden, doch Kim fühlte sich ihrer Familie noch weiter entfremdet, wenn ihre Eltern eine für sie wichtige Veranstaltung ausließen. Sie reagierte darauf, indem sie sich mehr mit ihrem Gesangslehrer und den Mitspielern auf der Bühne identifizierte, sich stärker die künstlerischen Werte zu eigen machte statt die intellektuellen Werte ihrer Eltern. Diese Dynamik verstärkt sich immer mehr, so daß sich Kim allmählich wie ein Adoptivkind in ihrer Familie vorkam – sie schien zu den übrigen nicht zu passen.

Ein weiteres falsches Rezept von Kims Eltern bestand darin, das Lesen zu einer Pflicht zu erklären. Indem die Eltern Kim nötigten, die von Ms. Harley ausgewählten Bücher zu lesen, beteiligten sie sich an deren tyrannischem Regime (so jedenfalls empfand es Kim). Ms. Harley ließ die Schüler nie das lesen, was sie gern wollten. Wenn Kim aber aus der Bibliothek neben Büchern über Malerei und einer Sammlung berühmter Broadway-Stücke auch einen Liebesroman mitbrachte, waren da ihre Eltern froh, daß sie las – und nicht nur *las*, sondern auch aus freien Stücken Bücher aus der Bibliothek anschleppte? Keine Spur. Sie waren wütend, daß sie solchen Müll gewählt hatte, verboten ihr diesen Schund und bestanden darauf, daß sie sich statt dessen *Moby Dick* vornahm. Donald meinte: »Lieber falle ich tot um, als daß ich mit ansehe, wie mein eigen Fleisch und Blut in solchem Schund schmökert! Ich hoffe, es hat dich kein Bekannter von uns mit diesem Buch gesehen.« Das mag als eine extreme Ansicht erscheinen, aber Donald war im Gespräch für einen renommierten Lehrstuhl, und er mußte das akademische Image der Familie wahren.

Kim kann einem leid tun; sie selbst jedenfalls tat sich leid. Zum Glück aber gibt es auch hier brauchbare und erfolgversprechende Strategien, durch die das Verpatzte korrigiert und Kim wieder für das Lesen erwärmt werden kann.

Erfolgsstrategien Die wichtigste Erfolgsstrategie für diese Familie besteht darin, daß sie ihre kontraproduktiven Einstellungen verändern muß. Zunächst sind da Janets und Donalds Einstellungen zu Kim, zum schulischen Erfolg und zum Familienleben zu nennen. Dieses Elternpaar glaubt, einen Versager in seiner Mitte zu haben, dabei ist ihre Tochter eigentlich erfolgreich. Sicher, Kim hat gerade ein paar Probleme, aber sie ist vierzehn und in ihrem ersten Jahr an der High School. Janet und Donald sorgen sich sehr um ihre Kinder, aber oftmals erwarten sie zuviel von ihnen. Für Kim trifft genau das zu. Die Lösung für Kims Leseproblem wird davon abhängen, ob die Eltern es schaffen, ihre Erwartungen stärker der Realität anzupassen. Vielleicht könnten sie mit Lehrern und anderen Eltern reden und sich so ein besseres Bild machen, wie typische vierzehnjährige Mädchen beschaffen sind. Janet und Donald kapseln sich in ihren Jobs ziemlich ab, sie verkehren nicht häufig mit Eltern anderer Jugendlicher. Es könnte hilfreich für sie sein, wenn sie Kontakt mit mehr Kindern bekämen, indem sie an ein paar schulischen Veranstaltungen teilnehmen und sich um Kontakte mit anderen Eltern bemühen. Der Realitätstest, den ein solcher handfester Vergleich ihrer Tochter mit anderen, unbedarften und drogenschluckenden Neuntkläßlern erbrächte, könnte sie vielleicht etwas gelassener stimmen.

Richtig ist, daß Kim – wie die meisten von uns – gelegentlich Fehler machte, bei der Vorbereitung auf die Schule etwa teilte sie ihre Zeit schlecht ein, weil ihre übrigen Interessen reizvoller für sie waren als die schulische Arbeit. Das Schlüsselwort dabei ist: *Fehler.* Kim tat dies nicht absichtlich, sie vertat sich nur. Als Janet Kim mit Vorwürfen konfrontierte, kam bei dem Mädchen die Botschaft an, daß die Mutter glaube, sie vermassele ihre Arbeit absichtlich, nur um sie zu ärgern. Dieses Anwaltsdenken aber sollte nicht auf ein vierzehnjähriges Mädchen angewandt werden.

Weiterhin müssen Kims Eltern ihre Einstellung zum akademischen Erfolg ändern. Hochintelligente Leute wie Janet und Donald erachten es oft als selbstverständlich, daß hohe akademische Leistungen alles sind, was im Leben zählt. Dieser Menschenschlag beginnt Gespräche gern mit der Frage, welche Schulen man besucht hat – auch wenn man schon deutlich auf die Vierzig zugeht. Die Erkenntnis, daß Kim diese Wertvorstellung nicht teilt, mag schmerzlich sein, doch sie könnte den Erfahrungsraum dieser Familie durchaus erweitern. Nicht jedermann mißt den Erfolg daran, ob er genau dieselbe Zielmarke erreicht wie die anderen. Kim wollte lieber auf einer anderen Bahn laufen. Wenn Janet und Donald ihre Haltung ein wenig abmildern würden, können sie zu einer ehrlichen Kommunikation mit Kim über ihre persönlichen Wert- und Zielvorstellungen gelangen. Und das bringt uns zum dritten Bereich von Einstellungsveränderungen.

Janet und Donald müssen auch ihre Einstellung zu ihrem Familienleben verändern. Kim ist vierzehn; in vier Jahren wird sie auf eigenen Füßen stehen, auch wenn das bedeuten kann, daß sie als Straßenpantomimin im Central Park posiert, um sich das Geld zum Essen zu verdienen. Donald, besonders aber Janet, führen in ihrem Haus ein so strenges Regiment – und das ist leider nicht untypisch für viele hochintelligente und, so sollte man meinen, aufgeklärte Eltern. Die Kinder sind einem strengen Zeitplan unterworfen, in dem jeden zweiten Tag eine Stunde »Freizeit zum Vergnügen« eingetragen ist. Was die Eltern lernen müssen: Es handelt sich um Kinder, nicht um Gefängnisinsassen. Die Eltern betrachten Disziplin und Arbeitsethik als die Wurzeln jeden Erfolges, darum tun sie ihr Bestes, um diese Werte ihren Kindern einzuimpfen. Alison und Ronny empfinden die Liebe und

Wertschätzung, die ihnen entgegengebracht wird, aber das liegt daran, daß sie von Natur aus auf den von ihren Eltern hochgeachteten Gebieten erfolgreich sind und genau das tun, was diese verlangen. Kim aber ist ein Mensch für sich, anders als ihre Geschwister. Ihre Eltern aber haben eine ungeheure Menge an Energie darauf verwandt, sie ihren Wünschen gefügig zu machen. Sie verhalten sich so, als könnten sie die von ihnen erträumte Tochter aus Ton kneten. Darin irren sie, und das Mädchen bäumt sich gegen die übertriebenen und aufdringlichen Versuche auf, es ihrer Kontrolle zu unterwerfen und nach ihrem eigenen Bild umzuformen.

Janet und Donald wären gut beraten, immer dann, wenn sie – innerhalb der Familie oder vor Außenstehenden – Alison und Ronny für ihre Leistungen loben, auch Kims Erfolge zu erwähnen. Dies könnte zunächst etwas sonderbar wirken, da Alison und Ronny schulische Superstars sind. Aber Kims Leistung ist auf ihre Weise ebenso imposant, und Alison und Ronny sind bei weitem nicht so musikalisch und künstlerisch begabt wie Kim. In Familien mit mehreren Kindern ist es wichtig, daß jedes Kind spürt, daß seine individuellen Gaben und Talente anerkannt und geschätzt werden.

Ein gewisser Wandel in der Einstellung der Eltern könnte auch die Situation an der Schule verbessern. Wenn Janet und Donald einmal die Möglichkeit erwägen würden, daß Ms. Harley eine beschränkte Auffassung vom Englischunterricht hat und allerlei fragwürdige Methoden pflegt, könnten sie vielleicht taktvoll eine Versetzung Kims vorschlagen. Als Begründung könnten sie anführen, daß Kim das Theaterspiel liebt und der andere Englischlehrer auch der Spielleiter ist. Kim hat den Eltern bei Gesprächen über die Schule genügend Beispiele geliefert, aus denen sie die traurige Wahrheit hätten ableiten können. Es gibt viele Ms. Harleys im Lande, und wenn sich Kinder an Hand von spezifischen Beispielen darüber beschweren, sind sie oftmals im Recht. Kim ist keine Lügnerin – ihre Eltern können ihr vertrauen und sie in ihrem Wunsch nach Umsetzung in eine andere Klasse unterstützen. Auch wenn schon spätes Frühjahr ist, besser spät als nie. Janet und Donald können dem Direktor durchaus taktvoll ihren Eindruck darlegen, daß ihre Tochter mit der Englischlehrerin nicht gut zurechtkommt. Womöglich würde der Direktor das einsehen und Kim in eine neue Klasse einweisen; vielleicht wäre er zumindest nach den Frühlingsferien zu diesem Schritt bereit. Auf jeden Fall aber, selbst wenn der Direktor nicht einwilligt, wird Kim es zu schätzen wissen, daß die Eltern ihre Kritik ernst genommen haben. Sie wird ihnen auch dankbar sein, daß sie sich für einen Versuch, ihr zu helfen, Zeit nahmen.

Und da wir gerade bei Ms. Harley sind: Janet sollte aufhören, sich allzu nachdrücklich in Kims schulisches Leben einzumischen. Guter Kontakt mit den Lehrern ist das eine, Janet aber mischt sich in Dinge ein, die sie nichts angehen, wenn sie etwa Sonderaufgaben und -arbeiten für ihre Tochter arrangiert und sich auf übermäßige Weise in die gesamte Schulerfahrung des Mädchens einklinkt. Kim ist ohnehin empfindlich gegenüber dem kommandierenden, aufdringlichen Wesen ihrer Mutter, und dieses übertriebene Engagement in Schuldingen macht die Sache nur schlimmer. Kim ist im großen und ganzen eine sehr gute Schülerin – sie braucht keine Mutter, die sie wie eine Delinquentin behandelt. Mit diesem Verhalten bestärkt und ermuntert Janet nur Ms. Harley in ihrem steifen und übermäßig bevormundenden Stil, und das trägt keineswegs zur Lösung von Kims Leseproblem bei.

Wenn Janet und Donald so ihre Einstellungen verändern, kann dies im bestmöglichen Fall zu einer neuen Dynamik zwischen Kim und ihrer Familie führen. Während die Eltern sie zuvor immer anwiesen, was sie wie tun sollte, und sie für Nichterfüllung bestraften, sollten sie sich jetzt mit Kim zusammensetzen und die Situation erörtern. Sie sollten erklären, daß sie in Kims Einstellung zu den schulischen Dingen ein zunehmendes Problem erkennen und ihre Einschätzung der Situation darlegen. Dann aber müssen sie Kim und *ihre Sicht* der Dinge anhören. Schließlich sollten sie Kim fragen, wie die Familie *zusammen* das Problem lösen kann. Kim muß angehört werden, sie muß ihre Ansicht zur Geltung bringen können. Sie muß selbst an der Problemlösung beteiligt werden. Wenn Kim sich als Beteiligte fühlen kann, wird sie für eine positive Veränderung ihrer kontraproduktiven Verhaltensmuster aufgeschlossener sein und nicht mehr nur einfach gegen die von den Eltern für sie festgelegten Lebensziele anrennen.

Um Kim wieder zum Lesen zu motivieren, braucht es ein paar spezifische Erfolgsrezepte. Eines davon besteht darin, sie lesen zu lassen, was sie gern möchte: Liebesromane, Romane für Erwachsene, Bücher über das Theater, Schauspielerbiographien, Bücher über Malerei und so weiter. (Donald könnte das Zeug ja in einer Nachbarstadt kaufen und in braunes Packpapier einwickeln lassen, damit ihn niemand damit sieht!) Schön wäre, wenn Donald Kim mit in eine Buchhandlung nähme und sie ein paar Schundbücher (wie er sie bezeichnen würde) auswählen ließe. Sie könnten auch zusammen in die Bibliothek fahren. Donald wird es sicher schwerfallen, aber er sollte sich vornehmen, seiner Tochter nicht länger vorzuschreiben, was sie lesen soll! Er liebt die mittelalterliche Philosophie, aber für eine Vierzehnjährige ist *Über Mythos und Mystiker* nicht gerade ein Reißer. Wenn Kim das Gefühl bekäme, daß ihr Vater nicht all das verschmäht, was ihr Freude bereitet, ließe sich viel Vertrauen wiederherstellen.

Janet und Donald könnten Kims Geburtstag und andere Festtage nutzen, um ihr Bücher zu schenken, die sie mag. Möglicherweise könnte Mr. Wong ein paar Anregungen geben – etwa zu Büchern über Theater und Gesang. Vielleicht könnte man ihn sogar dazu überreden, seine Schüler allmählich zu ermuntern, daß sie bestimmte Bücher lesen, die mit der Arbeit an dem Stück und mit dem Gesangsunterricht zu tun haben. So könnte Mr. Wong zum Beispiel einen Roman über eine große Sängerin oder Schauspielerin als Lektüre vorschlagen und ein paar Exemplare leihweise an interessierte Schüler verteilen. Vielleicht wäre er sogar bereit, ein paar Abschnitte, die ihm persönlich besonders zugesagt haben, im Unterricht vorzulesen, um den Kindern Appetit zu machen und ihr Interesse zu wecken. Worauf es hier ankommt, ist, einen potentiellen Sympathisanten wie Mr. Wong dafür zu gewinnen, daß er die Kinder in seiner Klasse zu häufigerem Lesen anspornt. Da es sich nicht um ein schulisches Hauptfach handelt, könnte er in bezug auf die Lektüre viel Nachsicht walten lassen. Das Lesen müßte noch nicht einmal zur Pflicht erhoben werden. Da aber der Gegenstand die Kinder interessiert und für ihre realen Erfahrungen in Mr. Wongs Unterricht relevant ist, werden sie die Bücher wahrscheinlich mit Vergnügen lesen. Positiver Nebeneffekt dabei wäre, daß die anderen Kinder ebensoviel davon profitieren würden wie Kim selbst, wenn sie auch daran erinnert werden (oder überhaupt zum erstenmal lernen), daß Lesen Spaß machen kann.

Wenn Janet abends heimkommt, könnte sie Kim von dem Liebesroman erzählen lassen, den sie gerade liest, oder von dem neuen Buch über Theater, das sie sich aus der Bibliothek geholt hat. Janet könnte sich nach Kims Urteil über den Liebesroman erkundigen, weil eine Frau in ihrem Büro gern solche Sachen liest und sie ihr das Buch eventuell als Geschenk kaufen möchte. Oder sie könnte Kim fragen, ob Bücher über Malerei ihr tatsächlich helfen, besser zu malen, und wenn ja, auf welche Weise. Es kommt darauf an, daß das Gespräch sich als eine *Diskussion* entwickelt und nicht als *Verhör*, als eine Gelegenheit für Kim, sich über Bücher in einem *nichtbedrohlichen* und nichtschulischen Kontext zu äußern. Janet könnte auch die Bibliothekarin an der Schule oder in der Stadtbücherei bitten, ihr eine Liste möglicher Bücher für Kim zusammenzustellen und ein paar davon gleich mitbringen. Kim würde es zu schätzen wissen, daß die Mutter von ihrem straffen Wochenplan noch Zeit abgezweigt hat, um Bücher für sie auszuwählen.

Ein weiterer Weg, wie diese Familie Kims Interessen sinnvoll nutzen könnte, besteht darin, Kim eine Ferienreise der Familie für den nächsten Sommer planen zu lassen, nach Möglichkeit an einen Ort, den Kim schon immer gern sehen wollte. Kim müßte zu diesem Zweck Material über verschiedene Orte schriftlich bestellen und kaufen und soviel Informationen heranschaffen und studieren, daß die Familie beschließen kann, was sie an diesem oder jenem Ort gern tun würde, bis schließlich das Ziel festgelegt werden kann. Wenn Kim motiviert genug ist, kann sie zwei oder drei Reiseziele gründlich durchforsten und dann die Informationen der Familie vortragen, damit ein gemeinsamer Beschluß gefaßt werden kann. Auch diese Idee macht sich wiederum Kims Verlangen zunutze, zu reisen und die Welt zu sehen. Sie ist zu jung, um allein das australische Hinterland zu durchqueren, aber vielleicht kann sie die Eltern überzeugen, daß der Grand Canyon auch nicht schlecht wäre. Diese Familie muß daran denken, Kims Lektüre mit deren eigenen Interessen zu verknüpfen. Sie darf Lesen nicht als eine Pflichtaufgabe verhängen, sollte nicht ständig nur fordern, daß Kim liest, und dann kritisieren, was sie liest. Die allerwichtigste Erfolgsstrategie läuft darauf hinaus, Kim als ein menschliches Wesen mit eigenen Interessen und Wertvorstellungen anzuerkennen und sie lesen zu lassen, was ihr gefällt.

Die Moral von Kims Geschichte

Falls Sie Akademiker oder jemand sind, der die große Literatur und die Lektüre liebt, akzeptieren Sie, daß Ihr Kind diese Wertvorstellungen möglicherweise nicht teilt. Lassen Sie Ihr Kind lesen, was es interessiert.

❧ Wenn Ihr Kind gute Noten in der Schule hat und Sie drängen es, mehr zu lesen, üben Sie möglicherweise einen zu großen Druck aus.
❧ Kritisieren Sie Ihr Kind nicht dafür, daß es nicht liest, wenn Sie es nie für seine Erfolge in anderen Tätigkeitsfeldern loben.
❧ Wenn Ihr Kind künstlerisch veranlagt ist, erkennen Sie an, daß es womöglich seine gesamte freie Zeit mit künstlerischer Betätigung verbringen möchte. Ermuntern Sie es zum Lesen, indem Sie als Lektüre Bücher über solche Tätigkeiten auswählen (Musik, Kunst, Theater und so weiter).
❧ Wenn die Geschwister Ihres Kindes intellektuell ausgerichtet sind und viel lesen, reiben Sie das Ihrem kleinen Lesemuffel nicht ständig unter die Nase. Führen Sie nicht die Leistungen der Geschwister ins Feld, während Sie den Lesemuffel kritisieren.
❧ Versuchen Sie nicht, ein sensibles Kind zur Lektüre nach strengen Anforderungen und Normen zu *zwingen – ermuntern* Sie es statt dessen mit Hilfe von verlockendem Lesestoff und der Freiheit, ihn nach eigenem Belieben zu erkunden.
❧ Widerstehen Sie der Versuchung, die gesamte akademische Zukunft Ihres Kindes zu planen und diese Pläne laut zu verkünden – es könnte dazu führen, daß sich Ihr Kind eher vom Lesen abwendet, weil es von der Angst erfaßt wird, zu versagen und Ihren Erwartungen nicht gerecht zu werden.
❧ Reagieren Sie auf gelegentliche Patzer in der schulischen Leistung eines ansonsten guten Schülers nicht mit harten Bestrafungen – helfen Sie ihm vielmehr, die Ursache des Patzers zu erkennen und die Situation wieder ins Lot zu bringen.
❧ Sobald Sie merken, daß Ihr Kind Probleme mit dem Lesen bekommt, setzen Sie sich mit ihm hin und fragen Sie es, worauf dies seiner Ansicht nach zurückzuführen ist. Hören Sie sich seine Sicht geduldig an und fordern Sie es auf, mit Ihnen gemeinsam auf eine Lösung hinzuarbeiten.
❧ Mischen Sie sich nicht in die Unterrichtsmethoden der

Lehrer ein. Wenn Ihr Kind ein guter Schüler ist, der nur gelegentlich einen Leistungsabfall erlebt, reden Sie darüber nicht mit dem Lehrer, bevor Sie die Situation mit dem Kind selbst erörtert haben. Ihr Kind fühlt sich sonst hintergangen und meint, Sie täten sich mit dem Lehrer zum Zweck der Bestrafung zusammen. Geben Sie dem Lehrer eine Chance, das Problem auf seine Art zu lösen – widerstehen Sie dem Drang, dem Lehrer zu sagen, was er tun soll.

~ Machen Sie sich wegen einer unvollkommenen Leistung bei einem an sich guten Schüler nicht selbst verrückt. Spielen Sie die Situation nicht zur Katastrophe hoch, oder Sie erteilen Ihrem Kind die Lehre, daß Fehler grundsätzlich nicht toleriert werden – es könnte sich als Versager fühlen.

6 Die Angst zu versagen: Chases Geschichte

In der Literatur sind wir wie in der Liebe darüber erstaunt, welche Wahl andere treffen.

André Maurois

Ich habe nie irgendein Kümmernis gekannt, das nicht durch eine Stunde Lesen gemildert worden wäre.

Montesquieu

Chase rutschte nervös auf der Bank herum, während seine Mannschaftsgefährten versuchten, unter fast aussichtslosen Umständen ein Tor zu erzielen. Das Eishockeyteam der Schule aus dem anderen Stadtteil hatte in diesem Jahr einen phantastischen kanadischen Jungen auf dem Eis. »So, wie der abzischt, muß der mit Schlittschuhkufen an den Füßen zur Welt gekommen sein«, rief der zehnjährige Chase seinem Freund Peter zu, der ebenso aufgeregt neben ihm auf der Bank herumzappelte. Auf der Hallenuhr lief der Countdown zum Spielende, jede Sekunde kam ihm vor wie eine Ewigkeit. Chases Mannschaft hatte in dieser Saison einen Punktestand von sechs zu eins – aber der würde sehr bald sechs zu zwei lauten. Der Trainer, Mr. Devon, schaute resigniert zu, wie der Kanadier sie fertigmachte. Chase blickte zu Boden und biß sich auf die Lippe. Da verkündete der Summton das Spielende – Chase zuckte innerlich zusammen. Im Umkleideraum mußten die Jungen seiner Mannschaft das Geflachse und Gestichel der Haudegen aus dem Nordosten mitsamt ihrem kanadischen Rammbock ertragen. Für Jungen aus der fünften Klasse nahmen Chase und Peter die Niederlage sehr ernst, sie marschierten mit düsteren Mienen, das Handtuch in der Hand, zu den Duschen.

»Was sollen wir nur unseren Vätern erzählen?« meinte Chase. »Mein Dad weiß es schon, der hat in der zweiten Reihe gesessen«, antwortete Peter.

»Meiner ist bei einer Konferenz oder so was, aber meine Mom wird ihn dran erinnern, daß ein Match war, und dann muß ich erklären, weshalb wir verloren haben.«

»Mach dir nichts draus, Chase«, erwiderte Peter. »Das haben wir davon, daß wir Tabellenführer sind.«

Als Peter und Chase später zu den Garderoben zurückwankten, waren sie noch immer total geknickt. Aber Peter hielt die Begräbnisstimmung bald nicht mehr aus und wechselte das Thema. Er erzählte vom neuen CD-Laden in der Einkaufszone, wo man sich vor dem Kauf die neuen CDs auf einem speziellen Computer anhören konnte. Chase war begeistert. Peter wollte am nächsten Tag nach der Schule mit seiner Mutter in die Einkaufszone fahren, und er lud Chase ein, doch mitzukommen. Wenn die beiden Jungen nachmittags kein Eishockeytraining hatten, überredeten sie Peters Schwester oder Mutter – manchmal auch Chases Mutter –, sie in die Einkaufszone zu fahren. Dann brachten sie zwei Stunden damit zu, in Musikläden herumzustöbern, und ließen ihr ganzes Taschengeld in der Passage.

Angezogen und abfahrbereit warteten Chase und Peter im Vorraum. Chases Mutter, Victoria, bemerkte ihren Sohn und fuhr in ihrem Volvo Kombi zum Eingang vor. Kaum hatte Chase seinen schmerzenden Körper auf dem Sitz verstaut, fing er schon mit Entschuldigungen an. Er wußte, welch großen Wert seine Eltern – besonders seine Mutter – auf die Plazierung der verschiedenen Sportteams an der Schule legten. Sein Vater war als Kind auf dieselbe Privatschule gegangen, und Sport war für ihn stets etwas ungeheuer Wichtiges gewesen. Chases kleinere Schwester Catherine spielte Lacrosse, in diesem Jahr hatte sie außerdem mit

Tennis und Eiskunstlauf begonnen. Chase selbst, derzeit zehneinhalb, hatte als Sechsjähriger mit Eishockey angefangen. Ausprobiert hatte er auch Football, Squash und Tennis. Auch in seiner Schule wurde Sport ganz groß geschrieben: Ständig wurde dort von Teamgeist und Charakterbildung und dergleichen gepredigt. Heute abend aber hatte die Mannschaft verloren – *verloren* – und ihren ersten Platz im Distrikt eingebüßt. Chase war zerschmettert, und dieses Mal wußte selbst der Trainer, Mr. Devon, keinen Rat.

Als das Auto die Einfahrt zu ihrem Haus hinauffuhr, erkundigte sich Chase, ob sein Vater schon zu Hause sei. Die Mutter erklärte, er sei bei einer Strategieberatung in seinem Büro und werde nicht vor zehn oder so heimkommen. Gott sei Dank, dachte Chase, als er seine müden Knochen die Treppe hinaufschleppte. »Üb noch ein bißchen lesen, Liebling«, rief ihm die Mutter hinterher. »Ich hab dir ein neues Buch aus der Bibliothek auf den Nachttisch gelegt. Denk an unsere Abmachung.« Chase rollte mit den Augen und seufzte tief auf, als er in sein Zimmer trat und einen neuen Dickens neben seinem Bett liegen sah. Für wen hält sie mich eigentlich? dachte er. Es ist spät, ich bin groggy ... und wer liest überhaupt solches Zeug?

Da kam seine Schwester Catherine hereingerannt und boxte ihn in den Bauch, um ihre neuen Muskeln vorzuführen. »He, wie war das Match?«

»Kläglich untergegangen!« antwortete Chase. »Cathy, ich bin fix und alle, und ich hab noch nicht mal Hausaufgaben gemacht. Kannst du mir bitte mal 'ne Minute Luft lassen?«

»Klar, du doofer Verlierer!« gab Cathy zurück und witschte aus der Tür, wobei sie zur Melodie des Schlachtgesangs ihrer Schule den Text »Verlierer-Verlierer-Verlierer« trällerte. »Hier spielen alle verrückt«, brummte Chase in sich hinein, während er sein Mathematik-Übungsbuch vom Schreibtisch nahm und sich damit auf dem Bett ausstreckte.

Er arbeitete seine Matheübungen durch und warf dann

einen Blick hinüber zu dem Dickens. Es war *David Copperfield*. Chase wußte, daß er davon nun jeden Abend ein Stück lesen mußte, vor allem dann, wenn er das von seiner Mutter versprochene Taschengeld kassieren wollte. Im September, zu Beginn der fünften Klasse, hatte sie beschlossen, daß ihr Sohn sich in Zukunft vor allem im Lesen stärker engagieren müsse. So hatte sie sich bereiterklärt, ihm für jede Woche zehn Dollar mehr Taschengeld zu zahlen und dazu eine Prämie von zwanzig Dollar für jedes zu Ende gelesene Buch auszusetzen. Wenn er erklärte, er sei durch, fragte sie ihn nach Einzelheiten aus, so daß er das Buch nicht nur rasch überfliegen konnte, ohne es wirklich zu lesen. Zu der Abmachung gehörte auch, daß Vicky die von Chase zu lesenden Bücher auswählte, entweder in der Buchhandlung oder Bibliothek oder auch aus dem häuslichen Bücherschrank. Vicky war der Meinung, daß Kinder heutzutage zum großen Teil Schund läsen, »Müll, der lieber verbrannt als gelesen werden sollte«. Ihr Sohn aber sollte sich von der Masse abheben und ein anständiges literarisches Fundament bekommen. Da Chase praktisch nicht das geringste Interesse an den von Vicky ausgesuchten Büchern zeigte, wollte sie ihn für sein Vorankommen belohnen. Sie dachte, mit der Zeit und mit zunehmender Reife werde er schon Freude am Lesen entwikkeln und auch ohne finanziellen Anreiz weitermachen. Außerdem bewirkte sie mit ihrer Taktik, daß er – wenigstens zur Zeit – die Bücher las, die er unbedingt kennenlernen sollte.

Chase merkte, daß er am Eindösen war, und schüttelte ein paarmal den Kopf. Von dem Kapitel, das er gerade gelesen hatte, war absolut nichts hängengeblieben. In der Regel überflogen seine Augen die Wörter, aber mit den Gedanken war er nicht bei der Sache. Irgendwann schlief er dann ein oder dachte so intensiv an etwas anderes, daß er das Buch weglegte. Heute war die erste Variante angesagt. Dafür hatten der lange Schultag und das Eishockeyspiel gesorgt.

Chase war hundemüde, aber er hatte in der Einkaufszone eine paar neue CDs gesichtet und wollte von seiner Mutter das Geld, um sie am Wochenende zu kaufen. Er war froh, daß sein Vater nicht zu Hause war, denn er fürchtete sich vor dem scharfen Verhör, das er über sich ergehen lassen mußte, wenn eine der Mannschaften verloren hatte, in denen er mitspielte.

Sportliche Siege waren nicht die einzige Art von Siegen, auf die Chases Vater größten Wert legte. Bradley war ein überzeugter Verfechter der Idee der Chancengleichheit: Er stellte an seinen Sohn Anforderungen auf jeglichem Gebiet. Von Chase wurde erwartet, daß er in siegreichen Mannschaften spielte, daß er in der Schule den leistungstärksten Klassen zugeteilt wurde, erstklassige Zensuren erhielt und später einmal die gleichen Eliteschulen besuchen würde wie sein Vater. Wenn der Vater nach Hause kam, spürte Chase, wie sein Körper sich verspannte und sein Magen zu schmerzen begann. Keine seiner Leistungen schien für seinen Dad gut genug zu sein. Wenn er ein Zeugnis mit vier Einsen und einer Zwei heimbrachte, dann hakte sein Vater sofort nach und befragte ihn wegen der »schlechten Zensur«. Bradley hatte die Latte für seinen Sohn hoch gelegt, und er erwartete, daß der sie übersprang. Zum Glück war Bradleys berufliche Tätigkeit im Bankwesen mit häufigen Reisen und Arbeit bis in den späten Abend verbunden. Bei solchen Gelegenheiten genoß Chase eine Gnadenfrist bis zum nächsten scharfen Verhör und konnte sich nach der Schule tatsächlich ein wenig erholen.

Endlich beschloß Chase, es mit dem Buch bewenden zu lassen. Es war zehn Uhr, und er brauchte jetzt Schlaf. Er erinnerte sich nur vage an das, was er heute abend – immerhin fast eine Stunde lang – gelesen hatte. Irgendwas mit einem Typ namens Ham, der ertrunken war ... Es interessierte ihn kein bißchen. Er hatte auch kein gutes Gefühl, weil er nun seine Lektüre erledigt hatte, sondern hatte eher ein schlechtes Gewissen, weil er wußte, er hätte ein wenig Zeit für den von Mr. Stillwell für morgen zum Lesen aufgegebenen Text opfern sollen. Aber für Mr. Stillwells Lektürestoff brachte er genauso wenig Interesse auf wie für den Dickens, also konnte er ruhig die Prämie kassieren. Er beugte sich vor, drehte das Licht aus und fiel, noch im Sweatshirt, in einen festen Schlaf, gerade als das Auto seines Vaters in die Einfahrt rollte.

Im unteren Geschoß blickte Vicky von ihrem Feinschmekkermagazin auf und begrüßte ihren Mann. Wie absehbar lautete seine erste Frage: »Na, wie haben sie gespielt?« Vicky meldete, sie hätten verloren, und schilderte den großen Anteil des Jungen aus Kanada: Er war ein Jahr älter als die übrigen und wiederholte eine Klasse, weil seine Eltern in die USA umgezogen waren, auf jeden Fall flitzte er wie ein Teufel über das Eis. Brad lachte, schüttelte den Kopf und goß sich einen Scotch ein. »Das entschuldigt gar nichts. Hätten Chase und sein Team eine ordentliche Verteidigung aufgebaut, wäre der kanadische Tausendsassa nicht durchgekommen.«

»Ach, weißt du, Liebling; sie sind doch erst in der fünften Klasse, und es ist ja bloß ein Spiel«, besänftigte ihn Vicky und vertiefte sich wieder in ihr Magazin.

Brad schaltete die Fernsehnachrichten ein und legte die Beine hoch. »Ich werde Chase übers Wochenende ein paar Tips geben«, sagte er. »Wie kommt er übrigens mit dem Lesen voran? Hast du in letzter Zeit mal mit Stillwell gesprochen? Daß Eishockeysaison ist, gibt Chase nicht das Recht, die Schule schleifen zu lassen!« Er gab noch einige ähnliche knappe Bemerkungen von sich, dann machte er es sich mit seiner Flasche Chivas Regal vor dem Fernseher gemütlich. Vicky seufzte und versprach, sie werde anderntags Mr. Stillwell anrufen.

Am nächsten Morgen brachte Vicky die Kinder kurz vor acht zur Schule und erwog den Gedanken, gleich jetzt ein

Gespräch mit Mr. Stillwell zu suchen. Sie bedachte das Vorhaben eine Weile, beschloß dann aber, zuerst mit Chase zu reden. Sie wußte, daß sein Verhältnis zu dem Englischlehrer ohnehin gespannt war. Wenn sie Mr. Stillwell jetzt, um acht Uhr morgens, aufsuchte, dann konnte auf Chase eine unerwartete Reaktion niederprasseln, wenn er um neun Englisch hatte. Also fuhr sie doch lieber weiter zum Einkaufen.

Warum nur mußte Brad den Jungen immer so hart anfassen? dachte sie, während sie auf dem Highway fuhr. Chase war doch ein guter Junge, er tat seine Arbeit, bekam gute Noten, hatte keine Probleme im Umgang mit anderen Menschen. Alle ihre Freunde erklärten, sie wären heilfroh, wenn ihr Kind so wie Chase wäre. Brad aber ließ einfach nicht lokker. Er stellte Forderungen, als ob Chase zwanzig wäre und nicht zehneinhalb. Brad erwartet von seinem Sohn zuviel.

Da war sie schon an ihrer Ausfahrt, und sofort wanderten ihre Gedanken zu dem grauweißen Wollmantel, den sie sich zulegen wollte.

Genau im selben Augenblick marschierte Chase hinter den übrigen sechzehn Schlachtopfern in Mr. Stillwells Klassenraum. Er kam sich tatsächlich wie ein Lamm vor, das zur Schlachtbank geführt wird. Mr. Stillwell war an der Schule allgemein gefürchtet. Er war dreiundsechzig und lehrte seit über fünfunddreißig Jahren in ein und demselben Klassenzimmer Englisch. Seine Art zu unterrichten war in all diesen Jahren mehr oder weniger dieselbe geblieben – die Kinder kamen und gingen, *ihre eigenen* Kinder waren gekommen und gegangen, Mr. Stillwell jedoch unterrichtete noch immer auf seine altväterliche Weise: natürlich so, wie *er selbst* schon unterrichtet worden war. Fred Stillwell war gleichsam eine Institution in der Institution. Er war länger an der Schule als jeder andere Lehrer und Verwaltungsangestellte, und seine Kollegen respektierten sein Engagement für den Lehrerberuf und für ein erstklassiges Bildungsniveau in einer Zeit absinkender Bildungsnormen. Gewiß, Mr. Stillwell war kauzig und schwierig, aber unter seiner rauhen Haut war er durchaus kein unbarmherziger Mensch, sondern nur ein extrem anspruchsvoller Lehrer, der auf altmodischen Wertbegriffen und auf Respekt beharrte, und das bei Kindern, deren eigene Eltern keineswegs mehr in einem so konservativen Stil erzogen waren. (Außer Bradley natürlich.)

Die Schüler setzten sich, schlugen mechanisch ihre Hefte auf und zogen ihre Exemplare von William Goldings *Der Herr der Fliegen* hervor. Mr. Stillwell schaute hoch und begann laut aus Kapitel 2 vorzulesen. Ein Mädchen in der dritten Reihe kicherte; Mr. Stillwell brach ab und starrte sie finster an. Chase rutschte in der letzten Bankreihe auf seinem Sitz hin und her, versuchte der Erzählung zu folgen, aber seine Gedanken wanderten. Er war unruhig, weil er zu Hause nicht die Zeit gehabt hatte, das Kapitel 2 zu lesen. Die Mitschüler hatten es gelesen, und Chase wußte, es war nur eine Frage der Zeit, bis Mr. Stillwell ihn aufrufen würde. Dann würde er dastehen wie ein Trottel. Chase war auch in Sorge, was er seinem Vater sagen sollte, wenn in seinem nächsten Zeugnis die Englischzensur nicht besser war. Bei dem Gedanken krampfte sich sein Magen zusammen, und er holte tief Luft.

Genau da passierte das, was er befürchtet hatte: »Chase! Kannst du bitte die Klasse aufklären: Was, meinst du, wollte Golding über die Natur des Menschen aussagen?« Mr. Stillwell blickte Chase geradewegs in die Augen. Chase erstarrte. »Steh bitte auf, Chase, und beantworte die Frage. Was versuchte der Autor über die Natur des Menschen auszusagen?«

»Ich weiß nicht, Sir«, antwortete Chase verlegen.

»Dann rate einfach mal. Was versuchte der Autor über die Natur des Menschen auszusagen?« Für den Fall, daß Chase (oder ein anderer Schüler) die Frage schon vergessen haben könnte, wiederholte Mr. Stillwell sie zum viertenmal. Chase stand da, ohne einen Ton herauszukriegen, er kam sich vor wie ein Idiot. »Chase! Hörst du mich, junger Mann? Was wollte der Autor über die Natur des Menschen aussagen?« Inzwischen kicherten einige Klassenkameraden unverhohlen, und sein bester Freund Peter warf ihm einen gequälten Blick zu.

»Mr. Stillwell, Sir, es tut mir leid, aber ich weiß die Antwort auf Ihre Frage nicht«, sagte Chase leise.

»Sprich lauter, junger Mann!« Mr. Stillwell starrte ihn unverwandt an und erhob sich zu seiner vollen Größe von eins neunzig.

»Es tut mir leid, Mr. Stillwell«, sprach Chase laut, »aber ich weiß die Antwort nicht.«

»Sehr gut, na, dann setz dich und komm nach dem Unterricht zu mir.«

Chase setzte sich, das ganze Gesicht und die Ohren brannten ihm, im Magen war ihm flau.

Die nächsten dreißig Minuten waren die reine Qual. Chase befürchtete das Schlimmste, und in seinem Fall war die Furcht berechtigt. Mr. Stillwell hatte ihn schon wiederholt auf seine dürftigen Leistungen in Englisch hin angesprochen. Und er hatte seine Mutter im Laufe des Schuljahres schon mehrfach angerufen. Wenn dieser Lehrer einen Schüler auf dem Kieker hatte, kannte er keine Gnade. Mr. Stillwell war fest entschlossen, Chase nach seiner Vorstellung zurechtzubiegen. Um dies bei einem Zehnjährigen zu erreichen, war ihm jedes Mittel recht. Als es klingelte, erhob sich Chase und trat an den Tisch des Lehrers. Mr. Stillwell erkannte zwar den gequälten Ausdruck auf dem Gesicht des Jungen, aber er war entschlossen zu seiner Predigt.

»Chase! Ich nehme an, du hast dich der aufgegebenen Lektüre nicht unterzogen. Hast du eine Entschuldigung – und bitte komm gar nicht erst auf den Gedanken, das Eishockeyspiel von gestern abend als Grund dafür anzuführen, daß du eine Schulaufgabe nicht gemacht hast!« Das Gefühl in Chases Magen wandelte sich von flau zu speiübel. Der

Lehrer fuhr fort: »Du läßt mir keine andere Wahl, junger Mann, ich glaube, es ist Zeit für eine Unterredung mit deinen Eltern. Wir müssen ein System einführen, das funktioniert; dein Problem löst sich nicht von allein. Nach dem Mittagessen werde ich deine Mutter anrufen. Hast du davor noch etwas zu deiner Verteidigung vorzubringen?«

In Chases Kopf war ein Vakuum. Er konnte an nichts weiter denken als an seine Demütigung vor der ganzen Klasse, und daß ihn zu Hause garantiert eine Strafe erwartete, wenn Mr. Stillwell seine Mutter anrief – und, noch schlimmer, *beide* Eltern zum Gespräch bestellte! So erwiderte er nur: »Nein, Sir!«

»Du kannst gehen«, entließ ihn Mr. Stillwell und beugte sich wieder über seinen Schreibtisch.

Chase schlurfte mit hängenden Schultern aus dem Raum, er kam schon gleich für die nächste Stunde wieder zu spät. Mr. Stillwell war enttäuscht von dem Gespräch mit dem Jungen. Eigentlich mochte er Chase, und es machte ihm keine Freude, ihm so zuzusetzen. Doch er meinte, seine Vorgehensweise sei für den Jungen die beste Art. Chase war eindeutig eines der intelligentesten Kinder der fünften Klassenstufe, und Mr. Stillwell machte sich Sorgen wegen seiner offensichtlichen Konzentrationsschwäche. Im zweiten Schuljahr hatte die übertriebene Aktivität des Jungen außerhalb der Schule noch keine schlimmen Folgen gehabt, aber jetzt war er im fünften, die schulischen Anforderungen stiegen, und der Erfolg in der Schule hing in zunehmendem Maße von Konzentration und der Erledigung der Hausaufgaben ab. Mochte ihn auch der Gedanke nicht gerade erfreuen, daß er nun wohl für die häusliche Bestrafung von Chase gesorgt habe, so hielt Mr. Stillwell doch die Hinzuziehung der Eltern für die einzige Möglichkeit, um dem Jungen in der derzeitigen Situation zu helfen.

Das Telefongespräch mit der Mutter verlief nicht besonders erfreulich. Als Vicky erfuhr, daß Chase die aufgegebene

Lektüre für Englisch nicht absolviert hatte, regte sie sich sofort auf: »Was sollen wir denn noch machen? Er war immer ein Kind voller Energie. Die Sportveranstaltungen sind für ihn und seinen Vater wichtig. Ich schicke ihn jeden Tag auf sein Zimmer, damit er die Hausaufgaben macht und liest. Und ich helfe ihm jederzeit, wenn er mich darum bittet. In unserer Familie wird ständig gelesen, aber Chase hat unsere Freude an Büchern nie geteilt. Selbst seine kleine Schwester liest schon mehr als er, und sie ist erst neun! Chase schafft es kaum, sich still hinzusetzen und zu lesen, es sei denn, er ist von seinem Tag so müde und ausgelaugt, daß er seine Energie aufgebraucht hat. Dann schmökert er in einem Buch, aber hinterher ist es, als hätte er nie reingeschaut – er hat sich überhaupt nichts gemerkt!«

Mr. Stillwell dachte eine Weile nach und antwortete dann ruhig: »Ich entnehme Ihren Worten, daß Sie versuchen, Ihrem Sohn zu helfen. Ich weiß die richtige Lösung auch nicht; ich weiß nur, daß es sich um ein ernstes Problem handelt und daß es sich verschärft. Chase vermag sich nicht auf seine Hausaufgaben zu konzentrieren, und er bleibt allmählich zurück. Ich empfehle Ihnen, die Situation mit Ihrem Gatten zu erörtern, dann können wir uns alle drei zusammensetzen und einen Plan ausarbeiten.«

Vicky dankte Mr. Stillwell und legte auf. Sie war zutiefst erschüttert von dem Gedanken, ihr Sohn könne in der Schule ein Versager sein – das hätte sie niemals für möglich gehalten! Es war wie ein grausamer Scherz, als hätte sie ein Kind mit einem Geburtsfehler zur Welt gebracht. Dergleichen greuliche Dinge passierten in anderen Familien: Ihre eigenen Kinder aber waren so vollkommen, wie Kinder nur sein konnten. Stets hatten sie gute Manieren und Erfolge vorzuweisen gehabt, und die anderen mochten sie. Jedenfalls war es bisher so gewesen. Vicky war verunsichert und wußte einfach nicht, wie sie mit einem solchen Versagen ihres Kindes umgehen sollte, ihr fehlte jegliche Erfahrung.

Als Bradley am selben Abend davon hörte, reagierte er ganz anders als seine Frau: Er geriet bei dem Gedanken, daß sein Sprößling in einem Hauptfach derart dürftige Leistungen aufwies, in helle Wut. Er wußte, es war nichts weiter als Faulheit, Mangel an Fleiß und harter Arbeit. Ja, Mr. Stillwell hatte im Grunde genommen nur etwas ausgesprochen, was Brad bereits seit einer ganzen Weile argwöhnte: daß sein Sohn nachlässig wurde und seinen Pflichten nicht nachkam. »Wenn er so weitermacht, kommt er nie auf eine anständige Privatschule! Warum ähnelt er nicht mehr seiner Schwester?« fuhr Brad seine Frau an. Vicky brach in Tränen aus und verzog sich nach oben in ihr Schlafzimmer. Brad schwor sich, Chase sofort den Marsch zu blasen und dafür zu sorgen, daß er genug Zeit auf seine Leseaufgaben verwandte. Er ging nach oben, um Chase sofort zur Rede zu stellen, aber er fand den Jungen bereits schlafend – den *David Copperfield* noch aufgeschlagen neben sich auf dem Kopfkissen.

Das Problem Der zehnjährige Chase ist einem starken Druck ausgesetzt. Dauernd hat er das Gefühl, daß er fast jeden Tag *irgend jemanden* enttäuscht: seinen Trainer, Mr. Stillwell, und am häufigsten seinen Vater. Bradley setzt hohe Erwartungen in seinen Sohn und fühlt sich berechtigt, diese Erwartungen unnachgiebig durchzusetzen. »Die reale Welt fordert einen und vergibt nichts. Und je früher Chase das begreift, desto besser für ihn« – so verkündet er tagein, tagaus. Bradley war aufgewachsen in einer traditionellen Familie Neuenglands, bis ins Mark erfüllt von Arbeitsethik. Diese Wertbegriffe sind ihm in Fleisch und Blut übergegangen; nie kommen ihm Zweifel, ob vielleicht manche dieser Überzeugungen nicht ganz dem entsprechen, was für seinen Sohn das Beste wäre. Bradley führt ins Feld, diese Werte hätten ihn schließlich dahin gebracht, wo er heute steht, ohne sie hätte er weder die hochbezahlte Stellung bei einer angesehenen

Gesellschaft für Finanzverwaltung noch das großzügige Wohnhaus in einem noblen Vorort, in dem er mit seiner schönen, künstlerisch veranlagten Frau und zwei hübschen Kindern lebt. Brad ist so stolz auf alles, was er erreicht hat, daß er instinktiv seinen Sohn nach seinem Bild formen möchte. Doch wie viele Väter in einer ähnlichen Situation erinnert sich Bradley nicht mehr, wie ihm einst als Zehnjährigem zumute war. Er denkt sich seinen Sohn als eine verkleinerte Ausgabe seiner selbst, als einen Erwachsenen, dabei ist Chase ein Kind im fünften Schuljahr.

Bradley ist nicht sehr oft zu Hause. Seine vielen Reisen und Arbeitstermine schlucken fast seine gesamte, nicht dem Schlafen vorbehaltene Zeit. Chase hat nie Gelegenheit, mal mit seinem Vater einfach zu quatschen, ihm von den Dingen zu erzählen, die einem Zehnjährigen im Kopf umherschwirren, seinen Vater als Menschen kennenzulernen. Für Chase ist Bradley halb mythischer Superheld, halb Unhold. Er macht alles richtig, er hat finanziellen Erfolg und ist vielseitig begabt; Chase bewundert ihn für all seine Leistungen, und er bewundert ihn, weil er sein Dad ist. Bradley hat nicht viel Zeit für seinen Sohn übrig; solange alles gut läuft – wenn die Mannschaft siegt und die Zensuren erstklassig sind –, führt er über Wochen kaum mehr als flüchtige Gespräche mit seinem Sohn. Doch sobald Chase in irgendeinem Lebensbereich Leistungen unterhalb des Toplevels erbringt, klebt sein Vater sofort an ihm wie ein billiger Polyesteranzug. Plötzlich hat Brad Zeit, sich zu erkundigen, was in dem Eishockeymatch schiefgelaufen ist oder weshalb Chase für ein Buchresümee eine Zwei minus kassiert hat. Brad betrachtet es als seine Pflicht, sich einzuschalten, wenn sein Sohn abrutscht, aber er nimmt sich nie die Zeit, ihn für gute Arbeit zu loben. Kein Wunder, daß Chase Bauchschmerzen bekommt, sobald er das Auto seines Vaters spätabends in die Einfahrt rollen hört.

Dann ist da noch Victoria: Sie versucht, ihren Kindern das

Möglichste an Unterstützung zuteil werden zu lassen. Vicky hat sich intensiv in das Leseproblem ihres Sohnes eingeschaltet und alles mögliche ausprobiert, um ihm zu helfen. Vicky ist eine nervlich nicht sehr belastbare, sensible Frau; schon bei dem Gedanken, ihr Sohn könnte auf irgendeinem Gebiet weniger als vollkommen sein, bricht sie fast zusammen. Ihr Leben sieht so aus: Sie kümmert sich um die beiden Kinder, sie dekoriert das große Haus und gestaltet es pausenlos um; sie sammelt Spenden für die Schule, arbeitet mit in einer Gruppe für gemeinnützige Arbeit, und wenn ihr dann noch Zeit bleibt, betätigt sie sich künstlerisch oder probiert neue Kochrezepte aus. Vickys Beziehung zu ihrem Ehemann ist ein wenig distanziert und oftmals gespannt. Außer den Kindern haben sie jetzt nur noch wenig Gemeinsames, und Vicky hat einen gut Teil ihres Selbstwertgefühls in die Kinder investiert. Wenn Chase oder Catherine an irgendeiner Aufgabe scheitern, faßt Vicky dies als persönliche Niederlage auf. Und Bradley ist ihr keine Hilfe: Aus seiner Sicht hat Vicky so gut wie nichts anderes zu tun, als die Kinder großzuziehen, also sollte sie entstehende Probleme gefälligst lösen, ohne ihn damit zu behelligen. Bradley stellt an seine Frau ebenso hohe Ansprüche wie an alle anderen.

Chase liebt seine Mutter mehr als irgendeinen Menschen auf der Welt; sie ist immer für ihn da, fährt ihn zu seinen Eishockeymatches, hockt als Zuschauerin auf der Bank, näht das Mannschaftssymbol auf sein Sweatshirt. Chase wäre heilfroh, wenn sie ihm auch noch Zeit opfern würde, um ihm bei Hausaufgaben zu helfen, die ihm zu schaffen machen, vor allem bei Buchbeschreibungen und Aufsätzen für den Unterricht bei Mr. Stillwell. Vicky aber ist unbehaglich bei dem Gedanken, sich derart in das schulische Leben ihres Sohnes einzumischen, denn von seinen Hausaufgaben hat sie nicht allzuviel Ahnung. Außerdem gibt die Familie schließlich ein Vermögen für die Privatschule aus, damit die Eltern nicht zu Hause die Aufgabe des Lehrers erfüllen müssen.

Bradley erklärt immerzu, Chases Schule sei eine der besten im ganzen Land, und so meint Vicky, sie könne nicht viel tun, um die Bildung, die ihr Sohn dort empfängt, noch aufzubessern.

Und vergessen wir nicht Mr. Stillwell: Er ist ganz sicher auch ein Teil des Problems. Zwar ist er nicht der Menschenfresser, für den die Kinder ihn halten, aber für einen Jungen, der unter extremem Bewertungsdruck steht und an Versagensangst leidet, ist er ein schwieriger Lehrer. Wenn Chase herumzappelt und seine Gedanken wandern läßt, dann nimmt ihn Mr. Stillwell erst recht in die Zange. Davon wird Chase noch nervöser und unsicherer, seine Konzentration schwindet ganz dahin, und seine Leseleistung leidet noch mehr. Dann fühlt Chase sich noch unwohler in seiner Haut; er hat Angst, daß sein Vater von seinem Versagen erfährt, daß Mr. Stillwell ihn vor der ganzen Klasse demütigt. So sinkt seine Leistung zusehends, und er will nur noch fort und sich auf der Einkaufsmeile die CDs seiner Lieblingsband reinziehen. Mr. Stillwell meint, altväterliche Disziplin sei noch immer das Beste, um Kinder zurechtzubiegen, aber bei Chase schlägt dieses Mittel nicht an. Im Gegenteil: Der Junge wird von soviel Druck zermalmt. Chase glaubt nicht mehr, daß er ebensolche Leistungen im Lesen und in den anderen Fächern erbringen kann wie seine Klassenkameraden. Im Grunde hält Mr. Stillwell große Stücke auf Chases Fähigkeiten, Chase selbst aber glaubt, nicht für das Lesen begabt zu sein.

Die Freunde des Jungen tragen ebenfalls – vielleicht ganz unbewußt – zu seinem Leseproblem bei. Sein bester Freund Peter ist nicht gerade eine Leuchte in der Schule, und seine übrigen Kumpels findet er vor allem in den verschiedenen Sportteams, denen er angehört. Peters Lieblingsbeschäftigung ist das Bummeln auf der Einkaufsmeile, und Chases übrige Freunde haben ähnlich geistlose Interessen. Jedesmal, wenn die Mütter von Chase oder von Peter die beiden Jungen von drei bis sechs Uhr nachmittags auf den Boulevard fahren und sie dann mit ihrem Taschengeld losschwirren lassen, unterstützen und fördern sie die Unsitte ihrer Söhne, in fünfzig verschiedene CDs reinzuhören und zehn Dollar für Videospiele in der Ladenpassage auszugeben. Selbst für Erwachsene kann man die Einkaufsmeile als Freizeitbeschäftigung nicht sonderlich empfehlen. Für Zehnjährige ist sie die reinste Katastrophe. Wenn Chase abends nach Hause kommt, ist er so übersättigt von all dem ungesunden Fast-Food und den Süßigkeiten, so »boulevardhigh«, daß die Wahrscheinlichkeit, daß er sich hinsetzt und konzentriert Bücher für Mr. Stillwell liest, gleich null ist.

Was passierte also, nachdem Mr. Stillwell die Eltern zu einem Gespräch vorgeladen hatte? Victoria war bis ins Innerste getroffen, Bradley stinksauer, und Chase zitterte vor Angst. Diese Familie hatte jede mögliche Fehlstrategie ausprobiert, um diesen Jungen zum Lesen zu veranlassen. Hätten sie noch lange so weitergemacht, wären die Chancen des Jungen für seine weitere Schulbildung und berufliche Laufbahn endgültig vertan gewesen. Wir alle können von der Erfahrung dieser Familie ein paar Lehren für uns ableiten.

Falsche Strategien Verantwortlich für die wichtigste und folgenreichste Fehlstrategie war Chases Vater. Bradley glaubte fest daran, daß sein Motto »Keine Nachricht ist eine gute Nachricht« der beste Weg sei, die Wechselbeziehung zu seinem Sohn zu gestalten. Solange Bradley mit dem Vorankommen des Jungen zufrieden war, hatte er mit Chase nichts im Sinn. Er dachte, es mache keinen Sinn, Chase dann zu behelligen, wenn er gute Leistungen erbrachte: »Was nicht kaputt ist, muß nicht repariert werden.« Wenn aber irgend etwas schieflief, dann fand Bradley es sofort heraus und verkündete es aller Welt. Plötzlich stand Chase im Mittelpunkt der Aufmerksamkeit, und sein Vater wollte von ihm wissen, wieviel Zeit er täglich nach der Schule für die Lektüre des *Herrn der Fliegen* und wieviel Mühe er auf den Aufsatz darüber aufgewendet habe. Bradley fand es völlig in Ordnung, immer dann verstärkt Kontakt zu Chase zu suchen, wenn er merkte, daß der Junge Unterstützung nötig hatte. Aus seiner Vatersicht schlug er einfach immer dann Zeit für seinen Sohn frei, wenn der sie brauchte. Aus Chases Sicht stellte sich das Verhältnis allerdings ganz anders dar, als der Vater vermutete.

Chase empfand sich die meiste Zeit als ganz bedeutungslos für seinen Vater. Egal, wie gut er bei der Mathearbeit abgeschnitten oder wie emsig er bei einem großen Spiel gelaufen war, von Bradley war darüber nichts zu vernehmen. Falls Chase aber ein wichtiges Ziel verfehlte, dann stand sofort sein Vater auf der Matte. Was Chase interessierte, wonach er strebte, worüber er sich mit seinen Kumpels gestritten hatte und in welche Mädchen er verliebt war – all das beanspruchte nicht ein einziges Neuron im Hirn seines Vaters. Dem kam es nur darauf an, ihn zu bestrafen, wenn er sowieso niedergeschmettert war, seine Schwächen in die Welt hinauszuposaunen und ihm Gardinenpredigten über die »gute alte Zeit« zu halten. Die Strategie der gutartigen Vernachlässigung, solange alles in Ordnung war, und der »strengen Vaterliebe«, sobald die Dinge nicht so gut liefen, führte dazu, daß Chase sich unsicher und bedeutungslos für seinen Vater fühlte.

Obwohl Bradley, wenn er den Jungen bei jedem Ausrutscher auschimpfte, ihn nur zu besseren Leistungen anspornen wollte, bewirkte er genau das Gegenteil: Chase bekam innerlich einen Knacks, er begann an sich selbst zu zweifeln, fühlte sich als Versager. Statt mehr zu lesen und sich für Mr. Stillwell und dessen Unterricht zu engagieren, war er so entnervt und gelähmt vor Angst, daß er sich in ein Schneckenhaus verkroch und sich überhaupt keine Mühe mehr gab. Die Lehre aus Bradleys falscher Strategie läßt sich leicht ziehen: Man kann die Elternpflichten nicht als Teilzeitjob betrachten, bei dem die Präsenz nur gefordert ist, wenn das Kind etwas vermasselt. Zu Beginn des Schuljahres war Chase im Lesen noch gut gewesen. Mr. Stillwell gab ihm sogar, da er mit seinen Leistungen sehr zufrieden war, für den ersten Bewertungszeitraum eine Eins. Bradley aber bemerkte mit keinem einzigen Wort, daß er diese großartige Leistung eines Jungen, der bisweilen Lese- und Konzentrationsprobleme hatte, anerkannte. Chase erhielt nicht die dringend benötigte Rückenstärkung von dem Menschen, zu dem er aufblickte. Ohne diese verdiente positive Rückkopplung litt sein Selbstbewußtsein, sein Selbstvertrauen nahm ab, seine Leseleistung verschlechterte sich weiter.

Chases Mutter verfolgte andere Fehlstrategien. Sie hatte die fixe Idee, Chase dazu bringen zu müssen, die Sachen zu lesen, die *sie* für richtig hielt: Klassiker, Gedichte für Kinder und andere literarische Kostbarkeit für die Ewigkeit. Sie hätte sogar versucht, Chase zur Bibellektüre zu nötigen, nur stand die Bibel auf ihrer Prioritätenliste nicht so weit oben wie die Gedichte von T. S. Eliot oder *David Copperfield.* Doch das emotionale Klima, in dem Chase aufwuchs, begünstigte keineswegs die Liebe zum Lesen – und schon gar nicht zum Lesen der ehrwürdigen, aber anspruchsvollen Klassiker (anspruchsvoll zumindest für die meisten Jungen im Alter von Chase). Victoria wählte mit Vorliebe die Bücher aus, von denen *sie* dann *den anderen Müttern* sagen konnte, daß ihr Sohn sie gerade las. Sie kaufte die Bücher entweder in der Buchhandlung oder entlieh sie aus der Bibliothek. Und dann bestach sie Chase mit einer Geldprämie, damit er sie las. Sie sah das natürlich ganz anders; aus ihrer Sicht gab sie ihrem Sohn den nötigen Ansporn und Anreiz zu sinnvoller Lektüre. Er wollte auf der Einkaufsmeile CDs kaufen, dazu brauchte er Geld. Also nutzte sie das Verlangen ihres Sohnes nach mehr Taschengeld aus, um ihn zum Lesen zu bewegen.

Was war falsch an diesem Szenario? Fast alles. Zunächst einmal drängte Vicky dem Jungen ihre eigenen Vorstellungen von lesenswerten Büchern auf. Vielleicht lasen einige Kinder gern Dickens, Chase jedenfalls gehörte nicht dazu. Bei ihm war Sport groß angesagt. Aber Vicky wäre es nie im Traum eingefallen, ihm Bücher zu Themen, die ihn interessierten, in die Hand zu geben. Sie wollte, daß ihr Sohn gute Grundkenntnisse in klassischer Literatur bekam. Für Chase waren die ihm von seiner Mutter aufgedrängten Bücher erstklassige Schlafmittel. Warum las er sie dann? Zunächst einmal, weil Vicky ihn dazu zwang, indem sie ihn Distanz und Kühle spüren ließ, wenn er es nicht tat. Da sein Vater als emotionaler Partner gar nicht zur Verfügung stand (und Chase sich mit seiner Schwester nicht sehr gut verstand), war Chase auf die Mutter als seine Hauptstütze angewiesen. Eine Distanz zu ihr konnte er nicht ertragen; wenn sie ihm die kalte Schulter zeigte, bekam er gleich Magenschmerzen. So las er, um ihr zu gefallen, oder zumindest las er mechanisch und pro forma.

Der zweite Grund, aus dem Chase seine Lektüre absolvierte, liegt auf der Hand: des Geldes wegen. (Vielleicht würden die von Vicky ausgesetzten zwanzig Dollar pro Buch sogar manch einen von uns veranlassen, sich durch ein paar der dicken Schinken zu quälen.) Für einen Zehnjährigen war das eine Menge Geld. Und eben deshalb erwies sich Vickys Vorgehen als so verfehlt: Eltern sollten Kinder niemals mit regelmäßigen Geldprämien bestechen. Die Freude am Lesen muß das Kind selbst verspüren – *in seinem Innern.* Nur wenn ein Kind aus Büchern Interessantes, Witziges oder Neues erfährt, lernt es, gern zu lesen.

Versucht man, Kinder mit Geld zum Lesen zu bringen, werden sie nur ans Geld denken. Wenn der aufgegebene Lesestoff sie außerdem nicht interessiert, steigen sie mental oft aus und lesen nur mechanisch die Worte, ohne in der Leseerfahrung aufzugehen und die *Liebe* zum Lesen kennenzulernen. Ihre Gedanken kreisen nur noch um das Geld: Was sie dafür kaufen wollen, wieviel sie schon verdient haben, wann sie es ausgeben können und so weiter. Die Botschaft der Eltern ist für sie klar: Lesen ist eine Strafe, etwas, das die Freude und den Lohn nicht in sich selbst birgt. Eines ist es auf keinen Fall: *Spaß*! Denn wenn es Spaß wäre, würde dem Kind ja kein Geld dafür geboten. Es liegt also klar auf der Hand, daß Lesen eine Pflichtaufgabe ist, eine tagtägliche Schinderei, die man um des Geldes willen auf sich nimmt. Das Kind vernimmt dies als laute und deutliche Botschaft.

Falsch von Vicky war es außerdem, Chase jeden Tag auf sein Zimmer zu schicken, damit er dort für sich allein las. Chase kam das so vor, als müsse er eine Strafzeit absitzen. In Wahrheit wollte Vicky mit ihren Freundinnen am Telefon tratschen oder ein neues Kochrezept ausprobieren, ohne von dem Sohn gestört zu werden. Sie argumentierte, Chase müsse doch Ruhe haben, um den Lesestoff in sich aufzunehmen. Mir erscheint das als Ausrede, und Chase sah das auch so. Er brauchte Hilfe beim Lesen, und die Mutter hätte ihm die geben können, wenn sie sich die Zeit genommen und sich mit ihm hingesetzt hätte, um einen Teil des Stoffs mit ihm durchzugehen. Statt dessen war er verbannt zum stillen Lesen, allein mit sich selbst. Wenn er Fragen hatte, konnte er sie bei niemandem loswerden. Dann kam er durcheinander, übersprang Passagen, verlor den Faden der Erzählung und versuchte gar nicht mehr, der Handlung zu folgen. Und außerdem: Wenn Vicky schon keine Lust hatte, Zeit für das Buch zu opfern, weshalb sollte er es dann tun?

Aber es gab noch einen weiteren Grund, weshalb es falsch war, Chase zum stillen Lesen auf sein Zimmer zu verbannen: So nämlich hatte Vicky keine Vorstellung, wieviel Zeit er für den von der Schule aufgegebenen Lesestoff und wieviel für die von ihr vergütete Zusatzlektüre aufwandte. In der Tat schummelte Chase bei der aufgegebenen Lektüre, um schneller die Kasse zu füllen. Hätte Vicky die Kontrolle nicht schleifen lassen, so hätte sie darauf bestehen können, daß er zuerst die Schullektüre absolvierte, ehe er sich den von ihr beschafften Büchern zuwandte.

Schuldig war Vicky außerdem der Anstiftung zu den kleineren Delikten: »Einkaufsboulevard als Spielwiese«, »Videospiele als Unterhaltung«, »Einkaufen als Unterhaltung«. Kindern beizubringen, es sei durchaus akzeptabel, die Zeit nach der Schule in einem Einkaufsparadies oder einer Spielothek zu verbringen, sollte zur strafbaren Handlung erklärt werden. Indem Vicky ihren Sohn auf die Einkaufsmeile fuhr und ihn mit seinem Freund Peter herumstreunen ließ, stärkte sie die in unserer Gesellschaft ohnehin vorherrschenden geistfeindlichen Werte. Das Komische dabei ist: Vicky bildete sich einiges auf ihre umfassende Bildung und ihr breitgefächertes Wissen ein. Bradley war ebenso stolz auf all die Zeugnisse seiner guten Bildung und Erziehung. Und doch hatten sie stillschweigend zugelassen, daß ihr Sohn keineswegs in die Fußstapfen seiner intelligenten und begabten Eltern trat, sondern eine Liebe zum Kommerz und zum Kitsch entwickelte. Dieses Paar meinte, wenn es die Leistungen des Jungen in der Schule überwachte und ihm Bestechungsgelder zuschob, damit er *Moby Dick* las, dann sei das ein ausreichender Ersatz für direkte Anteilnahme am Lesen oder an den praktischen Aufgaben für die Schule. Ein trauriger Irrtum.

Erheblich wichtiger als das, *was Eltern sind*, ist das, *was sie tun*: Weniger gebildete Eltern, die mit ihren Kindern lesen und arbeiten, werden intelligentere, erfolgreichere und besser motivierte Kinder heranziehen als hochgebildete Eltern, die sich von der geistigen Entwicklung ihrer Kinder abkoppeln. (Dies ist nicht nur meine Meinung – bedeutende Forschungsprojekte haben diese Tatsache erhärtet.)

Eine weitere falsche Strategie dieser Familie ist in ihrer Tendenz zu sehen, ständig die kleine Schwester Catherine für ihre frühzeitigen Fertigkeiten im Lesen hoch zu loben, als handle es sich um eine achtjährige Olympiasiegerin. Catherines Leistung soll keineswegs geschmälert werden – sie war aufgeweckt und gescheit und verdiente Lob. Doch indem beide Eltern dauernd Aufhebens um die Kleine machten, während sie Chase wegen seiner Leistung im Lesen häufig tadelten und ächteten, minderten sie sein Selbstwertgefühl. Catherine war ein Mädchen, und für Bradley war das ein gewaltiger Unterschied. Sie war nämlich »Daddys Kleine«. Brad vermochte ihr gegenüber mehr Gefühl und Sensibilität zu zeigen, als er es bei Chase, einem jungen Mann, für angebracht hielt. Auch Vicky verhätschelte Cathy, den kleinen Engel der Familie. Die Situation ist schwierig, wenn Eltern ein Kind mit einem Leseproblem haben und dazu ein zweites, das an der Schule als Superstar gilt, oder, wie in Catherine Fall, als gerade aufkeimender Superstar. Für Chase war es hart, mit Catherine wetteifern und sich gegen all die Liebe und Aufmerksamkeit, die ihr zuteil wurden, behaupten zu müssen. Als er spürte, daß die kleine Schwester in der Tat rascher Zugang zum Lesen und zu Büchern fand, als das bei ihm der Fall gewesen war, identifizierte sich Chase nur um so mehr mit dem Sport und anderem nichtgeistigen Zeitvertreib. Natürlich merkte er auch, daß seine Schwester dem Vater irgendwie angenehmer war als er, und das war auch nicht gerade hilfreich.

Dies führt uns zu einer weiteren Strategie, die bei Chase absolut nichts brachte. Der auf ihn ausgeübte Druck, sich in jedem Lebensbereich auszuzeichnen, war in seinem Alter eine zu schwere Bürde. Doch die Eltern stachelten Chase dauernd an: Er müsse sein Teil beitragen, um den Spitzenplatz seiner Sportmannschaften zu halten; Catherine schaue zu ihm auf; Tante Ruthy, die keine eigenen Kinder hatte, blicke auf Chase, er sollte ihr die Träume erfüllen, die sie für einen eigenen Sohn gehegt hätte; Bradley sei schon mit zwölf bei fast jedem Eishockeyspiel der Torschützenkönig gewesen; Chase müsse hervorragende schulische Leistungen erbringen, wenn er auf eine gute Privatschule als Vorbereitung für ein erstklassiges College kommen wolle... So ging es immerzu. Bei manchen Kindern, die träge sind, kann Druck helfen, damit sie sich zusammenreißen und in die Gänge kommen. Chase aber war durchaus nicht träge: Er mühte sich redlich, aber war müde. Der Druck führte bei ihm zu innerlichen Spannungen und Nervosität. Wenn er den Ansprüchen nicht gerecht wurde, fühlte er sich als Versager. Außerdem zeigte er schon erste Anzeichen eines Magengeschwürs.

Auch Mr. Stillwell erprobte einige falsche Strategien – und durchaus ein paar erfolgversprechende; die aber wurden von Chases Eltern torpediert. Seine Bemühungen waren ehrlich, führten aber häufig ins Leere. Wie Vicky und Bradley setzte auch der Lehrer vor allem auf Druck; er knauserte mit Lob, war aber großzügig beim Austeilen von Kritik. Seine Ideen, wie man Chase zum Lesen veranlassen könnte, bezogen häufig Chases Eltern mit ein, als ob dies das Problem kurzfristig lösen könnte. Er konnte sich durchaus ein Bild von den Eltern und dem häuslichen Leben dieser Familie machen: Wäre er unvoreingenommener an die Sache herangegangen, hätte er vielleicht gemerkt, daß es besser war, mit Chase direkt zu arbeiten, als den Druck noch weiter zu erhöhen. Das Problem verschlimmerte sich nur noch, als Mr. Stillwell den Jungen ausschimpfte und ihm mit spürbaren Strafen drohte (so etwa, ihn für eine Woche vom Eishockey beurlauben zu lassen, wenn er sein Buchresümee zu spät lieferte). Mr. Stillwell agierte allzusehr im Stil von Chases Vater.

Apropos Mr. Stillwell: Was kam bei seinem Gespräch mit Vicky und Bradley heraus? Wie nicht anders zu erwarten, beschlossen die Eltern, die Empfehlungen des Lehrers, wie man Chase helfen könnte, getreulich umzusetzen. Nur war die Art und Weise, wie sie diese Ideen umsetzten, für *ihren* Sohn ungeeignet. Stillwell schlug als erstes vor, die Eltern sollten bei Chase die sportlichen Aktivitäten beschneiden. Bradley und Vicky redeten mit dem Trainer und vereinbarten, daß Chase in die Reserve zurückgestuft wurde – ohne das vorher mit Chase zu besprechen! Der Junge verlor weiter an Selbstvertrauen und wurde noch neurotischer: Jetzt war er nicht nur in den Augen seiner Familie ein Versager, sondern stand zusätzlich noch als Blödmann und Pfeife vor seinen Kumpels da. Die Versetzung auf die Reservebank hätte für einen Jungen, der träge war und sich der Verantwortung entzog, durchaus ein gutes Mittel sein können, um ihn zu härterem Arbeiten anzustacheln. Bei Chase aber, dem es ohnehin an Selbstvertrauen mangelte und der von allem überfordert war, bewirkte die überraschende Zurückstufung, daß er sich vor seinen Freunden und seinem Vater erniedrigt fühlte; sein Problem wurde dadurch nur schlimmer.

Als zweites regte Mr. Stillwell an, daß die Eltern mehr Nachdruck auf das ungestörte häusliche Lesen legen sollten. Chase sollte gezwungen werden, mehr Zeit allein mit seinen Büchern zu verbringen, ohne jede Ablenkung wie Telefon und Fernsehen. Mr. Stillwell dachte offenbar, Chase hänge nach der Schule vor dem Fernseher und stopfe ungenießbares Fast Food in sich hinein. In Wahrheit aber brachte Chase schon ziemlich viel Zeit allein auf seinem Zimmer zu, und diese Zeit zu verlängern war nicht richtig.

Zum dritten regte Mr. Stillwell an, daß die Lektüre und alle Aufgaben für die Schule Vorrang bekommen sollten vor Ausflügen auf den Einkaufsboulevard, Besuchen bei Freunden, ja selbst vor der von Vicky ausgewählten Lektüre. Hurra! Das waren wirklich ein paar brauchbare Vorschläge, die Crux war nur, daß die Eltern keinen einzigen akzeptierten: Vicky fuhr selbst nur allzugern ins Einkaufsparadies, und sie genoß ihre freie Zeit, wenn Chase seine Freunde besuchte. Sie hatte keine Lust, jeden Tag zu Hause zu sitzen, während Chase seine Hausaufgaben erledigte. Vicky meinte auch, die von ihr für Chase ausgesuchten Bücher seien wichtig und man könne erwarten, daß er sie nach seinen Schularbeiten noch las. Aber wir wissen bereits, daß zwischen den von Stillwell und den von Vicky aufgegebenen Büchern ein großer Unterschied bestand (und zwar nicht im Hinblick auf ihre Eignung für einen Zehnjährigen – die lag in beiden Fällen bei null). Ich meine natürlich die grünen Scheinchen. Chase ließ die Hausaufgaben und die von Mr. Stillwell aufgegebenen Bücher deshalb schleifen, weil er das Geld für die von der Mutter ausgesuchten Bücher wollte. So verpufften selbst die wenigen guten Ideen Stillwells, weil die Eltern sie nicht befolgten.

Nach all dem Gesagten ist klar, daß die Situation von Chase wirklich deprimierend war. Einerseits hatte er viele Trümpfe in der Hand, andererseits nicht einen einzigen. Er war intelligent, sportlich, sah gut aus, war gut bei Kasse – und doch war er mit zehn Jahren entmutigt und neurotisch wegen seines Leseproblems. Was konnte seine Familie tun, um ihm zu helfen?

Erfolgsstrategien Mit einigen erfolgversprechenden Strategien könnte die Familie Chase helfen, seine natürlichen Anlagen besser zu nutzen, vor allem seine Intelligenz und seine Bereitschaft, fleißig für Dinge zu arbeiten, an denen ihm etwas liegt. Die erste und wichtigste Strategie setzt allerdings voraus, daß Bradley und Victoria ihre Sichtweise verändern. Die Eltern müssen damit aufhören, auf ihren zehneinhalbjährigen Sohn so starken Druck auszuüben. Ein Kind ständig zu drängen, mehr Leistung zu bringen, ist für Eltern und Kind anstrengend – doch das Resultat steht in keinem Verhältnis zum Aufwand. Uneffektiv und schädlich war zudem Victorias und Bradleys Orientierung auf *äußerliche* Ziele, materielle Anreize und Belohnungen. Einige negative Folgen werden sofort sichtbar, andere ernsthafte Schäden mögen vorerst unerkannt bleiben, bis die Auswirkungen das Kind viele Jahre später einholen. Es gibt umfangreiche Forschungen zum Thema der extrinsischen beziehungsweise intrinsischen Motivation und zu den jeweiligen Auswirkungen auf die Entwicklung und Leistung von Kindern. Wie können diese Untersuchungen dazu beitragen, erfolgversprechende Strategien für Chases Fall zu ermitteln?

Betrachten wir die Situation des Jungen. Seine Familie lebte ausschließlich für den äußeren Schein und die greifbaren, materiellen Vorteile im Leben. Chase sah sich in einem schönen Heim, umgeben von kostspieligen Besitztümern. *Besitzen* war für diese Familie ebenso wichtig wie *tun* – oft noch wichtiger. Ihr Lebensziel bestand darin, die beste Ausbildung zu bekommen, um den besten Job zu erobern, um das meiste Geld zu verdienen, um das größte Haus kaufen zu können... Von Freude am Leben oder sinnvollen Erfahrungen war kaum die Rede. Worauf es ankam, war, in den Augen der Welt erfolgreich zu sein. Leider ist dies ein für unsere Gesellschaft sehr typisches Bild. Familien, die äußere Werte in den Vordergrund stellen, zahlen ihren Kindern oft Geld, damit sie gute Noten nach Hause bringen, mehr lesen oder zusätzliche Aufgaben für die Schule erledigen. Diese Eltern halten das Geld für den stärksten Motivator überhaupt. Kinder wünschen sich immer besondere Kleidung oder CDs oder zusätzliches Geld für Pizza. Wenn die Eltern sie dann mit Geldprämien bestechen, glauben sie, ihnen damit nur einen Vorgeschmack auf das Erwachsenenleben zu geben – wo wir angeblich alle nur für einen Scheck arbeiten. Eltern mit einer Orientierung auf äußerliche Ziele legen auch oft erheblichen Wert auf Zensuren und gesellschaftlich anerkannte Leistungsnachweise, wie etwa ein hohes Torergebnis bei einem Eishockeyspiel. Abermals geht es um handfeste, greifbare Beweise – äußerliche Beweise – für Erfolg. In diese Falle der extrinsischen, also äußerlichen Motivation tappen reiche wie arme Familien gleichermaßen: Besitztum und äußerer Schein sind von größerer Bedeutung als sinnvolle Leistungen und Gefühle des Eigenwertes und wahren Glücks.

Betrachten wir nun das Gegenteil dazu: Eine Familie ist

orientiert auf intrinsische Motivation und Belohnungen. Die Angehörigen dieses Familientyps mögen vielleicht auch in einem schönen Heim wohnen, aber falls sie es nicht geerbt haben, wird es wahrscheinlich nicht gerade protzig sein. Vielleicht fahren sie Autos, die schon ein paar Jahre alt, aber dafür abbezahlt sind. Der äußere Schein spielt für diese Leute keine so große Rolle – für sie gilt nicht so sehr, was Nachbarn, Freunde oder der weitere Familienkreis denken. Was zählt, sind Überzeugungen, die sie für richtig erachten, und Dinge, an denen sie sich tief in ihrem Innern erfreuen. So nehmen beispielsweise Erwachsene aus mehr auf innere Werte orientierten Familien schlechter bezahlte Jobs in Kauf, weil sie an eine Sache oder an die Firma glauben. Und gegenüber ihren Kindern betonen solche Eltern mehr das Lernen und die Liebe zum Lernen als »erstklassige Zensuren und Tore um jeden Preis«. Solchen Eltern liegt daran, daß ihre Kinder aus der Erfahrung des Schulbesuchs Nutzen ziehen. Auch sie wollen, daß ihre Kinder gute Noten bekommen, aber noch mehr Wert legen sie darauf, daß die Kinder lernen, die Liebe zum Lernen zu *verinnerlichen*. Auch hier gilt: Auf innere Werte ausgerichtete Eltern können sowohl arm als auch reich sein. Worauf es ankommt, ist, daß sie in ihrem Leben mehr das innere Glück und persönlich definierte Zielvorstellungen verfolgen als von der Gesellschaft vorgegebene Werte.

An inneren Wertbegriffen orientierten Eltern ist auch klar, daß sie mit ihren Kindern arbeiten und sie unterstützen müssen, damit sie Freude am Lesen entwickeln. Sie werden ihren Kindern von klein auf vorlesen und sie lehren, daß Bücher etwas Wunderbares sind. Statt sie mit Geld zu bestechen und auf ihr Zimmer zu schicken, damit sie büffelnd ihre Stunden absitzen und sich so das Geld verdienen, werden diese Eltern ihren Kindern die Freude am Lesen durch eigenes Beispiel und gemeinsames Arbeiten vermitteln.

Im Endergebnis läuft es darauf hinaus, daß Kinder, die in

einem von *extrinsischer* Motivation geprägten Umfeld aufwachsen, von ihren Eltern und Lehrern einerseits unter Druck gesetzt, andererseits mit materiellen Belohnungen bestochen werden, zu lernen. Sie mögen gleichfalls fleißig für die Schule arbeiten, aber sie erwarten, für ihre Mühe etwas Greifbares zu bekommen. Kindern aus einem an inneren Werten orientierten Umfeld empfinden stärker die innere Freude am Lernen und Lesen. Sie werden zu selbstmotivierten Persönlichkeiten. Diese Kinder greifen zu Büchern und machen Hausaufgaben, weil sie in ihrem Innern den positiven Effekt spüren. Selbstverständlich gibt es in der Praxis keine ganz klare Trennung: Kinder wachsen meist in einem Umfeld auf, in dem beide Orientierungen sich vermischen. Von Vorteil ist es jedoch, wenn der Schwerpunkt mehr bei den inneren und nicht bei den äußeren Werten liegt.

In Chases Fall war eine stärker auf innere Ziele und Belohnung hinarbeitende Orientierung dringend nötig. Sein Selbstwertgefühl hing gänzlich davon ab, ob seine Mannschaft die meisten Tore schoß und das Spiel gewann, ob er lauter Einsen heimbrachte oder ob seine Mutter mal wieder sauer auf ihn war, weil er den neuesten von ihr aufgegebenen Klassiker nicht gelesen hatte. Sein ganzes Leben war von solchen Überlegungen bestimmt. Chase flitzte nie über das Eis, weil es ihm solchen Spaß machte – er lief, weil schon sein Vater gelaufen war. Er las nie etwas, weil es ihn interessierte – er las, was ihm sein Lehrer und seine Mutter aufgaben, damit er gute Zensuren, Geld und Zuspruch bekam. Im Grunde brachte Chase sein ganzes Leben damit zu, äußerlichen Belohnungen nachzujagen. Seine Eltern hatten ihr Leben im großen und ganzen nach diesem Prinzip eingerichtet, und Chase nahm diese Werte unbewußt in sich auf.

Um Chase eine andersgeartete Zielstruktur zu geben, muß die Familie den Druck reduzieren und das Schwergewicht verlagern. Chase muß ein Gefühl dafür entwickeln, daß man einfach aus Freude am Lesen ein Buch zur Hand nimmt – zumindest ab und zu. Und er muß spüren, daß es beim Eislaufen vor allem darauf ankommt, sein Bestes zu geben. Vielleicht mag er die Klassiker nicht lesen. Vielleicht mag er auch gar nicht Schlittschuh laufen – er wurde nie gefragt; man setzte einfach voraus, daß er seinem Vater nachschlug. Wenn Victoria und Bradley Chase helfen wollen, müssen sie umdenken. Sie müssen den Jungen lesen lassen, was er gern möchte, und überhaupt weniger hohe Anforderungen an ihn stellen. Nur so können sie ihm vermitteln, daß man Dinge aus Freude tut und mit Spaß lernt.

So besteht die erste konkrete Erfolgsstrategie für die Eltern darin, den Schwerpunkt in Chases Umfeld allmählich zu verlagern. Wenn sie einsehen, daß Chase sich bei der gegenwärtigen Regelung nicht verbessern wird, fällt es ihnen vielleicht leichter, die erforderlichen Änderungen herbeizuführen. Als erstes müssen sich die täglichen Gespräche um andere Dinge drehen: weg von den erzielten Toren, den erarbeiteten Zensuren und den fertiggelesenen Kapiteln. Wenn Bradley sich vornähme, Chase jeden Tag nach ein, zwei Dingen zu fragen, die mit den praktischen Erfahrungen des Jungen zu tun haben und nicht so sehr mit seinen konkreten Leistungen, dann würde der Schwerpunkt allmählich neu bestimmt. Brad könnte fragen: »Was hältst du von dem Buch? Gefällt es dir?« oder »Wie fandest du das Spiel?« oder »Was möchtest du gern lesen, wenn du wählen könntest?« Vielleicht wäre Chase zuerst etwas irritiert, aber nach und nach würde er merken, daß sein Vater sich für mehr interessiert als für sportliche Siege und gute Zensuren.

Eine weitere Erfolgsstrategie zielt darauf ab, daß die Eltern Chase ermutigen, alles mögliche zu lesen, was ihm gefällt: Comics, Kinderbücher, Sportmagazine, egal was, wenn es nur Lektüre ist. Auf diese Weise wird Chase lernen, daß zumindest manche Lektüre Spaß machen kann. Und er wird auch erfahren, daß seinen Eltern die Dinge, die er mag, wichtig sind. Vielleicht könnte Vicky den Sohn in eine Buchhandlung mitnehmen und ihn in die Abteilung mit Sportliteratur für Jugendliche führen. Dies wäre weitaus gesünder, als ihn in Gesellschaft seiner Kumpels mit zehn Dollar in der Spielothek abzuliefern, um sich einen ruhigen Nachmittag zu verschaffen. Auch Brad könnte Sportmagazine oder anderen Lesestoff, der Chase gefallen müßte, mitbringen und ihm abends geben. Damit würde er demonstrieren, daß er nicht zu beschäftigt war, um nicht auch noch an seinen Sohn zu denken.

Was Brad angeht, so muß er unbedingt mehr Zeit mit seinem Sohn verbringen, Zeit, die frei ist von Druck und nichts zu tun hat mit materieller Belohnung für Leistung. Es täte Chase gut, wenn er seinem Vater von dem Streit mit seinem besten Freund erzählen und ihn um seinen Rat fragen könnte, wie er mit seinen Gefühlen umgehen soll. Vielleicht könnte Brad mit Chase radfahren (oder irgend etwas anderes tun, das nichts mit Siegen, Verlieren und Punktezählen zu tun hat) und ihn anschließend in den Buchladen mitnehmen, um in den Regalen zu stöbern. Kleine Bemühungen dieser Art werden Chase zu einer entspannteren Haltung verhelfen und ihm zeigen, daß das Leben Spaß macht – und das sollte es, wenn man zehn Jahre alt ist. Auch die Magenschmerzen werden schwinden, wenn der Junge aufhört, sich mit Leistung und ständigem Siegenwollen verrückt zu machen.

Für Vicky kommt es darauf an, daß sie Chase zum Lesen nicht mehr wie einen Aussätzigen allein auf sein Zimmer schickt. Sie sollte sich Zeit nehmen, mit ihm zu arbeiten, auch wenn sie deswegen das neue Kochrezept erst einen Tag später ausprobieren kann. Chase braucht das Gefühl, daß seine Mutter an seinen Sorgen teilnimmt und daß sie sich um ihn kümmert. So kann er sie mehr als Verbündete beim Lernen empfinden, zumal wenn sie ihn nicht mehr mit Prämienzahlungen für die Lektüre von – für ihn – abscheulichen Büchern zu bestechen versucht. Das heißt nicht, daß sie ihm niemals für eine gute Leistung Geld schenken darf – eine gelegentliche Anerkennung ist durchaus akzeptabel, solange es nicht in eine Regelung des Typs »Honorar für eine Dienstleistung« ausartet.

Außerdem müssen beide Eltern damit aufhören, ihren kleinen Engel Catherine derart zu bevorzugen. Ständig von Catherines guten Taten zu reden, muß ihren sensiblen Sohn verletzen, vor allem wenn seine Leistungen stets unerwähnt bleiben. Wenn die Eltern etwas Lobendes über Catherine sagen, sollten sie auch etwas Angenehmes über Chase einfließen lassen. Er hat schließlich auch Talente, mögen sie auch anders gelagert sein als die von Cathy. Er muß spüren, daß seine Talente von seinen Eltern anerkannt werden. Falls Catherine unverhohlen gemein und boshaft zu ihm ist, wie sie es sich angewöhnt hat, dann sollten die Eltern eingreifen und sie in die Schranken weisen.

Ganz allgemein verlangt eine auf Erfolg zielende Herangehensweise, daß Chase mehr für seine *Mühe* als für die konkrete Leistung belohnt wird. So lernt er dann, sich mehr auf die Fertigkeiten an sich als auf die Ergebnisse zu konzentrieren, und Mißerfolge werfen ihn nicht aus der Bahn. Kinder, die träger veranlagt sind, müssen unter Umständen auf mehr Leistung getrimmt werden. Doch Chase übertrieb in dieser Richtung ohnehin schon. Indem Eltern die Anstrengung betonen und lobend hervorheben, helfen sie ihrem Kind, das Übermaß an Spannung abzubauen. Dann wird seine natürliche Veranlagung effektiver zum Tragen kommen. Es wird mehr leisten und sich dabei in seiner Haut wohler fühlen. Das Kind wird nicht mehr denken: *Es kommt nur auf den Sieg* an, sondern: *Es kommt darauf an, sich zu bemühen.* Diese Einstellung ist entscheidend.

Und was ist mit Mr. Stillwell? Er hatte ein paar gute Vorschläge gemacht, aber die Eltern hatten sie ignoriert. Der Rat des Lehrers, die sportliche Betätigung des Jungen *ein wenig* zurückzuschrauben, war richtig; aber es war falsch, Chase gleich vollkommen in die Reserve zu schicken, ohne jede Vorwarnung und ohne Diskussion. Der Junge braucht Zeit, um sich still hinzusetzen und nach und nach die Liebe zum Lesen zu entdecken. Abends um acht Uhr ist er dafür zu müde. Bradley muß sich von der Vorstellung verabschieden, daß Chase sicher in seine Fußstapfen treten wird. Bradley war ein exzellenter Eisläufer, aber deswegen muß Chase es noch lange nicht sein. Für Chase wäre es besser, wenn er lernen würde, Bücher zu lieben und seine Aufgaben für die Schule gern zu machen, als viele Tore zu erzielen. Doch damit das passiert, muß Bradley ein wenig zurückstecken und sich in die Realität schicken. Es geht um das Leben seines Sohnes, ihm muß erlaubt sein, seine eigene Persönlichkeit mit seinen eigenen Hobbys und Interessen zu entfalten. Mr. Stillwell hatte Vicky auch empfohlen, Chase nicht weiter zu drängen, die zusätzlichen Bücher zu lesen, die sie für gut und richtig hielt. Stillwell hatte recht. Dieses Kind war einem zu starken Druck ausgesetzt. Für Dickens und Eliot bleibt später noch viel Zeit. Manche von Mr. Stillwells Ratschlägen versprachen also durchaus Erfolg.

Und trotzdem war der Lehrer zugleich ein Teil des Problems. Um sein Verhältnis zu Chase ins Lot zu bringen, sollten Vicky und Bradley ein offenes Gespräch mit ihm suchen. Sie sollten diesem pflichtbewußten, aber altmodisch eingestellten Lehrer sagen, wie sehr sie sein hohes Engagement und sein Interesse an ihrem Sohn schätzen. Und sie könnten vorschlagen, daß er mit der Familie zusammenarbeitet, um Chase im Lesen zu fördern. Möglicherweise würde Mr. Stillwell positiv auf die Anregung reagieren, bei Chase weniger hart zuzupacken und ihm dafür mehr den Rücken zu stärken – auch wenn viele Kinder von Strenge durchaus profitieren. Vielleicht sieht Mr. Stillwell ein, daß seine Vorgehensweise nicht die ideale war, und er arbeitet an der Lösung mit. Falls er nicht positiv reagiert, könnten Vicky und Brad immer noch alles daransetzen, ihrem Sohn zu Hause zu helfen und dem negativen Einfluß des Lehrers entgegenzuwirken. Sie könnten Chase erklären, daß Mr. Stillwell viel für ihn übrig hat, auch wenn er dies manchmal auf seltsame Weise zeigt. Chase zu erklären, wie sich die Sache aus Stillwells Perspektive darstellt, ist ebenfalls keine schlechte Idee. Chase ist intelligent genug, um zu verstehen, daß Mr. Stillwell in einer ganz anderen Epoche großgeworden ist. Wenn Chase den Lehrer besser versteht, kann er vielleicht effektiver mit ihm zusammenarbeiten. Außerdem kann sich die gegenwärtige Spannung zwischen Kind und Lehrer abbauen, wenn die Zensuren von Chase besser werden – und dies wird unweigerlich geschehen, wenn der Druck auf den Jungen reduziert wird.

Die generelle Umstellung – weg von der Betonung äußerlicher Motivatoren, Ziele und Belohnungen – sowie eigene Anstrengungen werden Chase helfen, sein Leseproblem sowie die anderen schulischen und außerschulischen Probleme zu lösen. Es fällt Chase oft schwer, sich zu konzentrieren, doch das liegt vor allem daran, daß sein Leben so zersplittert und seine Zeit so vielfältig beansprucht ist. Er wird sich besser konzentrieren und seiner Arbeit ein neues Zentrum geben können, wenn sein Wochenplan entlastet wird und er über mehr eigene Zeit verfügt. Chase kann seine Leseprobleme überwinden, wenn ihm Lektüre angeboten wird, die ihm gefällt, und wenn seine Eltern ihre Anforderungen zurückschrauben und ihn einfach Kind sein lassen.

Die Moral von Chases Geschichte

Zwingen Sie Ihrem Kind hinsichtlich seiner Lektüre nicht die eigenen Vorstellungen und Wertbegriffe auf. Falls Sie Ihre Wertvorstellungen nicht auf positive Weise, mit einer ansteckend wirkenden Begeisterung vermitteln können, erreichen Sie das Gegenteil: Das Kind wird Ihre Vorschläge ablehnen. Eine generelle Regel lautet: Solange das Kind die

Lektüre für die Schule absolviert, lassen Sie es in seiner Freizeit lesen, was ihm beliebt. Es soll entdecken, daß Lesen Freude macht und wertvolle Informationen *für das Kind selbst* liefern kann.

❧ Greifen Sie das Kind nicht wegen seiner Fehlleistungen an, ohne es für Erfolge auf anderen Gebieten regelmäßig zu loben. Diskutieren Sie vielmehr sein Leseproblem im Zusammenhang mit den Bereichen, in denen es Gutes leistet. Weisen Sie darauf hin, daß die Fertigkeit im Lesen ebenso lernbar ist wie jene Fähigkeiten, die es gut beherrscht.

❧ Bezahlen Sie Ihr Kind nicht regelmäßig dafür, daß es liest! Denn so wird es keine *innere* Motivation entwickeln (und es lernt nicht zu lesen, weil Lesen Freude macht).

❧ Helfen Sie Ihrem Kind, das Verhalten schwieriger Lehrer zu verstehen, indem Sie ihm die Situation aus der Sicht des Lehrers darstellen, sich dann die Sicht des Kindes anhören und sie gelten lassen.

❧ Sagen Sie Ihrem Kind oft, daß es klug und talentiert ist. Erwähnen Sie frühere Erfolge beim Lesen und betonen Sie, daß sie wiederholbar sind.

❧ Regen Sie sich wegen des Leseproblem nicht übermäßig auf, verfallen Sie nicht in Panik! Viele Kinder haben zu einem bestimmten Zeitpunkt ein Leseproblem. Mit Ihrer Hilfe kann das Kind das Problem lösen, ohne dauerhaften Schaden davonzutragen. Spielen Sie das Problem nie vor dem Kind selbst zur Katastrophe hoch!

❧ Reden Sie mit Ihrem Kind nicht nur dann über das Lesen, wenn ein Problem auftritt. Sprechen Sie mit ihm täglich über alles, was für das Kind wichtig ist, darunter auch das Lesen.

❧ Loben Sie nicht lauthals Bruder oder Schwester des Lesemuffels oder einen seiner Freunde für vortreffliche Leistungen in der Schule und beim Lesen, wenn dies einer Kritik an ihm gleichkommt. Heben Sie die Begabung eines jeden

Kindes und den Wert der Anstrengung für ein gutes Ergebnis hervor.

~ Ermuntern Sie Ihr Kind, sich mit Freunden und Gleichaltrigen zusammenzutun, die viel und gern lesen. Schränken Sie die Zeit ein, die das Kind in Einkaufsparadiesen, Läden und so weiter verbringt (falls es nicht gerade Buchhandlungen sind!).

~ Drängen Sie Ihr Kind nicht, Ihre eigene Lektürebegeisterung zu teilen – stellen Sie sich nicht selber als Idol hin. Bieten Sie Hilfe und Zuspruch an, statt dem Kind von Ihren eigenen Erfolgen vorzupredigen.

~ Verhängen Sie das Lesen niemals als Strafe, Kinder fassen es sonst als eine zu fürchtende Pflichtaufgabe auf.

~ Erkennen Sie, wie Ihr Kind beschaffen ist: Bei manchen Kindern ist Druck hilfreich, andere bringt Druck gänzlich ins Wanken. Betrachten Sie unvoreingenommen, ob ausgeübter Druck bei Ihrem Kind zur Leistung beiträgt oder diese verhindert, und reagieren Sie entsprechend. Stärkerer Druck muß nicht zwangsläufig bessere Leistung bedeuten!

~ Wenn Ihr Kind es mit einem schwierigen Lehrer zu tun hat, erwägen Sie ein offenes Gespräch mit ihm. Wenn Sie diesem Lehrer eine Chance geben, erfahren Sie vielleicht Neues darüber, wie Sie Ihrem Kind helfen könnten. Vielleicht bestätigt sich aber auch, daß er tatsächlich ein so unerträglicher Pauker ist, wie Ihr Kind behauptet.

~ Wenn Ihr Kind unter Leistungsangst leidet, fragen Sie es nicht in erster Linie nach dem Ergebnis, sondern vielmehr, wie es sich fühlt, was ihm gefällt und was nicht. Also nicht: »Welche Note hast du bekommen?« oder: »Habt ihr bei dem Match gewonnen?«, sondern: »Wie bist du mit der Arbeit zurechtgekommen?« und »Was hat dir bei dem Match Spaß gemacht?«

71 Ratschläge, wie man bei Kindern die Freude am Lesen weckt und erhält

Ohne Bücher kann ich nicht leben.
Thomas Jefferson

Ich würde lieber einen Fahrplan oder Katalog als gar nichts lesen.
William Somerset Maugham

Genießen Sie die Lektüre: Lassen Sie Ihre Kinder spüren, daß Ihnen das Lesen Spaß macht.

Lesen Sie Ihren Kindern von klein auf vor.

Lassen Sie Ihren Lesestoff – Bücher, Zeitungen, Zeitschriften – herumliegen, so daß Kinder ihn als selbstverständlich erleben.

Lassen Sie die Kinder dabeisein, wenn Sie lesen – sie sollen miterleben, wie Sie zitieren, lachen, lernen, wie Sie Ihre Freude mit anderen teilen.

Nehmen Sie Kinder häufig mit in die Bibliothek, und zeigen Sie ihnen, wie sie deren Angebot am besten nutzen können.

Zeigen Sie, daß Lektüre für Sie einen hohen Stellenwert hat – kaufen und verschenken Sie Bücher, und lassen Sie sich selbst welche schenken.

Machen Sie die Lektüre zu einer aufregenden Sache – zeigen Sie, daß Bücher voll guter Ideen stecken, die Kinder für sich nutzen können.

Lassen Sie die Kinder ihren Lesestoff selbst auswählen – in der Bibliothek, in der Buchhandlung und sonstwo.

Lesen Sie Kindern Gespenstergeschichten vor.

Lesen Sie Detektivgeschichten vor, und lassen Sie die Kinder raten, wer der Täter war.

Abonnieren Sie Ihren Kindern Zeitschriften, die sie interessieren.

Lassen Sie die Kinder Familienangehörigen oder Freunden vorlesen, die selbst nicht mehr lesen können.

Setzen Sie Belohnungen für das Lesen aus – ein neues Buch oder einen Geschenkgutschein der Buchhandlung, Malutensilien, Eintrittskarten ins Theater oder zu einer anderen Veranstaltung, Besuche im Zoo oder Museum, die Erlaubnis, zum Lesen mal lange aufzubleiben.

Organisieren Sie ein Suchspiel, das etwas mit der Geschichte eines Buches zu tun hat – die Kinder müssen Objekte finden, die in der Geschichte vorkommen.

Hängen Sie eine Weltkarte oder Karte Ihres Landes auf, und veranstalten Sie einen Wettbewerb, wer die meisten Bücher über bestimmte Orte, Länder oder Gegenden gelesen hat.

Bestimmen Sie ein historische Epoche, und lassen Sie die Kinder historische Romane lesen, die in dieser Epoche spielen.

Legen Sie eine Familienkartei an, in der vermerkt wird, was die einzelen Familienmitglieder gelesen haben.

Beteiligen Sie die Kinder am Ausprobieren von Kochrezepten, lassen Sie sie die Rezepte laut vorlesen, während Sie kochen.

Lassen Sie die Kinder selbst Rezepte aussuchen, und bereiten Sie die Speisen dann mit ihnen gemeinsam zu.

Bitten Sie die Kinder, die Nährstoffangaben auf Lebensmitteln vorzulesen. Machen Sie ein lustiges Spiel daraus: »Wer kann mir sagen, was mehr Kalorien hat?«

Veranstalten Sie einen Wettbewerbe, wer das scheußlichste Kochrezept erfindet.

Legen Sie ein Familienkochbuch an.

Geben Sie den Kindern Kataloge zu lesen, in denen sie Geschenke für sich selbst und andere aussuchen sollen.

Lassen Sie die Kinder Einkaufslisten anlegen.

Lassen Sie die Kinder ein Telefon- und Adressenverzeichnis für die Familie anlegen.

Wenn Sie eine gemeinsame Reise mit den Kindern vorhaben, geben Sie ihnen vorher und nachher Lesestoff über die besuchten Orte in die Hand.

Spielen Sie den Kindern im Auto Kassetten mit Literaturlesungen vor.

Geben Sie den Kindern die Straßenkarte, sie sollen den richtigen Weg finden und Sie lotsen.

Lassen Sie die Kinder bei langen Autofahrten Wörter finden, in denen nacheinander alle Buchstaben des Alphabets vorkommen, in jedem Wort ein Buchstabe.

Lassen Sie die Kinder mithelfen, ein Tagebuch oder ein Reisetagebuch der Familie anzulegen.

Schneiden Sie Texte aus der Zeitung aus, und lassen Sie die Kinder Schlagzeilen und Artikel zusammenfügen, die nicht zusammenpassen – es gewinnt, wer die lustigste Lösung findet.

Machen Sie Brettspiele, die mit Lesen verbunden sind.

Richten Sie in Ihrer Wohnung einen gemütlichen Platz zum Lesen ein, am besten mit Bücherregalen.

Richten Sie im Bücherregal eine Ecke mit Kinderbüchern ein.

Lassen Sie Zeitungen herumliegen, damit die Kinder sie lesen können. Fragen Sie die Kinder, was sie von aktuellen Ereignissen halten.

Bitten Sie die Kinder, Filmkritiken zu lesen und zu sammeln, bevor die Familie sich für den Besuch eines Films entscheidet.

Raten Sie Ihrem Kind, vor oder nach dem Kinobesuch das Buch zum Film zu lesen.

Sammeln Sie Bücher zu einem Thema, für das sich die Kinder begeistern können – Dinosaurier oder Raumfahrt sind nach wie vor aktuell.

Wenn die Kinder etwas Interessantes im Fernsehen gesehen haben, besorgen Sie ein Buch zu dem Thema.

Regen Sie an, Party- und Faschingskostüme nach Buchgestalten zu entwerfen.

Gehen Sie in den Zoo oder ins Museum, und besorgen Sie anschließend Bücher zu Themen, die das Interesse der Kinder wecken.

Lassen Sie die Kinder in der Zeitung nach Berichten über die Geschichte Ihrer Stadt suchen, und unterhalten Sie sich mit ihnen darüber, wie sie sich dies und jenes vorstellen.

Lassen Sie die Kinder eine Karte ihrer Lieblingsgegend in der Nähe der Wohnung, der Stadt, eines Ferienortes zeichnen.

Nehmen Sie die Kinder mit zu Veranstaltungen in der Buchhandlung, zu Signierstunden, Lesungen und dergleichen.

Lesen Sie innerhalb der Familie lustige Stellen aus Büchern und Artikeln laut vor.

Fördern Sie Freundschaften mit anderen Kindern, die gern lesen.

Lassen Sie die Kinder ein Buch mit ihren liebsten Limericks, Kinderreimen oder Witzen anlegen.

Geben Sie den Kindern Bücher mit Anleitungen zum Basteln, zu verschiedenen Sportarten und so weiter in die Hand.

Schenken Sie zu Büchern etwas dazu: ein Kochbuch mit den Zutaten für ein bestimmtes Rezept; ein Buch über Astronomie mit einer Karte des Sternhimmels; ein Buch über die Natur mit einer Lupe; ein Buch über Camping mit einem Kompaß.

Machen Sie mit Ihrem Kind Kreuzworträtsel, oder verschenken Sie ein Rätselbuch.

Fertigen Sie ein Trivial-Pursuit-Spiel mit Fragen aus dem Alltag Ihrer Familie an. Lassen Sie die Kinder die Karten entwerfen, zum Beispiel mit Figuren aus ihren Lieblingsbüchern.

Veranstalten Sie für die Kinder eine Schlafanzugparty, zu der jedes Kind ein Buch mitbringt.

Lassen Sie die Kinder ihre eigenen Fortsetzungen zu beliebten Büchern und Geschichten schreiben.

Legen Sie ein Buch mit Fragen der Kinder an (»Warum ist der Himmel blau?« und vieles mehr), und suchen Sie gemeinsam mit den Kindern die Antworten.

Lassen Sie die Kinder einen Brief aus dem Urlaub schreiben – an Tanten, Onkel, Großmütter oder Sie selbst.

Lassen Sie die Kinder den Entschuldigungsbrief für die Schule oder ähnliche Fälle, wo ein Schreiben von den Eltern erforderlich ist, selbst entwerfen.

Lassen Sie die Kinder ihr eigenes Briefpapier entwerfen, kopieren Sie es, und spornen Sie das Kind an, Briefe und Dankkärtchen zu schreiben.

Ermuntern Sie die Kinder, sich Brieffreunde zu suchen.

Schreiben Sie einen Fortsetzungsbrief, der in der Familie oder im Freundeskreis herumgereicht wird: Jeder schreibt einen Satz hinzu und gibt den Brief weiter.

Verlangen Sie von den Kindern, auf jedes Geschenk sofort mit einem schriftlichen Dankeschön zu antworten – bevor sie das Geschenk benutzen dürfen.

Im Haushalt sollten jederzeit Magazine, Jugendbücher und Zeitungen zu finden sein.

Fordern Sie die Kinder auf, sich Bücher als Geschenk zu wünschen.

Spielen Sie mit den Kindern Geschichten nach: Das Buch wird vorgelesen, die Kinder bekommen Kostüme und Requisiten für ihre jeweilige Rolle und spielen den Dialog und die Handlung nach.

Lassen Sie das Kind seinen jüngeren Geschwistern, Freunden und Verwandten vorlesen.

Ermuntern Sie das Kind, Ihnen bei jeder passenden Gelegenheit laut vorzulesen, um seine Lesefertigkeit und sein Selbstvertrauen zu fördern.

Erzählen Sie Ihrer Familie von einem Buch, das Sie selbst

gerade lesen und das auch den Kindern gefallen könnte. Fördern Sie ihre Leselust, indem Sie einen Abschnitt daraus vorlesen, dann das Buch liegen lassen, so daß sie weiterlesen können.

Fragen Sie die Kinder des öftern nach ihrer Meinung zu den Büchern, die sie gerade lesen.

Ermuntern Sie die Kinder, in der Zeitung alles zu lesen, was sie interessiert – auch Horoskope, Leserbriefe, Comics, Filmbesprechungen.

Lassen Sie die Kinder zuerst Kurzgeschichten lesen statt längere Bücher – so bekommen sie leichter das befriedigende Gefühl, etwas fertiggelesen zu haben.

Ermutigen Sie die Kinder dazu, selbst ein Theaterstück oder einen anderen Text zu schreiben.

Ermuntern Sie Ihr Kind dazu, jeden Abend vor dem Einschlafen im Bett zu lesen.

Danksagung

Bücherliebhaber gehen niemals allein zu Bett.

Anonymus

Manche Menschen borgen Bücher, manche stehlen Bücher, und andere erbetteln sich Vorausexemplare vom Autor.

James Jeffrey Roche

Die Dinge, die ich wissen will, finden sich in Büchern; mein bester Freund ist der Mensch, der mir ein Buch beschafft, das ich noch nicht gelesen habe.

Abraham Lincoln

Unter die größten Entdeckungen, auf die der menschliche Verstand in den neuesten Zeiten gefallen ist, gehört meiner Meinung nach wohl die Kunst, Bücher zu beurteilen, ohne sie gelesen zu haben.

Georg Christoph Lichtenberg

Vielen Dank allen Freunden und Kollegen, die mir Ideen, Unterstützung und Ermutigung zuteil werden ließen: in Yale Melanie Gordon Brigockas und Michel Ferrari; in Litchfield Margy Eveleth, Ken Miner und Kuma, die mich während langer Stunden des Schreibens begleiteten. Ich danke weiter meinem Agenten Jeff Herman sowie Joann Davis von Warner Books, daß sie mir diese Chance boten.

SERIE PIPER

Sybil Gräfin Schönfeldt

Kinder brauchen Großmütter

191 Seiten. SP 2127

Sybil Gräfin Schönfeldt macht in diesem Buch Mut, als Großeltern sich einzumischen, sich der wichtigen Rolle bewußt zu sein und auf die Enkelkinder zuzugehen. Denn Mutter oder Vater können niemals bieten, was Großeltern voraushaben. Nicht nur mehr Zeit und Muße, sondern auch die Geschichte und die Geschichten der älteren Generation.
Großmütter (und Großväter!) haben bekanntlich alles, was Eltern nicht haben: Zeit, Muße, tröstende Worte, Phantasie und jede Menge Geschichten und Geschenke, die es nicht überall zu kaufen gibt. Kinder brauchen heute mehr denn je die andere, die ältere Generation. Sie brauchen auch Menschen, nahe Menschen, die von einer anderen Zeit und einer anderen Welt erzählen können. Noch jedes Kind ist begeistert, wenn eine wirkliche Geschichte mit dem Satz beginnt: »Als dein Papi so klein war wie du, da ...« Sybil Gräfin Schönfeldt gibt in diesem Buch ein höchst persönliches, lebendiges und energisches Plädoyer für die Rückgewinnung der Großeltern, sie spricht sogar von der Pflicht und Verantwortung, sich in das Leben der Enkelkinder einzumischen. Was ein Kind von einer Großmutter und/oder einem Großvater bekommen kann, kann ihm niemals Mutter und/oder Vater geben.

»Die Autorin spricht nicht von Idealgestalten, sondern von lieben, aufgeschlossenen Großmüttern, die manchmal sogar den Unsinn der Enkel mitmachen.«

Welt am Sonntag

Bei Großmutter ist es am schönsten

Ein Handbuch für Großeltern. Gemeinsam spielen, essen, lesen, basteln, malen, Feste feiern. Illustriert von Steffen Butz. 269 Seiten. SP 2517

Für moderne Großeltern hat Sybil Gräfin Schönfeldt tausend kleine Reime, Spiele, Texte und all die andern Anleitungen zum gemeinsamen Spielen, Essen und Basteln gesammelt.

Andreas Flitner

Konrad, sprach die Frau Mama …

Über Erziehung und Nicht-Erziehung. 173 Seiten. SP 357

»Flitner bietet eine bewundernswert sensible und gescheite Auseinandersetzung mit der Anti-Pädagogik, er sitzt weder auf dem hohen Roß seiner Wissenschaft noch in den Polstern jener Retourkutsche, aus der die vollmundige Parole ›Mut zur Erziehung‹ schallt. Sein knapp und lesbar gehaltenes Buch ersetzt Regale von erziehungswissenschaftlicher Literatur. Der ersehnte Leitfaden im Labyrinth der Erziehungsprobleme – hier ist er.«

Süddeutsche Zeitung

Reform der Erziehung

Impulse des 20. Jahrhunderts. Jenaer Vorlesungen. Mit einem Beitrag von Doris Knab. 252 Seiten. SP 1546

Erziehung hat sich in diesem Jahrhundert verändert wie nie zuvor. Die Veränderungen sind Antworten auf veränderte Lebenswelten und eine veränderte Öffentlichkeit, auf den Wandel der Technik, der Wirtschaft und der Moral.

Spielen – Lernen

Praxis und Deutung des Kinderspiels. 137 Seiten. SP 22

Das Kinderspiel – eine elementare Erscheinung aller Zeiten und aller Kulturen – verdient als Welterfahrung heute ein besonderes Interesse. Dieses Buch, ein Standardwerk für Pädagogen und Eltern, erscheint hier in einer neuen Fassung. Es wurde nicht nur der jetzige Stand der Spielforschung verarbeitet, sondern ein neuer Teil hinzugefügt, der die Praxisprobleme heutiger Erziehung behandelt: Mädchen- und Jungenspiele, Kriegs- und Kampfspiele, Spielzeugqualität, Technik- und Computerspiele, Spielen in der Schule, Spiele ohne Sieger u.a.m.

Einführung in pädagogisches Sehen und Denken

Texte. Herausgegeben von Andreas Flitner und Hans Scheuerl. 248 Seiten. SP 322

Autorität und Gehorsam, Leistungsforderung und Spontaneität, Überforderung und Nachgiebigkeit, Anpassung und Widerstand sind immer wiederkehrende Themen der Erziehung.